21世纪经济管理新形态教材·经济学系列

经济博弈论

吴艳玲 ◎ 编著

清华大学出版社
北京

本书封面贴有清华大学出版社防伪标签，无标签者不得销售。
版权所有，侵权必究。举报：010-62782989，beiqinquan@tup.tsinghua.edu.cn。

图书在版编目（CIP）数据

经济博弈论 / 吴艳玲编著. -- 北京：清华大学出版社，2024.8. -- （21世纪经济管理新形态教材）.
ISBN 978-7-302-66934-0
Ⅰ. F224.32
中国国家版本馆 CIP 数据核字第 2024KZ6411 号

责任编辑：梁云慈
封面设计：汉风唐韵
责任校对：王荣静
责任印制：丛怀宇

出版发行：清华大学出版社
   网　　址：https://www.tup.com.cn，https://www.wqxuetang.com
   地　　址：北京清华大学学研大厦A座　　邮　　编：100084
   社 总 机：010-83470000　　邮　　购：010-62786544
   投稿与读者服务：010-62776969，c-service@tup.tsinghua.edu.cn
   质量反馈：010-62772015，zhiliang@tup.tsinghua.edu.cn
印 装 者：小森印刷霸州有限公司
经　　销：全国新华书店
开　　本：185mm×260mm　　印　张：13　　字　数：291千字
版　　次：2024年8月第1版　　印　次：2024年8月第1次印刷
定　　价：49.00元

产品编号：107178-01

前　言

自1994年诺贝尔经济学奖颁给博弈论研究以来，博弈论已经成为经济与管理类专业基本的分析工具，并逐渐在社会科学各领域广泛应用。

随着博弈分析方法认同度的扩展，一段时间内博弈论相关图书出现了井喷，但现有博弈论图书有两个特点：第一，比较多的是外文译著，如让·梯若尔的《博弈论》和马丁·奥斯本的《博弈论教程》，这些图书理论功底深厚，但难度较大，不适合教学使用；第二，比较多的入门科普读物，这些图书生活案例鲜活，但缺乏理论深度，且博弈理念覆盖面稍显不足。

为实现经济与管理类专业和博弈分析工具的高度兼容，我们围绕以下三点组织编写本教材：第一，以经济学经典模型和商业案例作为分析对象，突出经济与管理类专业特色和商业应用；第二，配备了大量的随堂练习和课后习题，突出边学边练，提升学生对具体分析技能的掌握；第三，录制了课程视频并在学堂在线上运行，为课程引入线上资源提供支撑。

在"经济博弈论"课程的一线教学实践中，我们逐渐认识到，掌握博弈分析工具，首先，要理解博弈分析理念，利用博弈对未来情境进行脑中模拟；其次，不要把博弈等价于数学，博弈论对数学的要求很低，很多时候有初高中的数学基础就能进行初级博弈分析；最后，要把博弈分析理念与具体经济现象相结合，用博弈论理解经济问题和管理智慧，会给我们带来很多启发。

受我们的水平和能力所限，书中的内容难免有不成熟的地方，欢迎读者批评指正并提出宝贵意见。

编著者

2024年3月于哈尔滨

目　　录

第 1 章　什么是博弈论 ·· 1

　　1.1　博弈论的产生和发展 ··· 1
　　1.2　博弈的基本规则 ··· 2
　　1.3　博弈的定义 ·· 7
　　习题 ·· 8

第 2 章　博弈的简单解法 ·· 10

　　2.1　上策均衡 ·· 10
　　2.2　严格下策消去法 ·· 12
　　习题 ·· 15

第 3 章　纳什均衡 ·· 17

　　3.1　纳什均衡的含义 ·· 17
　　3.2　划线法 ··· 17
　　3.3　反应函数法 ··· 19
　　习题 ·· 22

第 4 章　经典静态博弈模型 ·· 24

　　4.1　伯川德模型 ··· 24
　　4.2　霍特林模型 ··· 28
　　4.3　公共地悲剧 ··· 30
　　习题 ·· 32

第 5 章　混合策略纳什均衡 ·· 34

　　5.1　混合策略的含义 ·· 34
　　5.2　反应对应法 ··· 36
　　5.3　得益等值法 ··· 38
　　5.4　理解混合策略 ··· 41
　　习题 ·· 43

第 6 章　纳什均衡的性质 ·· 45

　　6.1　纳什均衡的存在 ·· 45

6.2 纳什均衡的精炼 ……………………………………………………… 46
6.3 纳什均衡的扩展 ……………………………………………………… 52
习题 ……………………………………………………………………… 55
附录：纳什定理的证明 ………………………………………………… 57

第 7 章　完美信息动态博弈

7.1 动态博弈中的策略 …………………………………………………… 59
7.2 动态博弈的可信性 …………………………………………………… 60
7.3 子博弈完美纳什均衡 ………………………………………………… 63
习题 ……………………………………………………………………… 66

第 8 章　经典动态博弈模型

8.1 斯塔克伯格模型 ……………………………………………………… 69
8.2 讨价还价博弈 ………………………………………………………… 71
8.3 间接融资模型 ………………………………………………………… 74
习题 ……………………………………………………………………… 76

第 9 章　重复博弈

9.1 重复博弈的含义 ……………………………………………………… 79
9.2 有限次重复博弈 $G(T)$ ……………………………………………… 80
9.3 无限次重复博弈 $G(\infty)$ …………………………………………… 84
9.4 演化博弈 ……………………………………………………………… 90
习题 ……………………………………………………………………… 95
附录 ……………………………………………………………………… 97

第 10 章　不完美信息与逆向选择

10.1 不完美信息博弈概述 ……………………………………………… 100
10.2 单价二手车市场模型 ……………………………………………… 106
习题 ……………………………………………………………………… 111

第 11 章　不完全信息静态博弈

11.1 不完全信息静态博弈概述 ………………………………………… 112
11.2 贝叶斯纳什均衡 …………………………………………………… 117
11.3 不完全信息静态博弈经典模型 …………………………………… 119
习题 ……………………………………………………………………… 123

第 12 章　不完全信息与拍卖

12.1 拍卖的小历史 ……………………………………………………… 126

12.2	一级价格密封拍卖	128
12.3	双方报价拍卖	131
12.4	显示原理	135
习题		138

第 13 章 不完全信息动态博弈 140

13.1	动态贝叶斯均衡	140
13.2	KMRW 声誉模型	147
习题		151

第 14 章 不完全信息与激励 154

14.1	完全信息的 A-P 模型	154
14.2	有不确定性但可监督的 A-P 模型	156
14.3	有不确定性且不可监督的 A-P 模型	157
14.4	激励机制设计	160
习题		163

第 15 章 不完全信息与信号博弈 167

15.1	信号博弈的博弈规则	167
15.2	斯宾塞模型	172
15.3	公司融资和资本结构	175
15.4	声明博弈和信息传递	179
习题		184

第 16 章 合作博弈 186

16.1	联盟	186
16.2	核	187
16.3	沙普利值	189
16.4	议价博弈	191
习题		192

参考文献 194

第1章 什么是博弈论

1.1 博弈论的产生和发展

博弈译自英文 game，基本意思是比赛或游戏。许多比赛或游戏都有下列特征：一是都有一定的规则，约定参加者（可以是个人，也可以是队组）可以做什么，不可以做什么，应该按怎样的次序做，什么时候结束游戏，一旦参加者犯规将受怎样的处罚，等等；二是都有一个结果，如一方赢一方输、平局或参加者各有所得等，且结果常能按照一定的规则折算成数值；三是策略相互依存，每一个参加者所得的结果，不仅取决于自身的策略，还取决于其他参加者的策略，有时一个差的策略选择也许会带来并不差的结果，其原因是其他参加者选择了更差的策略。许多人类活动，包括经济活动中的企业经营、市场竞争、政府政策，以及政治活动中的竞选、谈判、联合和战争等较量，也有类似的特征。因此，从游戏规律得出的结论，可用来指导经济、政治等活动进行理性决策。

博弈论的产生

博弈论（game theory）是研究理性主体行为相互影响时，决策主体合理性决策问题的理论。也就是说，当一个决策主体（自然人、法人或其他组织）的选择受到其他决策主体选择的影响，并且反过来的影响也存在时的合理选择问题。博弈思维的主要特征便是博弈局势中各参加者的行为方案是相互依存的，所以，博弈论也称为相互依存决策理论（the theory of interdependent decision，托马斯·谢林，2006）。

作为分析方法，博弈论适用于意识到其行动将相互影响的决策者：博弈思维的基本特征是参加者在追求自己目标的过程中，不仅考虑自己能怎么做，还要考虑其他参加者会怎么做；针对其他参加者的行为，自己该实施哪个可行的行动才能使自己的目标函数最大化。

我国古代就有博弈思维，春秋时期《孙子兵法》中的军事思想和治国策略就蕴含着丰富而深刻的博弈意识，战国时期的田忌赛马可能是博弈思维成功应用的最早案例。

国外研究具有策略依存特点的决策问题或可上溯到18世纪初或更早，在后来的博弈理论中有较大影响的有19世纪30年代古诺、伯川德和埃奇沃思等人关于寡头的研究。

博弈论的发展

博弈论真正发展于20世纪20年代，法国数学家博雷尔（Borel，1871—1956）用最佳策略的概念研究了下棋等决策问题，并试图把它们作为应用数学的分支加以系统研究。二战期间，博弈思想运用到军事领域和战争期间的其他活动中，显示出了它的重要作用。1944年，《博弈论和经济行为》（*The Theory of Games and Economic Behavior*）一书问世，约翰·冯·诺依曼（John von Neumann，1904—1957）和奥斯卡·摩根斯坦恩（Oskar Morgenstern，

1902—1977)主要概括了经济主体的典型行为特征,提出了标准型、广义型和合作型等基本的博弈模型、解的概念及分析方法,构建了博弈论的理论框架,标志着博弈论科学体系的创立。

20世纪五六十年代是博弈论研究、发展的最重要阶段。纳什(John Forbes Nash,1928—2015)在1950年和1951年发表了两篇关于非合作博弈的重要文章,明确提出了"纳什均衡"这一基本概念,构建了博弈论和经济均衡之间的内在联系,抓住了博弈论研究的关键问题,纳什均衡成了博弈理论发展的一条主线索。泽尔腾(Reinhard Selten,1930—2016)将纳什均衡的概念引入动态分析,提出了"子博弈完美纳什均衡"的概念;海萨尼(John C. Harsanyi,1920—2000)把不完全信息引入博弈论的研究并提出"贝叶斯纳什均衡"的概念。由于纳什、泽尔腾、海萨尼三人在博弈论及其在经济应用方面的突出贡献,他们共同荣获了1994年的诺贝尔经济学奖,博弈论作为经济学科分支的地位得到了最具权威性的肯定。

进入20世纪80年代以来,博弈论得到了前所未有的发展,并逐渐成为主流经济学的一部分,成为经济学及相关专业的必修课。可以将博弈论看作一种分析方法,在个体理性的基础上,它提供了一个观察问题的新视角、分析问题的新方法和解决问题的新思路。博弈论在经济学领域的应用无处不在,微观研究领域,有交易机制的模型(如讨价还价模型和拍卖模型);中观经济研究中,劳动力经济学和金融理论都有关于企业要素投入品市场的博弈模型;宏观角度看,国际经济学中有关于国家选择关税或其他贸易政策的模型。

1.1 分析下面的例子,哪些适用博弈论,哪些不适用博弈论,为什么?①教师与学生;②丈夫与妻子;③蚍蜉和大树;④美国和中国;⑤蚂蚁群和大堤;⑥互联网大厂决定来年5月裁员。

1.2 博弈的基本规则

博弈分析就是使用博弈规则来预测均衡点。确定博弈规则,就是决策者对决策相关情境进行的解析。博弈规则必须说明五件事。

参与人

定义1.1 参与人(player)。博弈中独立决策、独立承担结果的主体,称为参与人,表示为

$$i=1,2,\cdots,n, \quad n\text{为参与人总数}$$

参与人明确了"谁"(who)在进行博弈。参与人可以是自然人,也可以是法人或其他组织,如企业、国家、地区、社团等都可以作为博弈中的参与人。一般对参与人有两个基本的

假设：参与人都是理性的(rational)[①]和智能的(intelligent)[②]。

那些不做决策或虽做决策但不直接承担决策后果的被动主体不是参与人，只能当作环境参数来处理，如指手画脚的观棋人、企业的顾问等。

识别参与人是一个重要内容。在管理学中，企业需要识别竞争对手，同样，政府监管中也需要识别企业之间的竞争关系。例如，根据美国司法部的做法，如果企业间的兼并能导致细微但重大的、非暂时性的价格上涨，那么就可以识别出市场中的所有竞争者。这就是著名的 SSNIP(假定垄断者测试)标准。"细微"通常是指"多于 5%"，"非暂时性"通常是指"至少一年"(戴维·贝赞可等，2015，第 214 页)。

由于博弈问题的根本特征是具有策略依存性，不同参与人的策略之间可以有复杂的相互影响和作用，参与人的数量越多，这种策略依存性就越复杂，因此，参与人的数量是博弈结构中的关键参数之一。依据参与人数量可以将博弈分为三类：单人博弈、两人博弈和多人博弈。只有一个参与人的博弈称为单人博弈，严格来说，单人博弈已经退化为一般的最优化问题。

单人运输博弈

一个商人要从 A 地向 B 地运输一批货物，该批货物的总价值为 9 万元。假设从 A 地到 B 地有水、陆两条路线，走陆路运输成本 1 万元，而走水路的运输成本只有 0.7 万元。不过走陆路比较安全，走水路有一定的风险，一旦遇到恶劣的暴风雨天气会造成相当于这批货物总价值 10% 的损失。在运输期间出现暴风雨天气的概率为 25%。这名商人该选择哪条运输路线？

这个问题的一个特点：这里的参与人在进行决策时面临的条件中有一个不确定因素，即商人不知道运输期间的实际天气情况会怎样，所知道的只是出现好天气、坏天气的概率。为了表示这个问题，我们引进一个虚拟参与人(pseudo-player)——自然(nature)，即决定外生随机变量概率分布的机制。虚拟参与人是"谋事在人、成事在天"的"天"。我们常常称自然为"参与人 N"或"参与人 0"，单人博弈中，参与人 N 的任务就是分别以 75% 的概率和 25% 的概率随机选择好天气和坏天气，但它没有得益问题。

一个博弈常用两种不同的方式来表述：一种是标准式表述(normal form representation)，主要采用得益矩阵(payoff matrix)(见图 1-1)；另一种是扩展式表述(extensive form representation)，主要采用扩展形(extensive form)(见图 1-2)。

[①] 如果一个决策者在追逐其目标时能前后一致地做决策，就称他为理性的(Roger B. Myerson，2001，第 2 页)。具体地讲，理性大致有以下三项内容：①存在一组可供选择的备选或替代方案；②每一种方案均对应着某种特定的预期净收益或满足程度或目标实现程度；③人们总是选择那个能够带来最大预期净收益的方案(西蒙，1964)。

[②] 当我们进行一个博弈时，如果参与人知道我们对此博弈所知道的一切，并能做出我们对此博弈所能做出的一切判断，我们就说此博弈的参与人是智能的(Roger B. Myerson，2001，第 3 页)。

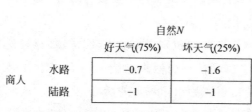
图 1-1 单人运输博弈的得益矩阵

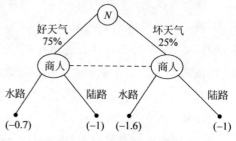
图 1-2 单人运输博弈的扩展形

图 1-1 的得益矩阵中,把参与人,商人和自然,分别写在表的左侧和上方;左侧参与人的每项选择构成一行,上方参与人的每项选择构成一列;表中的数字代表参与人的效用,前面的数字是左侧参与人的效用,后面的数字是上方参与人的效用。如图 1-1 所示的博弈,也称为矩阵型博弈(games in matrix form)、正规型博弈(games in normal form)。

在图 1-2 的扩展形中,圆圈称为"决策节点"或"节点"(a decision node),节点中的文字代表做决策的参与人;两个节点之间的连线称为"枝"(branch),表示参与人可做的各种选择;四个黑点表示博弈的结束,称为终节点(a terminal node),括号中的数字表示博弈主体选择相应的"枝"到达这些终端时的效用;连接商人选择节点的虚线称为信息集(information set),表示在商人决策时并不了解天气情况。如图 1-2 所示的博弈也称为扩展式博弈(games in extensive form)。

从理论上讲,得益矩阵和扩展形是完全等价的。约翰·冯·诺依曼和奥斯卡·摩根斯坦恩的著作中有一个关键性发现是,只要我们把策略当作或然性策略对待,所有博弈都可表示为标准式(罗杰·A.麦凯恩,2022,第 16 页)。但与得益矩阵相比,扩展形能反映出博弈过程中行动的先后次序,因此两者常用在不同类型的博弈中。

由于这个问题带有外生的不确定因素,因此最终结果不能预先确定。具有不确定性的问题一般选择数学期望值进行决策。

走水路的预期效用:$(-0.7) \times 75\% + (-1.6) \times 25\% = -0.925$(万元)

走陆路的预期效用:$(-1) \times 75\% + (-1) \times 25\% = -1$(万元)

由于走水路的期望费用低于走陆路的期望费用,所以该商人应该选择水路运输。

思考题

1.2 投资博弈。你正在考虑是否投资 100 万元开设一家咖啡馆。假设投资情况是这样的:你决定开,则 0.35 的概率你将收益 300 万元(包括投资),而 0.65 的概率你将全部亏损掉;如果你不开,则你能保住本钱但也不会有收益。请用得益矩阵和扩展形表示该博弈,并回答:①如果你是风险中性的,你会怎样选择?②如果你是风险规避的,且期望得益的折扣系数为 0.9,你的策略选择是什么?③如果你是风险偏好的,期望得益折算系数为 1.2,你的选择又是什么?

策略

定义 1.2 策略(strategy)。参与人 $i(i=1,\cdots,n)$ 可选择的行动方案,称为策略,一般记为 s_i,其中 $i=1,\cdots,n$。参与人 $i(i=1,\cdots,n)$ 策略的集合,称为策略空间或策略集(strategy set),记为

$$S_i=\{s_{i1},\cdots,s_{ik}\}$$

策略回答参与人以"什么"(what)来参与博弈,比如"人不犯我,我不犯人;人若犯我,我必犯人"就是"我"在处理与"人"的关系时的一种策略。

行动(actions or moves),是参与人在特定时间从事的一项行为或举动,如上述例子中的"不犯""犯"。策略则详细地说明了参与人在整个博弈过程中采取的全部行动的集合,在有的博弈中,一个行动即构成一个策略,而在有的博弈中,完整的行动方案才是一个策略。

一个博弈中,如果每个参与人的策略数都是有限的,则称为"有限博弈"(finite games);如果至少有一个参与人的策略有无限多个,则称为"无限博弈"(infinite games)。

> **思考题**
>
> **1.3 以弱胜强博弈**。一支有两个师兵力的军队准备进攻一座城市。守城军队有三个师。通往城市有南、北两条道路。两军相遇时,人数居多的一方取胜,当两方人数相等时,守方获胜。假定军队只能整师调动。试回答:①这个博弈中参与人的策略空间是什么?②请用得益矩阵或扩展形表示这个博弈。

得益

定义 1.3 得益(payoff)。参与人在博弈中获得的效用水平,称为得益,记为

$$u_i(s_1,\cdots,s_n),\quad \text{其中 } i=1,\cdots,n$$

得益是参与人从所选的策略中,得到(或失去)"多少"(how much)。得益是一个抽象的概念,不单是指钱,也可以是战争的胜利、获得荣誉、赢得比赛等。得益是博弈中各个参与人策略组合(strategy profile)的多元函数,也被称为得益函数。

得益是参与人选择策略的主要依据。得益是参与人真正关心的东西,参与人在博弈中的目标就是选择自己的策略以最优化自己的得益。

> **思考题**
>
> **1.4 识别得益**。考虑下面这个两人博弈的得益矩阵:

		参与人2		
		左	中	右
	上	10,0	0,10	3,3
参与人1	中	2,10	10,2	6,4
	下	3,3	4,6	6,6

请写出下面各种策略组合下的得益情况：①u_1(上,中)；②u_1(中,右)；③u_2(下,左)；④u_2(中,中)。

顺序

定义 1.4　顺序（**order to play**）。博弈中,参与人选择行动的时间过程,称为顺序。

顺序回答参与人"何时"（when）行动。现实中的决策活动也是多种多样的,有的活动中各参与人的选择"同时进行"（如果选择有先后,但只要后行为方对先行为方的选择内容不了解,就视为"同时"选择）,比如"石头剪刀布"游戏中,就严格要求动作的"同时"进行；而有的活动中各参与人的选择则是分先后进行的,比如讨价还价中是一方先要价,然后另一方还价。

选择的顺序不同意味着不同的博弈。所有参与人同时或可看作同时选择策略的博弈,称为"静态博弈"（static games）或"同时行动博弈"（simultaneous-move games）,经常用得益矩阵来表示；参与人的选择和行动不仅有先后次序,而且后选择的参与人决策之前可以看到其他参与人的行动,这种博弈称为"动态博弈"（dynamic games）或者"序贯行动博弈"（sequential-move games）,经常用扩展形来表示。

思考题

1.5　广告博弈。华为和小米每年都花大笔钱来为它们生产的手机做广告,以相互夺取客户。如果它们都不做广告,则每家将获得2亿元的利润；如果它们都做广告,则每家将获得1.5亿元的利润；如果一家做广告而另一家不做广告,做广告的企业将获得2.8亿元的利润,另一家则只能获得1亿元的利润。试回答：①这是静态博弈还是动态博弈？②请用得益矩阵或扩展形表示该博弈并简要分析。

信息

定义 1.5　信息（**information**）。参与人在博弈中的知识,特别是有关其他参与人特征和行动的知识,称为信息。

信息是参与人对整体博弈知道什么（what to know）的概括。"知己知彼,百战不殆",进行选择时,对自己及其他人所处的环境、条件、规则等是否有足够的了解是至关重要的,甚至能左右参与人的输赢,因此,博弈论特别关注信息在决策过程中扮演的重要角色。信息种类参见表1-1。

表 1-1　信息种类

信息种类	含　义
完美（perfect）	每个信息集都是单结的
确定（certain）	自然不在任一参与人行动之后行动
对称（symmetric）	没有参与人在行动时或在终节点处有与其他参与人不同的信息
完全（commplete）	自然不首先行动或它的最初行动被每个参与人所观察到

资料来源：[美]艾里克·拉斯缪森,2003,第46页。

博弈中的知识有博弈的环境条件、博弈的规则、自然的"安排"、其他参与人的特征及行动、博弈的结果、博弈的进程等。其中两类信息是最重要的：一是关于得益或"未来"的信息，如果所有参与人完全了解所有参与人得益的信息，我们称之为"完全信息博弈"（games with complete information），反之则称为"不完全信息博弈"（games with incomplete information）；二是关于博弈过程或"历史"的信息，如果参与人对博弈过程完全了解，则称为"完美信息"（perfect information），反之则称为"不完美信息"（imperfect information）。

1.6 老板与工人博弈。 一工人给一老板干活，工资标准是100元。工人可以选择是否偷懒，老板则选择是否克扣工资。假设工人不偷懒有相当于50元的负效用，老板想克扣工资则总有借口扣掉60元工资。工人不偷懒老板有150元产出，工人偷懒时老板只有80元产出，但老板在支付工资之前无法知道实际产出，这些情况双方都是知道的。①如果老板无法看出工人是否偷懒，博弈属于哪种类型？用得益矩阵或扩展形表示并简单分析。②如果老板可以看出工人是否偷懒，博弈属于哪种类型？用得益矩阵或扩展形表示并简单分析。

1.3 博弈的定义

以上参与人、策略、得益、顺序、信息等五个规则是我们定义一个博弈所需明确的内容，它们构成博弈分析的出发点，其中参与人、策略和得益则是影响博弈全局的基本因素，被称为博弈三要素。

定义1.6 博弈（game）。 代表不同利益主体的决策者，在一定的规则下，同时或先后、一次或多次从各自允许选择的策略中加以选择并实施，从而取得各自相应结果的活动，称为博弈，一般表示为

$$G = \{S_1, \cdots, S_n; u_1, \cdots, u_n\}$$

其中，n为参与人数量；$S_1, \cdots, S_n$为每个参与人的策略空间；$u_1, \cdots, u_n$是参与人的得益。

我们之所以要进行博弈分析，最重要的原因就是预测特定博弈中的参与人究竟会采取什么行动，博弈将有怎样的结果。通过博弈分析研究人类的行为规律，评价特定制度环境、政策措施的效率意义等。

一般根据顺序和信息把博弈分成四种基本类型（见表1-2），其中完全信息静态博弈是最简单的形式，也是了解其他类型博弈的基础。

表1-2 博弈的分类

信 息	顺 序	
	同时行动	先后行动
完全信息	完全信息静态博弈 （纳什均衡）	完全信息动态博弈 （子博弈完美纳什均衡）
不完全信息	不完全信息静态博弈 （贝叶斯纳什均衡）	不完全信息动态博弈 （完美贝叶斯纳什均衡）

习 题

1.1 攻读硕士学位博弈。 假设你大学毕业后,面临是否去一家著名高校攻读硕士学位的问题。攻读硕士学位的成本是 10。你的未来价值即你的未来收入流,取决于下一个十年劳动力市场的情况。如果劳动力市场很火,你的硕士学位会给你带来 32 的收入,学士学位则只有 12 的收入;如果劳动力市场情况一般,那么你的硕士学位会给你带来 16 的收入,学士学位带来的收入只是 8;如果劳动力市场情况很糟,那么你的硕士学位能给你带来 12 的收入,学士学位只能带来 4 的收入。经过一段时间考察之后,你知道劳动力市场很火的概率是 0.25,一般的概率是 0.5,很糟的概率是 0.25。试回答:①用得益矩阵或扩展形表示该博弈;②你应否攻读这一硕士学位?

1.2 欧佩克博弈。 科威特和沙特阿拉伯是欧佩克组织的两个成员国。在合作的情况下,科威特每天生产 100 万桶石油,沙特阿拉伯则生产 400 万桶。对于它们来说,作弊意味着每天多生产 100 万桶。基于双方的不同选择,投入市场的总产量可能是 500 万桶、600 万桶和 700 万桶,对应的平均利润分别为每桶 16 元、12 元和 8 元。试回答:①用得益矩阵或扩展形表示该博弈;②科威特和沙特阿拉伯每天各应生产多少石油?为什么?

1.3 抓捕博弈。 一逃犯从关押他的监狱中逃走,一看守奉命追捕。如果逃犯逃跑有两条路线可选择,看守只要追捕方向正确就一定能抓住逃犯。逃犯逃脱可少坐 10 年牢,但一旦被抓住则要加刑 10 年;看守抓住逃犯能得到 1 000 元奖金。请分别用得益矩阵和扩展形表示该博弈,并做简单分析。

1.4 旅行者困境(the traveller's dilemma)。 两名旅行者,旅行者 1 和旅行者 2,从一个生产细瓷花瓶的地方各买了一个同样的花瓶后,乘机回来,在提取行李时发现花瓶摔坏了,就向航空公司索赔。航空公司知道花瓶的价格有三种:20 元、40 元或 60 元,但不知道他们购买的确切价格。因此航空公司请两位旅客在 60 元以内写出花瓶的价格,如果两个人写的价格一样,就按照写的数额赔偿;如果不一样,按照低的价格赔偿,并认为该旅客说了真话,奖励 2 元,而讲假话的乘客罚款 2 元。试回答:①用得益矩阵或扩展形表示该博弈;②两名旅行者会写什么价格?为什么?

1.5 移动支付博弈。 支付宝和微信是两种占据市场主导地位的移动支付方式。为简单起见,我们假设移动支付市场容量是 80 亿元,且只有这两种方式。两家企业需要决定是否去做广告。如果做广告,则做广告的企业需要支付 10 亿元的广告费用。如果双方都做广告,则双方平分市场;如果一家企业做广告而另一家企业不做广告,则前者得到全部市场;如果双方都不做广告,则双方平分市场。请用适当形式表示这个博弈:①两家企业同时决策;②支付宝先行动,微信后行动。

1.6 奖金和分配奖金博弈。 甲乙进行一场选择奖金和分配奖金的博弈。甲决定总奖金的数额,他可以选择 10 元或 100 元。乙决定如何分配甲所选择的奖金,可以将这笔奖金在甲乙之间平分,或乙得 90%,甲得 10%。请以适当的方式具体表达下列博弈:①甲乙同时行动;②甲先行动;③乙先行动。

在线自测

第 2 章　博弈的简单解法

从本章开始介绍完全信息静态博弈理论。完全信息静态博弈同时满足以下两个条件：①所有参与人同时进行决策，根据每个参与人的选择得到各自相应的结果，即一定的得益。②每一参与人的得益在所有参与人之间是共同知识（common knowledge）。这是最简单、最基本形式的博弈。

2.1　上策均衡

博弈分析的目的之一是预测博弈的均衡结果：给定每个参与人都是理性的，每个参与人都知道每个参与人都是理性的，什么是每个参与人的最优策略？什么是所有参与人的最优策略组合？

定义 2.1　上策（dominant strategy）。在博弈 $G=\{S_1,\cdots,S_n;u_1,\cdots,u_n\}$ 中，如果不论其他参与人采取什么策略，参与人 i 选择 s_i^* 的得益大于所有其他策略 $s_i(s_i\neq s_i^*)$ 的得益，即

$$u_i(s_i^*,s_{-i}) > u_i(s_i,s_{-i}), \quad s_i,s_i^* \in S_i \text{ 且 } s_i \neq s_i^*$$

其中 $s_{-i}=(s_1,\cdots,s_{i-1},s_{i+1},\cdots,s_n)$ 是其他参与人每一个可能的策略组合，则称策略 s_i^* 是参与人 i 的上策。

定义 2.2　上策均衡（dominant strategy equilibrium）。在博弈 $G=\{S_1,\cdots,S_n;u_1,\cdots,u_n\}$ 中，如果策略 s_i^* 是参与人 i 的上策，那么策略组合 $(s_1^*,\cdots,s_n^*)$ 称为博弈 G 的上策均衡。

在一个博弈里，如果所有参与人都存在上策，那么，上策均衡是可以预测到的唯一的均衡。我们从囚徒困境博弈开始分析。分析中将用到"理性的参与人会选择得益更大的策略"这一原则。

囚徒困境

囚徒困境（prisoners' dilemma, Albert W. Tucker, 1950）是博弈论的首推案例[①]，是每一本博弈论教材都要介绍的经典博弈模型。

一次严重的纵火案发生后，警察在现场抓到了两名犯罪嫌疑人。事实上正是他们为了报复而一起放火，但警察没有掌握足够的证据。于是，警察把他们隔离起来以便得到所需的口供。两个犯罪嫌疑人都明白警方的政策是"坦白从宽、抗拒从严"：如果他们都承认纵

[①] S. J. Hagenmayer, Albert W. Tucker. Famed Mathematician. *The Philadelphia Inquirer*, 1995, Thursday, February, p. B7.

火，每人都被判入狱 5 年；如果他们都抗拒，由于证据不充分，他们只会被认定为妨碍公务罪而入狱 1 年；如果一个抵赖而另一个坦白并愿意作证，那么抵赖者将被判 8 年监禁而坦白者将获宽大释放。这样两个犯罪嫌疑人面临着的是坦白交代还是抵赖抗拒的决策。

如果自己坦白，则可能被判 5 年监禁也可能无罪释放，最终结果取决于对方是抗拒还是坦白；如果自己抗拒，结果是被判 1 年还是 8 年监禁，最终结果同样取决于对方的策略。

囚徒困境博弈中有两个参与人，即囚徒 1 与囚徒 2；他们的可选策略都是"坦白"或"抗拒"；他们的得益即被判监禁的年数，不仅取决于自己的策略，还取决于对方的策略，是双方策略组合的函数；由于被隔离，一方坦白或抗拒，另一方无法知道，所以不管他们的决策是否同时进行，都可看作是同时决策；博弈的规则、双方的可选策略、行为特征、各种策略组合下的得益等都是共同知识。

他们的这种博弈格局可用得益矩阵表示（见图 2-1）。图 2-1 是囚徒困境博弈的标准式表述，描述了囚徒困境博弈的主要规则：其中 $n=2$；两囚徒同时从各自的策略空间中选择策略，他们的策略空间是对称的，即 $S_1=S_2=\{坦白,抗拒\}$。若囚徒 1 选择坦白，则其得益 $u_1(坦白,坦白)=-5$ 或 $u_1(坦白,抗拒)=0$，若囚徒 1 选择抗拒，则其得益 $u_1(抗拒,坦白)=-8$ 或 $u_1(抗拒,抗拒)=-1$。同理，若囚徒 2 选择坦白，其得益 $u_2(坦白,坦白)=-5$ 或 $u_2(抗拒,坦白)=0$，若囚徒 2 选择抗拒，其得益 $u_2(坦白,抗拒)=-8$ 或 $u_2(抗拒,抗拒)=-1$。

		囚徒2	
		坦白	抗拒
囚徒1	坦白	−5, −5	0, −8
	抗拒	−8, 0	−1, −1

图 2-1 囚徒困境

图 2-1 描述了囚徒困境博弈的主要规则。在这个博弈中，对于囚徒 1 来说，面临着如下权衡：

$$u_1(坦白,坦白)=-5 > u_1(抗拒,坦白)=-8$$
$$u_1(坦白,抗拒)=0 > u_1(抗拒,抗拒)=-1$$

也就是说，无论囚徒 2 选择"坦白"还是"抗拒"，对于囚徒 1 来说，选择"坦白"的得益总是大于选择"抗拒"的得益，因此，"坦白"是囚徒 1 的上策。同理，对于囚徒 2，则有

$$u_2(坦白,坦白)=-5 > u_2(坦白,抗拒)=-8$$
$$u_2(抗拒,坦白)=0 > u_2(抗拒,抗拒)=-1$$

无论囚徒 1 选择"坦白"还是"抗拒"，囚徒 2 选择"坦白"的得益总是大于选择"抗拒"的得益，因此，"坦白"是囚徒 2 的上策。这一博弈中，由于两名参与人都有上策，所以这个博弈就存在着一个上策均衡（坦白，坦白），得益为（−1，−1）。

囚徒困境的根本是个体理性（individual rationality）与集体理性（collective rationality）的冲突。我们知道，微观经济学的基本观点之一，是通过市场机制这只"看不见的手"，在人人追求自身利益最大化的基础上可以达到全社会资源的最优配置。囚徒困境对此提出了新的挑战。因此，这个博弈是对现实中相当多的社会经济活动的解释，比如生态环境的恶

化、公共资源的枯竭、市场竞争等。

 思考题

2.1 投资博弈。两家企业展开投资战,其得益矩阵如下:

		企业2	
		不投资	投资
企业1	不投资	2,1	0,0
	投资	4,2	3,1

问:企业有上策吗?是什么?

2.2 理解上策。已知两人博弈的得益矩阵如下所示。

		参与人2	
		左	右
参与人1	上	$3, 7-x$	2,3
	下	4,4	$7-x, 5$

试回答:①对参与人2来说,x取何值,策略右是其上策?②对参与人1来说,x取何值,策略下是其上策?③x取何值,(下,右)是该博弈的上策均衡?

2.2 严格下策消去法

上策均衡并非普遍存在,必须发展适用面更广的博弈分析概念和方法。从方法论角度,上策均衡是一种选择法,也就是在可选择策略中选出最好的策略。人们决策中的另一种常用方法是排除法,即通过比较把较差的策略排除掉,缩小候选策略范围,从而更容易筛选较好的策略。

定义2.3 严格下策(strictly dominated strategy)。在博弈 $G=\{S_1,\cdots,S_n;u_1,\cdots,u_n\}$ 中,s_i' 和 s_i'' 是参与人 i 的两个策略,如果参与人 i 选择策略 s_i' 的得益大于策略 s_i'' 的得益,即
$$u_i(s_i', s_{-i}) > u_i(s_i'', s_{-i}), \quad s_i', s_i'' \in S_i \text{ 且 } s_i' \neq s_i''$$
其中 $s_{-i}=(s_1,\cdots,s_{i-1},s_{i+1},\cdots,s_n)$ 是其他参与人每一个可能的策略组合,则对参与人 i 来说,策略 s_i'' 是相对于策略 s_i' 的严格下策。

如果一个博弈中,不管其他参与人的策略如何变化,只要某个策略给一名参与人带来的得益总比另一个策略小,那么前一个策略就是一个"严格下策"。理性的参与人一定不会选择严格下策,因此,要把这个严格下策从策略空间中删除,这个方法反复进行,就是重复消去严格下策(iterated elimination of strictly dominated strategies)。

消去严格下策的思路是:首先找出某名参与人的严格下策,并把这个严格下策从他的策略空间中剔除掉,重新构造一个不包含已被剔除策略的新博弈;然后再剔除这个新博弈中某名参与人的严格下策;继续这个过程,一直到只剩下唯一的策略组合为止。如果可以采取这种办法,获得唯一的策略组合,那么,这个策略组合就是博弈的均衡。

智猪博弈(boxed pigs game)

一头大猪和一头小猪住在同一猪圈里,猪圈的一侧放着猪食槽,另一侧安装着一个控制猪食供应的按钮。按一次按钮,有 8 单位的饲料进槽,但需付出 2 单位的成本。若大猪小猪同时到达猪食槽,大猪吃到 5 单位的饲料,小猪吃到 3 单位的饲料;若大猪先到,大猪吃到 7 单位,小猪吃到 1 单位;若小猪先到,大猪小猪各吃 4 单位。它们谁会去按按钮呢?

这一博弈的三个要素是:参与人——大猪和小猪。策略——大小猪都有"去按""等待"两个策略可选择。得益——对大猪来说,如果采取"去按",那么可能吃到 5 单位也可能吃到 4 单位,最终结果取决于小猪是"去按"还是"等待",扣除 2 单位的成本;如果是"等待",则可能吃到 7 单位也可能什么也吃不到,要看小猪是"去按"还是"等待"。对小猪而言,如果"去按"并且大猪也"去按",那么吃到 1 单位,或者大猪采取"等待"策略,那么付出 2 单位却只吃到 1 单位,得益为-1;如果"等待"同时大猪"去按",那么能吃到 4 单位,但若大猪也"等待",则大家只能挨饿,得益都是 0(见图 2-2)。

图 2-2 智猪博弈

从图 2-2 中可以看出,智猪博弈不存在上策均衡,大猪没有上策,不能用上策均衡的思路进行分析。但是,很显然,理性的参与人不可能采用严格下策,因此把严格下策排除出策略空间不会影响博弈结果。在智猪博弈中,可以把小猪的严格下策"去按"从小猪的策略空间中消去,此时,博弈简化如图 2-3 所示。

现在比较图 2-3 中大猪的两种策略,容易发现"等待"是相对于"去按"的严格下策,将"等待"从大猪的策略空间中去掉,博弈进一步简化如图 2-4 所示。

图 2-3 消去小猪"去按"策略后的智猪博弈　　图 2-4 消去大猪"等待"策略后的智猪博弈

这样原博弈就被精简到只剩下一种策略组合(去按,等待)。因为所有被消去的策略都是两参与人不可能采用的,两参与人只能选择这唯一剩下的策略组合,这就是博弈的"解"。智猪博弈的均衡是(去按,等待),即大猪去按而小猪守候在食槽边。

智猪博弈中,大猪劳动反而少得食而小猪不劳动却得食,小猪搭了大猪的"便车"。这种情况在实际的社会经济活动中并不少见。因此,我们经常用智猪博弈来分析利用别人的优势来为自己争取利益这种建议。

2.3 理解严格下策。 已知一个两人博弈的得益矩阵如下所示。

		参与人2		
		左	中	右
参与人1	上	3,0	0,-5	0,-4
	中	1,-1	3,3	-2,4
	下	2,4	4,1	-1,8

试回答：这个博弈有几个严格下策？你是如何判断的？

2.4 虚拟博弈。 用反复消去严格下策的方法，求出下面博弈的均衡。

		参与人2		
		左	中	右
参与人1	上	1,0	1,3	0,1
	下	4,4	0,2	2,0

路径依赖

重复消去下策法，把下策的要求由"严格下策"扩展到"弱下策"，也是成立的。

定义 2.4　弱下策(weakly dominated strategy)。在博弈 $G=\{S_1,\cdots,S_n;u_1,\cdots,u_n\}$ 中，s_i' 和 s_i'' 是参与人 i 的两个策略，如果参与人 i 选择策略 s_i' 的得益不小于策略 s_i'' 的得益，即

$$u_i(s_i',s_{-i}) \geqslant u_i(s_i'',s_{-i}), \quad s_i',s_i'' \in S_i \text{ 且 } s_i' \neq s_i''$$

其中 $s_{-i}=(s_1,\cdots,s_{i-1},s_{i+1},\cdots,s_n)$ 是其他参与人每一个可能的策略组合，则对参与人 i 来说，策略 s_i'' 是相对于策略 s_i' 的弱下策。

可以知道，弱下策与严格下策比较起来，包括得益相等的情况，此时，也可以对两个策略进行比较。但是，在消去"弱下策"时，消去的顺序会影响最后的均衡。以图 2-5 中的得益矩阵为例，可以运用两种消去弱下策的路径。

		参与人2		
		左	中	右
参与人1	上	4,12	3,10	2,12
	中	0,12	2,11	1,11
	下	3,12	1,8	2,13

图 2-5　虚拟的博弈

路径一，参与人1消去"下"—参与人2消去"右"—参与人1消去"中"—参与人2消去"中"。依照这一消去路径，博弈有唯一的均衡(上,左)，两名参与人的得益为(4,12)。

路径二，参与人1消去"中"—参与人2消去"左"—参与人1消去"下"—参与人2消去"中"。依照此消去路径，博弈也会有唯一的均衡(上,右)，两名参与人的得益为(2,12)。

采用不同的路径进行弱下策消去，可能得到不同的结果，经济学上把这种结果依赖于

过程的现象,称为路径依赖(path-dependence)。路径依赖非常普遍。一旦你在某个特定城市找到一份工作,那么换一个地方重新安置下来的代价就会变得很高;一旦你熟悉了一套操作系统,那么学会另一套操作系统,其代价就会变得很高。因此,不能把重复消去弱下策作为一个一般的方法,因为最终结果对消去顺序可能是敏感的(阿维亚德·海菲兹,2015,第51页)。

2.5 理解下策。下面的得益矩阵中,有几个严格下策?有几个弱下策?博弈均衡是什么?

		参与人2		
		左	中	右
参与人1	上	3,0	1,0	4,2
	中	3,4	1,2	5,3
	下	1,3	0,2	3,0

需要注意,上策均衡和重复消去严格下策法不能解决所有博弈问题,博弈问题中,策略之间不一定存在绝对优劣关系。

习　题

2.1 公共产品捐赠博弈。两户家庭生活在同一个小镇上,每户家庭皆可选择捐资修建路灯。对每户家庭而言,拥有路灯的价值是3万元,没有路灯则为0。路灯的建设成本是4万元,只有筹资到4万元,路灯才可以修建起来;否则路灯无法修建,且在这种情况下捐赠者无法拿回所捐资金。试回答:①用得益矩阵表示该博弈;②路灯能否修建得成,为什么?

2.2 广告博弈。假设京东和天猫两家购物网站正在考虑2024年的广告平台选择问题。两家网站可以选择"地铁广告"和"电视广告"两种广告平台。结果如下所示。

		天猫	
		地铁广告	电视广告
京东	地铁广告	23,13	14,15
	电视广告	15,10	12,12

问:如果两家网站是同时决策的,天猫应该选择哪种广告平台?京东呢?为什么?

2.3 公司治理博弈。一家股份制公司,公司的最终盈利与公司运营直接挂钩,盈利会按照拥有公司股份的比例分配给股东。公司聘任经理负责具体运营,针对这些经理的监督工作,每年的费用是10万元。王先生购买了该公司1 000万股股票;李先生购买了该公司10万股股票。只要有监督,公司就能正常发展,每股股票的盈利率是10%;无人监督时,每股股票的盈利率为0。问题:应该由谁负责监督工作?为什么?

2.4 简单的伯川德模型。伯川德模型是以价格作为手段的寡头垄断模型,假设两家厂商有"高""中""低"三种定价策略,得益矩阵如下所示。

		厂商2		
		高	中	低
厂商1	高	6,6	0,10	0,8
	中	10,0	5,5	0,8
	低	8,0	8,0	4,4

试回答:①这个博弈的均衡是什么?价格竞争寡头应如何定价?②从这个博弈中能得到什么启示?

2.5 电动汽车博弈。假设吉利汽车和哈弗汽车都想进入一个新型汽车市场,利润(单位:千万元)如下。

		哈弗	
		进入	观望
吉利	进入	10,-40	250,0
	观望	0,200	0,0

试回答:①两家厂商同时决策,哪家厂商会选择进入?②如果哈弗生产这种新型汽车的话,河北省政府会给予一次性补贴5亿元,答案会有什么变化?

2.6 销售团队博弈。一个两人团队要完成销售任务,需要成员共同努力。成员有两种策略选择,即"努力"或"偷懒"。如果两名成员都努力,各自能得到6单位得益;如果两名成员都偷懒,各自能得到2单位得益;如果一名成员努力,一名成员偷懒,则努力者得益0,偷懒者得到8单位得益。试回答:①如何用得益矩阵表示这一博弈?②销售团队成员会努力吗?为什么?

2.7 创业博弈。小王和小李合伙成立了咨询顾问公司,同意将利润平分。公司的利润状况取决于他们的行为:如果两人均努力工作,新公司将能够获得150万元的利润;如果其中一人努力工作而另外一人偷懒,企业的利润将是115万元;如果小王和小李都偷懒,企业的利润将是70万元。试回答:①如何用得益矩阵表示这一博弈?②小王和小李会努力工作吗?为什么?

2.8 代理博弈。管理者和工人进行博弈。工人选择工作或者怠工,管理者选择管制或者不管制。工人若工作,他的生产效益就是v;若怠工,他的生产效益为0;工人工作会有负效用,负效用为g。工人工资为w,但如果被发现怠工,工资为0。工资对管理者来说是成本。只要管理者有管制行为,就能发现工人是否怠工,但这会产生管制成本h。已知$w>g$和$v>h$,试回答:①用得益矩阵表示该博弈;②参与人有上策吗?③这场博弈有均衡吗?什么类型的均衡?

在线自测

第 3 章 纳什均衡

相当多的博弈,无法使用上策均衡和重复消去严格下策法找到均衡解。为此,引入纳什均衡的概念。

3.1 纳什均衡的含义

定义 3.1 纳什均衡(**Nash equilibrium**)。在博弈 $G=\{S_1,\cdots,S_n;u_1,\cdots,u_n\}$ 中,针对其他 $n-1$ 个参与人所选策略 $s^*_{-i}=(s^*_1,\cdots,s^*_{i-1},s^*_{i+1},\cdots,s^*_n)$,如果策略 s^*_i 给参与人 $i(i=1,\cdots,n)$ 带来的得益不低于其他策略 $s_i(s_i\neq s^*_i)$ 给参与人 i 带来的得益,即

$$u_i(s^*_i,s^*_{-i})\geqslant u_i(s_i,s^*_{-i}), \quad s_i,s^*_i\in S_i \text{ 且 } s_i\neq s^*_i$$

则称策略组合 $(s^*_1,\cdots,s^*_i,\cdots,s^*_n)$ 是该博弈的一个纳什均衡。

为了理解纳什均衡,让我们设想在博弈论预测的博弈结果中,给每个参与人选定各自的策略,若该预测是正确的,理论为各参与人设定的策略必须正好是各参与人自愿选择的,理论给出的策略必须是每个参与人针对其他参与人所选策略的最优反应策略。这种理论推测出的结果可以叫作自动实施(self-enforcing)的、稳定的结局。换一个角度理解,如果参与人之间事先商定一个协议来决定博弈的进行,那么一个有效的协议中的策略组合必须是能"自动实施"的,否则在没有外在强制力约束时,至少会有一个参与人不会遵守该协议。我们把这种没有任何参与人愿意独自偏离他所选定策略的策略组合称为纳什均衡。约翰·纳什在 1950 年和 1951 年的两篇论文中提出"纳什均衡",现已成为博弈论中的专用术语。

寻找纳什均衡的最直接方法就是简单地检查每一个策略组合是否符合定义中不等式的条件。在两人有限策略博弈中,这一方法开展的程序如下:对每一个参与人,给定另一个参与人的策略,确定他的相应的最优策略。因为这种最优策略是相比较而产生的,因此总是存在的;如果某一策略组合正好是相互对对方策略的最优策略,则该策略组合就是纳什均衡。

3.2 划 线 法

划线法(method of underlying relatively dominant strategies)就是在每一参与人针对对方策略的最大得益值下划一短线;如果某一得益数组中每一个数值下都被划上了短线,则这一得益数组对应的策略组合就是纳什均衡。划线法适用于能用得益矩阵表示的博弈求解。

斗鸡博弈（chicken game）

小鸡（chicken）比喻"胆小鬼"。设想小王和小李是两个调皮的孩子，他们在小伙伴们的鼓励下要进行一场勇气比赛：两人分别从一座独木桥的两端冲向对方，谁退却让路谁就是"小鸡"。该博弈中，小王和小李都有两个可选策略：勇进或退却。如果小王退却小李勇进，小王会遭受小伙伴的嘲笑，得益为−1，而小李得胜，感受勇敢者的荣耀，得益为4；如果小王勇进小李退却，则他们的得益正好相反；如果两人都退却不前，两人一起承受"胆小鬼"的嘲笑，但比起单独被嘲笑会好受些，所以得益水平为0；如果两人都勇进，结果必然是两败俱伤，得益水平均为−2（见图3-1）。

可以先从位于得益矩阵左侧的小王开始分析。当小李采用"退却"策略，小王比较如下：

$$u_{小王}(退却,退却)=0 < u_{小王}(勇进,退却)=4$$

"勇进"带来的得益更大，小王在"勇进"对应的得益4下划短线。当小李采用"勇进"策略，小王比较如下：

$$u_{小王}(退却,勇进)=-1 > u_{小王}(勇进,勇进)=-2$$

"退却"带来的得益更大，小王在"退却"对应的得益−1下划短线（见图3-2）。

		小李	
		退却	勇进
小王	退却	0, 0	−1, 4
	勇进	4, −1	−2, −2

图3-1 斗鸡博弈

		小李	
		退却	勇进
小王	退却	0, 0	−1, 4
	勇进	4, −1	−2, −2

图3-2 斗鸡博弈中的小王

同理，也可以写出小李的分析。当小王采用"退却"策略，小李比较如下：

$$u_{小李}(退却,退却)=0 < u_{小李}(退却,勇进)=4$$

"勇进"带来的得益更大，小李在"勇进"对应的得益4下划短线。当小王采用"勇进"策略，小李比较如下：

$$u_{小李}(勇进,退却)=-1 > u_{小李}(勇进,勇进)=-2$$

"退却"带来的得益更大，小李在"退却"对应的得益−1下划短线（见图3-3）。

把小王和小李的分析结合在一起，得到图3-4。两个得益下都有短线的策略组合是纳什均衡，从图3-4可以看出，该博弈有两个纳什均衡（勇进,退却）和（退却,勇进），即：要么小王退却小李勇进，要么小王勇进小李退却。

		小李	
		退却	勇进
小王	退却	0, 0	−1, 4
	勇进	4, −1	−2, −2

图3-3 斗鸡博弈中的小李

		小李	
		退却	勇进
小王	退却	0, 0	−1, 4
	勇进	4, −1	−2, −2

图3-4 划线法分析斗鸡博弈

斗鸡博弈强调的是,如何在博弈中采用妥协的方式取得利益。如果双方都换位思考,他们可以就补偿进行谈判,最后达成以补偿换退让的协议,问题就解决了。现实经济活动经常需要妥协,双方能换位思考就可以较容易地达成协议。考虑自己得到多少补偿才愿意退,并用自己的想法来理解对方;如果只从自己立场出发考虑问题,不愿退,又不想给对方一定的补偿,僵局就难以打破。

3.1 理解划线法。下面的完全信息静态博弈,采用划线法求出全部纳什均衡。

		参与人2		
		L	C	R
参与人1	T	2,0	1,1	4,2
	M	3,4	1,2	2,3
	B	1,3	0,2	3,0

3.2 收视率博弈。假设湖南卫视和浙江卫视两家电视台正在竞争周六20:00—21:00和21:00—22:00时段的收视率。两大电视台可以选择将它的"较好"节目放在前面时段还是放在后面时段。它们的决策的各种组合所得到的收视率结果如下图所示。

		湖南卫视	
		前面	后面
浙江卫视	前面	18,18	23,10
	后面	4,23	20,20

如果两家电视台是同时决策的,试回答:①用划线法求出该博弈的纳什均衡;②由这个纳什均衡结果能得到什么启示?

一个博弈,如果其纳什均衡是唯一的,那么这一唯一的纳什均衡就是该博弈的参与人将如何博弈的"一致性"(consistent)预测;如果所有参与人都预测到这个纳什均衡将会出现,那么没有任何参与人会不顾这种预测而做出与预测结果不一致的选择。和纳什均衡"一致性"密切相关的是协议的理念:对给定的博弈,如果参与人之间要商定一个协议决定博弈如何进行,那么一个有效的协议中的策略组合必须是纳什均衡的策略组合,否则,至少有一个参与人会不遵守该协议(吉本斯,1999,第7页)。

3.3 反应函数法

划线法只适用于可通过得益矩阵表述的有限博弈,无限博弈不可能用列举方法来表示博弈的全部策略、结果和得益,一般只能用数集或函数式加以表示。不过,划线法的思路实际上也是可行的,只是其他参与人的策略现在有无限多种,各个参与人的最佳对策也有无限种,它们之间往往构成一种连续函数关系,这就是我们所说的"反应函数"。

定义 3.2 反应函数(best reaction functions)。在博弈 $G=\{S_1,\cdots,S_n;u_1,\cdots,u_n\}$ 中,

参与人 i 对其他参与人所有策略组合 $s_{-i}=(s_1,\cdots,s_{i-1},s_{i+1},\cdots,s_n)$ 的最优反应策略构成的函数,称为反应函数,记为

$$s_i^* = \mathrm{BR}_i(s_1,\cdots,s_{i-1},s_{i+1},\cdots,s_n), \quad i=1,2,\cdots,n$$

反应函数即参与人 i 对其他所有参与人每种可能的决策内容的最佳反应对策构成的函数,反应函数本身就是最优化函数。

各个参与人的反应函数的交点(如果存在的话),就是纳什均衡。这种利用反应函数求博弈的纳什均衡的方法称为反应函数法。

古诺模型[①]

寡头(oligopoly)垄断市场为博弈论提供了理想的经济应用(E. 雷·坎特伯里,2020,第 331 页)。最早研究寡头垄断并做出巨大贡献的当推法国经济学家安东尼·奥古斯丹·古诺(Antoine Augustin Cournot,1801—1877),他对寡头垄断市场的极端形式——两寡头垄断市场做了分析,研究了在静态条件下,同质产品市场中两家厂商的竞争行为、反应函数和均衡结果,成为产业组织理论(theory of industrial organization)的一块奠基石。

假设某种商品市场上仅有两家寡头(duopoly),记为厂商 1 和厂商 2,两家企业是无差别寡头,生产销售完全可替代的同质产品(homogeneous products)。两家企业通过控制产量进行竞争,厂商 1 的产量为 q_1,厂商 2 的产量为 q_2,因此,市场总产量为 $q=q_1+q_2$,其中 $q_1,q_2\geq 0$。在这个博弈中,参与人就是厂商 1 和厂商 2,各自的策略空间就是它们可以选择的产量。假设产量是连续可分的,因此两厂商都有无限种可选策略。

两企业同时决定各自的产量,即它们在决策之前都不知道另一方的产量。两企业的得益是其利润,即销售收入与生产成本的差额。设市场出清价格 p 是市场总产量的函数

$$p = p(q) = 8 - q$$

设两厂商的生产都无固定成本,且每增加 1 单位产量的边际成本相等,$\mathrm{MC}_1=\mathrm{MC}_2=2$,那么它们生产 q_1 和 q_2 单位产量的总成本分别为 $2q_1$ 和 $2q_2$。两家厂商的得益分别为

$$u_1(q_1,q_2) = 6q_1 - q_1 q_2 - q_1^2 \tag{3-1}$$

$$u_2(q_1,q_2) = 6q_2 - q_1 q_2 - q_2^2 \tag{3-2}$$

可以看出,两厂商的得益(利润)取决于双方的策略(产量),这是一个博弈问题。

对厂商 2 的任意产量 q_2,厂商 1 的最佳对策是选择产量 q_1 实现利润最大化,即 q_1 是最大化问题

$$\max_{q_1} u_1 = 6q_1 - q_1 q_2 - q_1^2$$

最优化的必要条件是一阶偏导数为 0。令 u_1 对 q_1 的导数等于 0,得到

$$q_1^* = \mathrm{BR}_1(q_2) = \frac{1}{2}(6 - q_2)$$

即对于厂商 2 的每一个可能的产量 q_2,厂商 1 的最佳对策产量的计算公式,它是厂商 2 产

[①] Antoine Augustin Cournot, 1838. Researches into the Mathematical Principles of the Theory of Wealth[M]. Edited by N. Bacon, New York: Macmillan, 1897.

量 q_2 的一个连续函数，我们称这个连续函数为厂商 1 对厂商 2 产量的反应函数。

同样的方法，厂商 2 选择 q_2 是最大化问题

$$\max_{q_2} u_2 = 6q_2 - q_2 q_1 - q_2^2$$

根据最优化条件，可求出厂商 2 对厂商 1 产量 q_1 的反应函数

$$q_2^* = \mathrm{BR}_2(q_1) = \frac{1}{2}(6 - q_1) \tag{3-3}$$

假设策略组合 (q_1^*, q_2^*) 是本博弈的纳什均衡，那么 (q_1^*, q_2^*) 必须是最大化问题

$$\begin{cases} q_1^* = \frac{1}{2}(6 - q_2^*) \\ q_2^* = \frac{1}{2}(6 - q_1^*) \end{cases}$$

该方程组有唯一一组解 $q_1^* = q_2^* = 2$。策略组合 $(2, 2)$ 是本博弈唯一的纳什均衡。此时，市场总产量为 $q^* = q_1^* + q_2^* = 2 + 2 = 4$，市场价格为 $p^* = 8 - q^* = 4$，两寡头各自得益为

$$u_1(2, 2) = u_2(2, 2) = 2 \times (8 - 4) - 2 \times 2 = 4$$

两厂商利润总和为 $4 + 4 = 8$。

我们来理解为什么上面的结果是纳什均衡。作为对比，如果两家厂商如卡特尔那样运作，对生产决策进行协调，我们来计算它们将生产的产量。如果厂商经营为卡特尔，可以合理地假设它们以最大化它们的联合利润——总利润这样的方式来设置生产目标。

根据市场条件求实现总得益最大的总产量。设总产量为 q，则总利润为

$$u(q) = p \cdot q - c \cdot q = 6q - q^2$$

利用最优化存在的必要条件

$$\frac{\mathrm{d}u}{\mathrm{d}q} = 6 - 2q = 0$$

总利润最大化的总产量 $q^* = 3$，最大化总利润 $u^* = 9$。因此，每家厂商生产 1.5 单位产量，获得 4.5 单位的利润。从两家厂商的总体来看，根据总体利益最大化确定的产量取得的利润更高。

但是，两家厂商会选择合作吗？也就是说，合作均衡稳定吗？假设厂商 2 选择合作，则厂商 2 选择的是合作产量 $q_2 = 1.5$，生产 1.5 单位产量，厂商 1 会如何决策呢？厂商 1 选择 q_1 是自己得益最大化，将 $q_2 = 1.5$ 代入式(3-1)则有

$$\max_{q_1} u_1 = 6q_1 - 1.5q_1 - q_1^2$$

此时厂商 1 利润最大化的必要条件为

$$4.5 - 2q_1 = 0$$

解得厂商 1 的产量 q_1 为 2.25 单位。厂商 1 的利润为

$$u_1(2.25, 1.5) = [8 - (2.25 + 1.5)] \times 2.25 - 2 \times 2.25 = 5.0625$$

这一利润大于厂商 1 生产合作产量 $q_1 = 1.5$ 时的利润。如果厂商 1 是理性的，厂商 1 不会合作，而会选择生产利润最大化产量 $q_1 = 2.25$。厂商 1 的不合作影响了厂商 2，厂商 2 的利润为

$$u_2(2.25, 1.5) = [8-(2.25+1.5)] \times 1.5 - 2 \times 1.5 = 3.375$$

同理也可得厂商 2 不合作,厂商 1 合作时两家厂商各自的利润。通过以上的分析结果,我们建立一个得益矩阵(见图 3-5)。

		厂商2	
		合作	不合作
厂商1	合作	4.5, 4.5	3.375, 5.062 5
	不合作	5.062 5, 3.375	4, 4

图 3-5 古诺模型的得益矩阵

采取划线法分析可得,(合作,合作)是不稳定的策略组合,(不合作,不合作)是两寡头古诺模型的纳什均衡解。

古诺通过模型研究得出:两寡头市场产量比垄断市场多、价格比垄断市场低、利润比垄断市场低。这是典型的囚徒困境问题,是个体理性和集体理性的冲突。类似的寡头垄断在实际经济活动中,对某些地区、某段时期、某种商品来说并不鲜见,如电力业、电信业等。

古诺在著作中完全独创性和富有想象力的概念在经济学说史中是不多见的。除了双寡头垄断理论之外,古诺是第一个定义并画出需求曲线的经济学家,并且奠定了纯粹垄断理论,还提出了完全竞争是用买者数量定义的观点。[1]

思考题

3.3 古诺双寡头垄断博弈(Cournot duopoly model)。双寡头垄断的市场上,反需求函数是

$$p = 100 - q_1 - q_2$$

q_1 和 q_2 分别是两厂商的产量。两家厂商都无固定成本,边际成本相同,均为 20。如果两家厂商要么生产垄断产量的一半,要么生产古诺产量。试求:①写出得益矩阵;②此博弈的纳什均衡是什么?

反应函数法也存在一定的局限性:首先,反应函数求解较困难,而且参与人数量越多越困难;其次,当参与人的得益函数并不是连续的可导函数,反应函数的最优化思路也就不能使用了。

习　题

3.1 战略性贸易政策。生产同质产品的甲、乙两家公司分属两个国家,在讨论是否研发某种新产品,开发新产品方面有下面的得益矩阵(单位:百万元)。试回答:①该博弈的纳什均衡有哪些?②乙公司所在国政府承诺,如果乙公司开发新产品,则给予 2 500 万元的补贴,此时得益矩阵什么样?纳什均衡是什么?如何评价这一补贴的福利效应?

---

① 马克·布劳格.经济理论的回顾[M].姚开建,译校.北京:中国人民大学出版社,2009:243-245 页.

		乙公司	
		开发	观望
甲公司	开发	−10,−10	100,0
	观望	0,100	0,0

3.2 差别产品的古诺模型。 一个只存在两寡头的市场上,反需求函数是

$$p = 100 - 0.5(q_1 + q_2)$$

其中,q_1 和 q_2 分别是两寡头的产量。两寡头的总成本分别为

$$TC_1 = 5q_1 \quad 和 \quad TC_2 = 0.5q_2^2$$

试回答:①如果两寡头采用产量竞争的方式,那么纳什均衡是什么?②如果两寡头结成卡特尔,那么均衡结果是什么?③两寡头结成的卡特尔稳定吗?为什么?(提示:对一家厂商进行分析即可)

3.3 古诺寡头并购博弈。 考虑一个由两家厂商组成的寡头垄断市场,市场的反需求函数为

$$p = 10 - q$$

其中 $q = q_1 + q_2$,q_1 和 q_2 分别是两厂商的产量。两家厂商的成本函数分别为

$$TC_1 = 4 + 2q_1 \quad 和 \quad TC_2 = 3 + 3q_2$$

试回答:①若两家串通追求共同的利润最大化,总的产量水平是多少?市场价格是多少?各自生产多少?总利润是多少?②若两家追求各自的利润最大化,利用古诺模型,各自生产多少?各自利润多大?市场价格多大?并给出各自的反应函数。③若串通是非法的,但收购不违法,厂商 1 会出多少钱收购厂商 2?

3.4 同质产品的古诺模型。 某商品市场上有 $n=2$ 家寡头,寡头 1 和寡头 2;两家寡头的产量分别为 $q_i(i=1,2)$;两家厂商的成本函数相同,生产 q_i 单位产品的总成本为 $c \cdot q_i (i=1,2)$,其中 $c>0$,为常数。已知市场出清价格为 $p = a - b \cdot q$,其中 $a,b>0$,为常数,$q = q_1 + q_2$。试回答:①两家寡头"竞争"与"串谋"的得益矩阵是什么?②如果寡头数量增加到 3 家,即 $n=3$,纳什均衡是什么?③如果寡头数量不断增加,即 $n \to \infty$,纳什均衡是什么?有什么启示?

在线自测

第4章 经典静态博弈模型

完全信息静态博弈在产业组织理论、空间经济学和人口资源与环境经济学等领域都有广泛的应用。

4.1 伯川德模型[①]

法国经济学家伯川德(Joseph Bertrand,1822—1900)于1883年提出了另一种形式的寡头垄断模型,这一模型与古诺模型的差别在于,伯川德模型(Bertrand duopoly model)中各厂商所选择的是价格而不是产量。伯川德模型适用于厂商对产量的调整有足够的灵活性的情况。

伯川德模型的博弈规则

某种商品的市场上有两家寡头,厂商1和厂商2,生产同质产品。两家企业的策略是决定本企业商品的价格,厂商1和厂商2的价格分别记为 p_1、p_2,策略空间为

$$s_1 \in [0, p_{1,\max}] \quad \text{和} \quad s_2 \in [0, p_{2,\max}]$$

其中 $p_{1,\max}$ 和 $p_{2,\max}$ 是厂商1和厂商2还能卖出商品的最高价格。两厂商同时决定各自的价格,即它们在决策之前都不知道另一方的价格,这是关于博弈顺序的一个假定,伯川德模型是静态博弈。

假设两厂商的生产都无固定成本,且每增加一单位产量的边际成本相等,$MC_1 = MC_2 = 2$,那么他们生产 q_1 和 q_2 单位产量的总成本分别为 $2q_1$ 和 $2q_2$。再假设市场出清价格 p 是市场总产量的函数

$$q = 8 - p$$

如果 $p_1 < p_2$,厂商1的市场需求量为 $q_1 = 8 - p_1$,厂商2的市场需求量为0;如果 $p_1 > p_2$,厂商2的市场需求量为 $q_2 = 8 - p_2$,厂商1的市场需求量为0;如果 $p_1 = p_1 = p$,市场需求在两家厂商之间平分,即 $q_1 = q_2 = \dfrac{8-p}{2}$。两家厂商的利润函数分别为

$$u_1(p_1, p_2) = q_1 p(q) - c_1 q_1 = \begin{cases} 10p_1 - 16 - p_1^2, & p_1 < p_2 \\ \dfrac{1}{2}(10p_1 - 16 - p_1^2), & p_1 = p_2 = p \\ 0, & p_1 > p_2 \end{cases}$$

和

[①] Joseph Bertrand. Theorie Mathematique de la Richesse Sociale[J]. *Journal des Savants*, 1883, pp. 499-508.

$$u_2(p_1,p_2)=q_2p(q)-c_2q_2=\begin{cases}10p_2-16-p_2^2, & p_2<p_1\\ \dfrac{1}{2}(10p_2-16-p_2^2), & p_2=p_1=p\\ 0, & p_2>p_1\end{cases}$$

可以看出,两厂商的利润函数取决于双方的策略(价格)。

伯川德模型的反应函数

厂商 1 针对厂商 2 每个策略的最佳策略是通过确定自己的价格 p_1 以最大化利润

$$\max_{p_1}u_1=10p_1-16-p_1^2$$

根据最优化的必要条件,令 u_1 对 p_1 的偏导数等于 0,不难求出

$$p_1=5$$

此时,如果厂商 2 的价格 $p_2>5$,则厂商 1 处于垄断状态,厂商 1 的得益为 $u_1=9$,厂商 2 的得益为 0;如果厂商 2 的价格 $p_2=5$,则两家企业平分市场,得益分别为 4.5。

同样的方法,我们可求出厂商 2 对厂商 1 产量 p_1 的反应函数满足

$$\max_{p_2}u_2=10p_2-16-p_2^2$$

解得

$$p_2=5$$

此时,如果厂商 1 的价格 $p_1>5$,则厂商 2 处于垄断状态,得益为 $u_2=9$,厂商 1 的得益为 0;如果厂商 1 的价格 $p_1=5$,则两家企业平分市场,得益分别为 4.5。

所以我们似乎有了这样的得益情况

$$u_1=\begin{cases}9, & 5<p_2\\ 4.5, & 5=p_2\\ 0, & 5>p_2\end{cases}\quad 和 \quad u_2=\begin{cases}9, & 5<p_1\\ 4.5, & 5=p_1\\ 0, & 5>p_1\end{cases}$$

那么,价格策略组合(5,5)是本博弈的纳什均衡吗?

伯川德模型的纳什均衡

假设价格策略组合(5,5)是本博弈的纳什均衡,那么(5,5)必须是两家厂商不会改变价格的策略组合,这是纳什均衡关于稳定性的内在要求。为了了解策略组合(5,5)的稳定性,在 $p_2=5$ 保持不变时,我们分析一下厂商 1 的行为,看看厂商 1 是否会单独改变自己的价格。

改变价格有两种情况:首先,厂商 1 是否会单独涨价?我们假设厂商 1 独自将价格 p_1 涨到 6,此时,厂商 1 的价格高于厂商 2 价格,消费者了解这种情况,不会再购买厂商 1 的商品,厂商 1 的利润降为 0,因此,厂商 1 不会独自涨价。同理,可以了解厂商 2 的行为。这种情况我们表示在图 4-1 中,可以看出,与定价 6 相比,定价 5 是厂商 1 和厂商 2 的上策。

其次,厂商 1 是否会单独降价?我们假设厂商 1 独自将价格 p_1 降到 4,此时,$p_1<p_2$,厂商 1 的价格低于厂商 2 的价格,消费者了解这种情况,不会再购买厂商 2 的商品,厂商 1

独家垄断商品市场,利润为 8,$u_1=8>4.5$,因此,厂商 1 会独自降价。同理,可以了解厂商 2 的策略选择,厂商 2 知道这种情况,所以厂商 2 也会降价,令价格 $p_2=4$,此时双方价格相等,利润分别为 4。这种情况我们表示在图 4-2 中,可以看出,与定价 5 相比,定价 4 是厂商 1 和厂商 2 的上策。

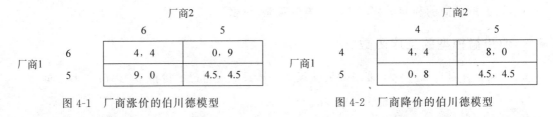

图 4-1　厂商涨价的伯川德模型　　　　图 4-2　厂商降价的伯川德模型

通过上述分析,厂商 1 和厂商 2 都会偏离价格策略组合(5,5),而且这种偏离表现为厂商同时降价,因此,价格策略组合(5,5)不满足稳定性,不是纳什均衡。

那么价格策略组合(4,4)是本博弈的纳什均衡吗?不是。因为此时厂商 1 发现再降价还是有好处的。例如令价格 $p_1=3$,则 $p_1<p_2$,则厂商 1 将独占市场,此时厂商 1 的得益为 $u_1=5>4$,所以厂商 1 会降价。厂商 2 知道这种情况,所以厂商 2 也会降价,令价格 $p_2=3$,此时双方价格相等,得益分别为 2.5。这种情况会一直持续下去,直到没有厂商有降价的动力(见图 4-3),最终价格为 $p_1=p_2=2$,因为,现在再降价则利润为负,不降价则利润为 0,所以两家厂商均没有降价的动力,即价格策略组合(2,2)是本博弈的纳什均衡,两厂商利润分别为(0,0)。

通过图 4-4 可以看出,其实伯川德模型中的反应函数曲线有两个交点,即(2,2)和(5,5),但策略组合(5,5)不具有稳定性,因此不是纳什均衡,本博弈存在唯一的纳什均衡(2,2)。

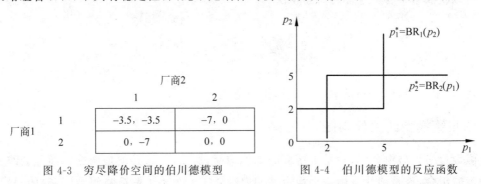

图 4-3　穷尽降价空间的伯川德模型　　　　图 4-4　伯川德模型的反应函数

如果寡头厂商以价格为策略进行竞争,那么寡头垄断市场的价格和完全竞争市场的价格是一致的,效率也是一样的,所以寡头垄断并不会造成低效率,这与一般的经济学观点不一致,所以被称为伯川德悖论(Bertrand paradox)。另外,还暗含着一个政策建议:如果厂商在打价格战,则政府不需要干预这个市场,即不需要反垄断,因为这样的市场上垄断与完全竞争的效率是一样的。

以价格作为博弈策略对寡头垄断企业特别不利,如何才能促进合作,避免寡头垄断企业陷入价格战的泥沼呢?克里斯托弗·R.托马斯等(2018,第 399~401 页)讨论了四种管理者打消或限制不合作降价的价格实践:一是价格跟进(price matching),企业宣布会跟进对手所做的任何降价；二是销售价格保证(sale-price guarantee)，向购买产品的顾客保证享有一段时期，如三个月的最低价；三是公开定价(public pricing)，如把价格在互联网上公布，这样做的重点是让竞争对手知道价格；四是价格领导(price leadership)，一个寡头企业制定它认为会使行业利润最大化的价格后，其他企业通过制定相同的价格合作。对此，定价大师赫尔曼·西蒙(2019，第187页)认为，保持原价是明智的选择，采取降低价格行动并不能带来持续性的利好，反而可能引发价格战。

伯川德模型的再思考

伯川德模型的结论既称为"悖论"，除了和经济学基本结论冲突，可能也与一般人的直觉不一致，那么，如何推翻伯川德悖论呢？

经济学家提出了两种解释，一种是埃奇沃斯(Francis Ysidoro Edgeworth，1845—1926)于论文"关于垄断的纯粹理论"(The Pure Theory of Monopoly，1887)中指出的，由于现实生活中企业的生产能力是有限的，所以只要一个企业的全部生产能力不足以满足全部社会需求，则另一个企业对于剩余的社会需求就可以收取超过边际成本的价格。

另一个方法是讨论有一定差别的寡头价格竞争，建立差别寡头的伯川德模型。两家寡头，厂商1和厂商2，生产的是同类产品，但在品牌、质量或包装等方面有所不同。因此，厂商的产品之间有很强的替代性，但又不是完全可替代，即价格不同时，价格较高的不会完全销售不出去。当厂商1和厂商2价格分别为 p_1、p_2 时，他们各自的需求函数为

$$q_1 = 8 - p_1 + p_2$$
$$q_2 = 8 - p_2 + p_1$$

仍然假设厂商无固定成本，并且边际生产成本相等，为2。所以，厂商的利润是双方价格的函数

$$u_1(p_1, p_2) = (p_1 - 2) \cdot (8 - p_1 + p_2)$$
$$u_2(p_1, p_2) = (p_2 - 2) \cdot (8 - p_2 + p_1)$$

我们直接用反应函数法分析这个博弈，利润函数在偏导数为零时有最大值

$$\frac{\partial u_1}{\partial p_1} = 10 - 2p_1 + p_2 = 0$$

$$\frac{\partial u_2}{\partial p_2} = 10 - 2p_2 + p_1 = 0$$

得到两厂商对对方策略的反应函数为

$$p_1^* = BR_1(p_2) = 5 + \frac{1}{2} p_2$$

$$p_2^* = BR_2(p_1) = 5 + \frac{1}{2} p_1$$

纳什均衡(p_1^*, p_2^*)是两反应函数的交点，得(10,10)为该博弈唯一的纳什均衡，此时两家厂商的利润分别为(64,64)，伯川德悖论在差别寡头价格竞争时就不存在了。

4.1 差别产品的伯川德模型。 某市场中只有生产替代性较高产品的两家差别寡头，

需求函数分别为

$$q_1 = 110 - p_1 + \frac{1}{2}p_2 \quad 和 \quad q_2 = 110 - p_2 + \frac{1}{2}p_1$$

两家厂商无固定成本，边际成本相等，为 10。两家寡头同时决定价格。求出此博弈的纳什均衡。

4.2 霍特林模型

伯川德差别寡头模型，只假定了差别寡头，但并未具体解释寡头差别的来源，造成产品差异化（product differentiation）的因素有很多，比如产品的物理因素（功能、形状、颜色等）、心理因素（品牌、消费条件等）（卢照坤、徐娜，2019，第 63 页），其中霍特林（Harold Hotelling，1895—1793）对空间位置差异进行了深入探索，构建了空间位置差异的寡头垄断模型，称为霍特林模型（Hotelling duopoly model）。①

霍特林模型的博弈规则

假定有一个长度为 1 的线性城市，消费者均匀地分布在 $x \in [0,1]$ 的区间里，分布密度为 1。有两个商店，商店 1 和商店 2，分别位于该线性城市的两端，即商店 1 在 $x=0$ 处，商店 2 在 $x=1$ 处，它们出售同质商品。每家商店提供单位商品的成本都是 c；消费者购买商品的旅行成本为 t，这样，住在 x 的消费者到商店 1 采购的成本是 $t \cdot x$，到商店 2 采购的成本是 $t \cdot (1-x)$。

商店 1 和商店 2 价格分别为 p_1、p_2，策略空间为

$$s_1 \in [0, p_{1,\max}] \quad 和 \quad s_2 \in [0, p_{2,\max}]$$

其中，$p_{1,\max}$、$p_{2,\max}$ 是商店 1 和商店 2 还能卖出产品的最高价格。

假定消费者具有单位需求，消费者的消费者剩余足够大从而所有消费者都购买 1 单位的商品。消费者对商店 $i(i=1,2)$ 的需求函数为

$$q_i = q_i(p_1, p_2), \quad i = 1, 2$$

如果住在 x 的消费者在两个商店之间是无差异的，那么所有住在 x 左边的消费者将在商店 1 采购，而所有住在 x 右边的消费者都在商店 2 采购。所以，对两个商店的需求分别为

$$q_1 = x$$
$$q_2 = 1 - x$$

这里，x 满足

$$p_1 + t \cdot x = p_2 + t \cdot (1-x)$$

解得商店 1 和商店 2 的需求函数分别为

$$q_1 = x = \frac{t - p_1 + p_2}{2t}$$

---

① Harold Hotelling. Stability in Competition[J]. Economic Journal, 1929, 3(39): 41-57.

$$q_2 = 1 - x = \frac{t + p_1 - p_2}{2t}$$

当商店 1 和商店 2 价格分别为 p_1、p_2 时,利润是双方价格的函数

$$u_1(p_1, p_2) = (p_1 - c) \cdot q_1 = \frac{(p_1 - c)(t - p_1 + p_2)}{2t}$$

$$u_2(p_1, p_2) = (p_2 - c) \cdot q_2 = \frac{(p_2 - c)(t + p_1 - p_2)}{2t}$$

霍特林模型的纳什均衡

用反应函数法分析这个博弈。根据利润最大化的必要条件,利润函数在偏导数为零时有最优值

$$\frac{\partial u_1}{\partial p_1} = \frac{t + c - 2p_1 + p_2}{2t} = 0$$

$$\frac{\partial u_2}{\partial p_2} = \frac{t + c - 2p_2 + p_1}{2t} = 0$$

得到两家商店的反应函数

$$p_1^* = \mathrm{BR}_1(p_2) = \frac{t + c + p_2}{2}$$

$$p_2^* = \mathrm{BR}_2(p_1) = \frac{t + c + p_1}{2}$$

纳什均衡 (p_1^*, p_2^*) 是两反应函数的交点,得

$$p_1^* = c + t \quad \text{和} \quad p_2^* = c + t$$

即两家商店的定价都将是商品的供应成本和旅行成本之和,利润分别为 $(t/2, t/2)$。

霍特林模型用消费者的空间差异解释产品差异,进一步又解释为消费者采购商品的旅行成本。旅行成本 t 越高,产品的差异性就越大,均衡价格越高从而均衡利润就越多。原因在于随着旅行成本上升,不同商店出售的商品之间差异性增大,可替代性下降,每个商店对其附近消费者的垄断力得以加强,竞争性削弱,从而每个商店的最优定价就更接近于垄断价格。

霍特林模型的副标题是"杂货铺选址",企业选址是其争取顾客时需考虑的重要因素。以超市为例,当然首先在商品的品种、质量、价格,以及销售和售后服务方面竞争,但是选址也同样重要。这种"选址"理念也可以扩展到其他问题上,如政见、观点等。

思考题

4.2 唐斯模型。 设一个地区选民的观点标准分布于 $[0, 1]$ 上,竞选一个公职的两名候选人,候选人 1 和候选人 2,同时宣布他们的竞选立场,即选择 0 到 1 之间的一个点,分别记为 x_1, x_2,有 $x_1, x_2 \in [0, 1]$。选民先观察候选人的立场,然后将选票投给立场与自己的观点最接近的候选人,例如,若两名候选人立场分别为 $x_1 = 0.4, x_2 = 0.8$,那么候选人 1 将以 60% 的选票获胜。如果候选人立场相同,那么候选人将平分选票,用抛硬币决定哪名候

人当选。我们假设候选人唯一关心的只是当选(即不考虑自己对观点的真正偏好)。请问：①这两名候选人的纯策略纳什均衡是什么？(提示：可将策略设置为左、中、右3种立场，采取得益矩阵进行分析，见罗杰·A.麦凯恩，2022，第28~29页)②如果有三名候选人，纳什均衡是什么？③从这个模型中，能得到什么启示？

4.3 公共地悲剧

公共地(the commons)也称为公共资源(common resources)，是指没有排他性所有权的、人们可以自由利用的自然资源或人类生产供大众免费使用的设施，如地下水、公共河道、公海等。人们使用这些资源，一般是不需要付出任何代价的。公共资源配置已经成为现代社会的重大问题，从休谟(David Hume,1771—1776)开始，政治哲学和经济学的学者就已认识到，如果人们只是关注个人福利，公共资源就会倾向于被过度利用、低效率使用和浪费[①]，这被称为"公共地悲剧"(the tragedy of the commons)。

公共地悲剧的博弈规则

一个有$n(n=3)$个农户的村庄拥有一片草地。每个农户都有在这片草地上放牧羊群的自由。用g_i表示农户$i(i=1,2,3)$放牧羊的数量，则村庄里全部羊的数量为

$$G = \sum g_i$$

假定购买和照料一只羊的成本对每个农户都是相同的常数c。当草地上放牧羊的总数量为G时，一个村民养一只羊的产出是V，即$V=V(G)$。一个合理的假定是V是G的减函数，由于羊的生存需要一定数量的青草，草地能供养的羊的总数量有一个上限G_{max}：当$G<G_{max}$时，$V(G)>0$；当$G\geq G_{max}$时，$V(G)=0$。用公式表述为

$$G < G_{max} \text{ 时}, \quad V'(G) > 0, \quad V''(G) < 0$$

三个农户同时各自选择养羊的数量$g_i(i=1,2,3)$，策略空间为

$$S_i = \{g_i : g_i \geq 0\}, \quad i=1,2,3$$

农户的得益就是养羊收益扣除养羊成本。假定每只羊的产出函数为

$$V(G) = 100 - G = 100 - g_1 - g_2 - g_3$$

每只羊的成本$c=4$。则三个农户的得益函数为

$$u_1(g_1,g_2,g_3) = g_1 \cdot (96 - g_1 - g_2 - g_3)$$
$$u_2(g_1,g_2,g_3) = g_2 \cdot (96 - g_1 - g_2 - g_3)$$
$$u_3(g_1,g_2,g_3) = g_3 \cdot (96 - g_1 - g_2 - g_3)$$

公共地悲剧的纳什均衡

农户的目标是养羊得益最大化，根据反应函数法，得益函数在偏导数为零时有最大值

---

① David Hume. A Treatise of Human Nature(1739)[M]. London: J. M. Dent, 1952 reprinted.

$$\frac{\partial u_1}{\partial g_1} = 96 - 2g_1 - g_2 - g_3 = 0$$

$$\frac{\partial u_2}{\partial g_2} = 96 - g_1 - 2g_2 - g_3 = 0$$

$$\frac{\partial u_3}{\partial g_3} = 96 - g_1 - g_2 - 2g_3 = 0$$

得到每个农户对其他农户策略的反应函数分别为

$$g_1^* = \mathrm{BR}_1(g_2, g_3) = 48 - \frac{g_2 + g_3}{2}$$

$$g_2^* = \mathrm{BR}_2(g_1, g_3) = 48 - \frac{g_1 + g_3}{2}$$

$$g_3^* = \mathrm{BR}_3(g_1, g_2) = 48 - \frac{g_1 + g_2}{2}$$

纳什均衡是三个反应函数的交点,解得

$$g_1^* = g_2^* = g_3^* = 24$$

所以,策略组合(24,24,24)便是该博弈的纳什均衡,草地上放牧羊的总数量将是72只,三农户的得益为(576,576,576)。

纳什均衡的效率分析

我们从农户总体利益的角度来考察一下这片公共地上放牧羊的最佳数量。以 G 表示羊的总数量,则总得益函数为

$$u = u(G) = G \cdot (96 - G)$$

为使总得益最大化,对总得益函数求一阶导数,有

$$\frac{\mathrm{d}u}{\mathrm{d}G} = 96 - 2G = 0$$

解得 $G^* = 48$,此时的总收益为 $u^* = 2\,304$。与纳什均衡的结果进行比较,三个农户如果能从总体利益出发,应把各自羊的数量控制在 16(48/3=16) 只,各自的得益反而能达到 768 (2 304/3=768)。可见,公共地被过度使用了,这就是公共资源的共同悲剧!

科斯定理与庇古税

针对公共资源的过度使用问题,经济学家也提出了一些解决办法。第一种方法是由福利经济学家庇古(Arthur Cecil Pigou,1877—1959)提出的税收手段,称为"庇古税"(Pigovian tax),基本思路是农户每养一只羊,要交数额为 t 的定额税,此时农户 i 的得益函数为

$$u_i = g_i \cdot (96 - g_1 - g_2 - g_3 - t), \quad i = 1, 2, 3$$

利用反应函数法,求得 $g_i^* = 24 - \frac{1}{4} \cdot t (i=1,2,3)$。也就是说,政府可以通过定额税率 t 来控制公共地上羊的总数。例如,为了控制羊的总数 $G=48$,政府可以向每户农户征收 $t=32$ 的定额税,此时 $g_i^* = 16(i=1,2,3)$,公共地上羊的总数是 48 只。

第二种方法是制度经济学家科斯(Ronald Coase,1910—2013)提出的明确产权,称为"科斯定理"(the Coase theorem)[①],基本思路是约定每户农户的放牧权,例如,将公共地的放牧权平分为三份,即每户农户拥有 32(96/3)只的放牧权,此时,农户 i 的得益函数为

$$u_i = g_i \cdot (32 - g_i), \quad i = 1, 2, 3$$

最优化的必要条件,解得 $g_i^* = 16(i=1,2,3)$,此时公共地上羊的总数也是 48 只。

想一想:庇古税和科斯定理各有什么优点和不足?你更主张采取哪个手段解决公共地的悲剧问题?为什么?

4.3 升职竞争。 一家大型企业中,两位部门经理,张和李,都是年末晋升总经理职位的候选人,他们在当年取得的成就在很大程度上会决定哪位会获得升职,两位候选人都非常渴望升职。假设张和李任何营销手段都用经理选择的促销行动所花费的金钱数量来概括,策略空间可以表示为区间 $[0,M]$,M 是经理可以动用的最大营销费用数量。因此,经理选择的支出水平 $x_张, x_李$,满足 $x_张, x_李 \in [0, M]$。已知两位经理的得益函数分别为

$$u_张(x_张, x_李) = \left(x_张 - \frac{M}{2}\right) \cdot (x_李 - x_张)$$

$$u_李(x_张, x_李) = \left(x_李 - \frac{M}{2}\right) \cdot (x_张 - x_李)$$

问题:此博弈的纳什均衡是什么?

习　题

4.1 合作博弈。 两个人合伙经营一家企业。企业的利润取决于两个合伙人的努力水平 x_1 和 x_2,有利润

$$\pi(x_1, x_2) = 4x_1 + 4x_2 + x_1 x_2$$

即两个合伙人的努力水平越高,利润越高。但是,工作上努力投入是需要付出代价的,有

$$C_1(x_1) = x_1^2 \quad 和 \quad C_2(x_2) = x_2^2$$

假设两个合伙人平均分享利润 π。试回答:①两个合伙人的得益函数分别是什么?②两个合伙人的反应函数分别是什么?③本博弈的纳什均衡是什么?

4.2 公共产品投资博弈。 两家企业在决定道路投资额,每家企业都能从道路中受益。企业 1 可用于投资的货币总额为 8,企业 2 可用于投资的货币总额为 10。每家企业决定自己对道路的投资额,分别记为 g_1 和 g_2。两家企业的得益函数分别为

$$u_1(g_1, g_2) = 8 - g_1 + (8 - g_1)(g_1 + g_2)$$

$$u_2(g_1, g_2) = 10 - g_2 + (10 - g_2)(g_1 + g_2)$$

[①] Ronald H. Coase. The Problem of Social Cost[J]. The Journal of Law and Economics 3(October 1960),pp. 1-44. [美]罗纳德·H. 科斯,企业、市场与法律[M]. 盛洪,陈郁,译校. 上海:格致出版社,上海三联书店,上海人民出版社,2014.

试求：①两家企业的反应函数分别是什么？②本博弈的纳什均衡是什么？③如果两家企业签订合约，约定企业1投资3而企业2投资5，这个协议能有效实施吗？（提示：分析一家企业即可）

4.3 犯罪和执法政策博弈。犯罪对社会而言是有害的，在绝大多数情况下，罪犯从其罪行中获得的好处小于他带来的破坏。两个参与人：罪犯C和政府G。政府选择投入执法的资源水平$x\in[0,A]$，A为政府可支配的资源总量。罪犯选择犯罪水平$y\geq 0$。政府的效用函数为

$$u_G(x,y)=(A-x)-\frac{y^2}{x}$$

第一项给出了用于执法后的国内剩余资源数量，第二项反映了犯罪活动对社会的负面影响。罪犯的效用函数为

$$u_C(x,y)=\left(\frac{1}{1+xy}\right)\sqrt{y}$$

第一项是罪犯逃避惩罚的概率，第二项代表罪犯犯罪所带来的物质财富积累量。

问题：这个博弈的纳什均衡是什么？

在线自测

第 5 章 混合策略纳什均衡

纳什均衡为一组稳定的策略组合,可采用上策均衡、严格下策消去法、划线法和反应函数法等求解纳什均衡。但有些博弈,或者不存在纳什均衡,或者存在多个纳什均衡,对于这些博弈,需要引进新的分析方法。

5.1 混合策略的含义

混合策略的引入,与严格竞争博弈有关。

定义 5.1 严格竞争博弈。一个双人博弈,如果在该博弈中,对任意两个策略 $s,s'\in X$ 而言,参与人 1 更偏好 s,而不是 s',当且仅当参与人 2 更偏好 s',而不是 s;也就是说,$u_1(s)>u_1(s')$ 的充分必要条件是 $u_2(s')>u_2(s)$,则称之为严格竞争博弈(海菲兹,2015,第 155 页)。

严格竞争博弈的核心是博弈中的各参与人的利益和偏好始终不一致。严格竞争博弈在已学习的分析方法中没有纳什均衡。

猜硬币博弈(matching pennies)

两个人通过猜硬币的花和字赌输赢,其中一人用手盖住一枚硬币,由另一人猜是花还是字。若猜对,则猜者赢 1 元钱,盖硬币者输 1 元;否则,猜者输 1 元,盖硬币者赢 1 元(得益矩阵见图 5-1)。

猜硬币博弈是一种零和博弈(zero-sum game),不管博弈的结果是什么,所有参与人的得益总和始终为零,这是研究得最早、最多的博弈问题。零和博弈的各参与人之间利益始终是对立的,一方所得即另一方所失,是典型的严格竞争博弈。通过划线法可知,猜硬币博弈没有通常意义上的纳什均衡(见图 5-2)。

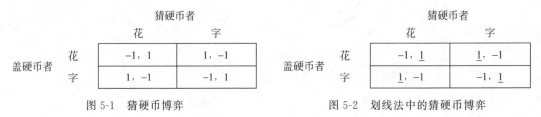

图 5-1 猜硬币博弈　　　　图 5-2 划线法中的猜硬币博弈

虽然通过划线法,猜硬币博弈没有均衡,但是基于经验,我们都知道这个博弈中各参与人决策的原则:自己的策略选择不能预先被另一人知道或猜测到。保持秘密,不让其他参与人事先了解你的选择,是该博弈中各参与人遵循的首要原则。

怎样才能让对方彻底猜不透呢?那就是连自己也不知道自己会采用哪个策略,把对方搞糊涂。就一次游戏而言,猜测对方的策略,保密自己的策略;从上述原则再推论下去又可知道,在该博弈的多次重复中,参与人一定要避免自己的选择带有规律性。因此,在该博弈中参与人必须随机选择策略,即采用混合策略。

定义 5.2 混合策略(mixed strategies)。在博弈 $G=\{S_1,\cdots,S_n;u_1,\cdots,u_n\}$ 中,参与人 i 的策略空间为 $S_i=\{s_{i1},\cdots,s_{ik}\}$,则参与人 i 以概率分布 $p_i=(p_{i1},\cdots,p_{ik})$ 随机地在其 k 个可选策略中选择的"策略",称为一个"混合策略",其中 $0\leqslant p_{ij}\leqslant 1(j=1,\cdots,k)$ 且 $p_{i1}+\cdots+p_{ik}=1$。

混合策略是参与人以一定的概率分布在可选策略中随机选择的决策方式,与此相对,原来意义上的策略则称为纯策略(pure strategies)。纯策略是混合策略中的特殊一种,即选择相应纯策略的概率为 1,选择其余纯策略的概率为 0 的混合策略。混合策略是一种不确定性,采用这种策略的目的就是让对方琢磨不透。

采取混合策略后,参与人的得益转变为期望得益(expected payoff)。以图 5-1 中的猜硬币博弈为例,如果盖硬币者的混合策略为 $(0.9,0.1)$,猜硬币者的混合策略为 $(0.2,0.8)$,那么,盖硬币者选择"花"的期望得益为

$$Eu_{盖硬币者}^{花}=Eu_{盖硬币者}[花,(0.2,0.8)]=(-1)\times 0.2+1\times 0.8=0.6$$

盖硬币者选择"字"的期望得益为

$$Eu_{盖硬币者}^{字}=Eu_{盖硬币者}[字,(0.2,0.8)]=1\times 0.2+(-1)\times 0.8=-0.6$$

同理,猜硬币者的期望得益分别为

$$Eu_{猜硬币者}^{花}=Eu_{猜硬币者}[(0.9,0.1),花]=1\times 0.9+(-1)\times 0.1=0.8$$

$$Eu_{猜硬币者}^{字}=Eu_{猜硬币者}[(0.9,0.1),字]=(-1)\times 0.9+1\times 0.1=-0.8$$

思考题

5.1 识别期望得益。考虑下面这个两人博弈的得益矩阵。

		参与人 2		
		左	中	右
参与人 1	上	10,0	0,10	3,3
	中	2,10	10,2	6,4
	下	3,3	4,6	6,6

我们定义参与人 1 的混合策略为 $p_1=(p_{1上},p_{1中},p_{1下})$,有 $0\leqslant p_{1上},p_{1中},p_{1下}\leqslant 1$ 且 $p_{1上}+p_{1中}+p_{1下}=1$,参与人 2 的混合策略为 $p_2=(p_{2左},p_{2中},p_{2右})$,有 $0\leqslant p_{2左},p_{2中},p_{2右}\leqslant 1$ 且 $p_{2左}+p_{2中}+p_{2右}=1$。请写出下面各种策略组合下的期望得益:①$Eu_1(p_1,中)$,其中 $p_1=\left(\dfrac{1}{3},\dfrac{2}{3},0\right)$。②$Eu_1(p_1,右)$,其中 $p_1=\left(\dfrac{1}{4},\dfrac{1}{2},\dfrac{1}{4}\right)$。③$Eu_2(p_1,右)$,其中 $p_1=\left(\dfrac{1}{3},\dfrac{2}{3},0\right)$。④$Eu_2(上,p_2)$,其中 $p_2=\left(\dfrac{1}{3},\dfrac{2}{3},0\right)$。⑤$Eu_2(p_1,p_2)$,其中 $p_1=\left(\dfrac{1}{2},\dfrac{1}{2},0\right)$,$p_2=\left(\dfrac{1}{4},\dfrac{1}{4},\dfrac{1}{2}\right)$。

5.2 反应对应法

将混合策略与纳什均衡理念相结合,就是混合策略纳什均衡(Nash equilibrium with mixed strategies),即混合策略纳什均衡是在给定其他博弈方概率分布下的稳定概率分布组合。此时纳什均衡意味着任何参与人单独改变自己的策略,或者随机选择各个纯策略的概率分布,都不能给自己增加任何利益。

混合策略是无限策略的一种,求无限博弈纳什均衡的反应函数法可以扩展到求混合策略纳什均衡。在混合策略的范畴内,参与人的决策内容为选择概率分布,反应函数就是一参与人对另一人的概率分布的反应,同样也是一种概率分布,称为反应对应。

猜硬币博弈中的混合策略

为了方便,对于图 5-1 中的猜硬币博弈,我们把盖硬币者记为参与人 1,把猜硬币者记为参与人 2,则两个参与人的策略空间分别为

$$S_1 = \{花, 字\} = \{s_{11}, s_{12}\}$$
$$S_2 = \{花, 字\} = \{s_{21}, s_{22}\}$$

将盖硬币者和猜硬币者相应的混合策略记为

$$p_1 = (p, 1-p), \quad 其中 0 \leqslant p \leqslant 1$$
$$p_2 = (q, 1-q), \quad 其中 0 \leqslant q \leqslant 1$$

在采取混合策略时,盖硬币者的期望得益为

$$\begin{aligned}
Eu_1 &= p \cdot Eu_1^{花} + (1-p) \cdot Eu_1^{字} \\
&= p \cdot [(-1) \cdot q + 1 \cdot (1-q)] + (1-p) \cdot [1 \cdot q + (-1) \cdot (1-q)] \\
&= (1-2q)(2p-1) = Eu_1(p, q)
\end{aligned}$$

可以看出,盖硬币者的期望得益是两参与人混合策略的函数。同理,猜硬币者的期望得益为

$$\begin{aligned}
Eu_2 &= q \cdot Eu_2^{花} + (1-q) \cdot Eu_2^{字} \\
&= q \cdot [(-1) \cdot p + 1 \cdot (1-p)] + (1-q) \cdot [1 \cdot p + (-1) \cdot (1-p)] \\
&= (1-2p)(1-2q) = Eu_2(p, q)
\end{aligned}$$

猜硬币者的期望得益也是两参与人混合策略的函数。因此,这是典型的博弈问题。

猜硬币博弈中的反应对应

盖硬币者通过控制 p 使自己的期望得益最大化,即

$$\max_{p} Eu_1 = (1-2q)(2p-1)$$

根据最优化的必要条件,求出期望得益的偏导数,有

$$\frac{\partial Eu_1}{\partial p} = 2(1-2q)$$

可以发现,这一偏导数中不包含盖硬币者的策略变量 p,也就是说,这一偏导数的取值不是由盖硬币者本人决定的。进一步地,可以发现

$$\frac{\partial Eu_1}{\partial p}=2(1-2q)\begin{cases} >0, & 0\leqslant q<\dfrac{1}{2} \\ =0, & q=\dfrac{1}{2} \\ <0, & \dfrac{1}{2}<q\leqslant 1 \end{cases}$$

即盖硬币者的得益取决于猜硬币者的混合策略。盖硬币者的最优策略取决于猜硬币者的混合策略,得到盖硬币者的反应对应

$$p^*=\mathrm{BR}_1(q)=\begin{cases} 1, & 0\leqslant q<\dfrac{1}{2} \\ [0,1], & q=\dfrac{1}{2} \\ 0, & \dfrac{1}{2}<q\leqslant 1 \end{cases}$$

也就是说,盖硬币者的最优策略不是函数,而是一种对应,见图 5-3(a)。

同理地,猜硬币者通过控制 q 使自己的期望得益最大化,即

$$\max_{q} Eu_2=(1-2p)(1-2q)$$

根据最优化条件,发现猜硬币者的得益取决于盖硬币者的混合策略

$$\frac{\partial E_2}{\partial q}=-2(1-2p)\begin{cases} <0, & 0\leqslant q<\dfrac{1}{2} \\ =0, & p=\dfrac{1}{2} \\ >0, & \dfrac{1}{2}<p\leqslant 1 \end{cases}$$

从而得到猜硬币者的反应对应

$$q^*=\mathrm{BR}_2(p)=\begin{cases} 0, & 0\leqslant p<\dfrac{1}{2} \\ [0,1], & p=\dfrac{1}{2} \\ 1, & \dfrac{1}{2}<p\leqslant 1 \end{cases}$$

猜硬币者的反应对应表现在图 5-3(b)中。

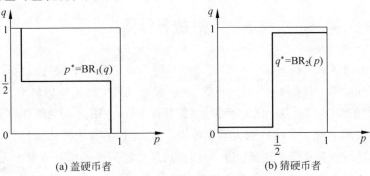

图 5-3 猜硬币博弈的反应对应

猜硬币博弈的混合策略纳什均衡

由纳什均衡的原理可知,纳什均衡应该存在于盖硬币者和猜硬币者反应对应的交点上。将图 5-3(a)和 5-3(b)中的反应对应放到一起,两条反应对应线的交点就是猜硬币博弈的纳什均衡(见图 5-4)。

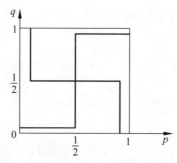

图 5-4　猜硬币博弈的混合策略纳什均衡

从图 5-4 可以看出,两条反应对应曲线相交的点为(1/2,1/2),这是唯一的交点,意味着(1/2,1/2)是两个博弈方相互的最优反应对应,即双方都以(1/2,1/2)的概率分布选择花和字。因此,混合策略纳什均衡为[(1/2,1/2),(1/2,1/2)],双方的期望得益为(0,0)。

思考题

5.2　监控博弈。一名雇员为一名老板效力,他可以选择工作或者偷懒,同时他的老板也可以选择监管这名雇员或置之不理,正如诸多的老板-员工关系一样,如果这名雇员一直工作,那么老板就不会再选择监控,但是如果老板不选择监控,员工就会偷懒,得益矩阵如下所示。

		老板	
		监控	忽视
雇员	工作	1,1	1,2
	偷懒	0,2	2,1

试回答:①这个博弈有纯策略纳什均衡吗?②雇员和老板的混合策略是什么?③雇员和老板的反应对应是什么?④混合策略纳什均衡是什么?

5.3　得益等值法

通过使对方选择各个纯策略的期望得益值相等来确定自己的最优混合策略,这种方法被称为"得益等值法"。其基本步骤是,首先,令各参与人界定纯策略的概率分布,其次,令各参与人选择自己的混合策略,这个混合策略满足使其他参与人采用不同纯策略的期望得益相等。

得益等值法源于混合策略的两大基本原则:第一,各参与人随机选择行动,也就是说,不能让对方知道或猜到自己的选择;第二,随机选择的原则是要恰好令对方无机可乘,即让对方无法通过针对性地倾向某一策略而在博弈中占上风。

监督博弈

监督博弈是猜硬币博弈的变种,它概括了诸如税收检查、质量监管、惩治犯罪等一些情况。以税收检查为例,构造一个监督博弈,其得益矩阵如图 5-5 所示。其中,a 为应纳税额,c 为税收机关的检查成本,F 为对逃税纳税人的罚款额。假定 $c<a+F$。用划线法可以看出,监督博弈没有纯策略纳什均衡。我们用混合策略思路进行分析。

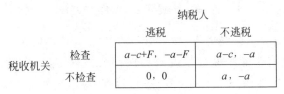

图 5-5 监督博弈

第一步,构造混合策略。为了方便,我们把税收机关记为参与人 1,把纳税人记为参与人 2,将两个参与人的策略空间分别记为

$$S_1 = \{检查, 不检查\} = \{s_{11}, s_{12}\}$$
$$S_2 = \{逃税, 不逃税\} = \{s_{21}, s_{22}\}$$

与策略空间相对应,令税收机关和纳税人相应的混合策略分别记为

$$p_1 = (p, 1-p), \quad 其中 0 \leqslant p \leqslant 1$$
$$p_2 = (q, 1-q), \quad 其中 0 \leqslant q \leqslant 1$$

在此混合策略基础之上,税务机关选择"检查"的期望得益为

$$Eu_1^{检查} = (a-c+F) \times q + (a-c) \times (1-q) \tag{5-1}$$

税务机关选择"不检查"的期望得益为

$$Eu_1^{不检查} = 0 \times q + a \times (1-q) \tag{5-2}$$

纳税人选择"逃税"的期望得益为

$$Eu_2^{逃税} = (-a-F) \times p + 0 \times (1-p) \tag{5-3}$$

纳税人选择"不逃税"的期望得益为

$$Eu_2^{不逃税} = (-a) \times p + (-a) \times (1-p) \tag{5-4}$$

第二步,确定最优混合策略。税务机关的最优策略选择是确定概率分布 $(p, 1-p)$,使纳税人选择"逃税"与"不逃税"的期望得益相等

$$Eu_2^{逃税} = Eu_2^{不逃税}$$

由式(5-3)和式(5-4),有

$$(-a-F) \times p + 0 \times (1-p) = (-a) \times p + (-a) \times (1-p)$$

解得:$p = \dfrac{a}{a+F}$,税务机关以 $\dfrac{a}{a+F}$ 的概率选择"检查",以 $\dfrac{F}{a+F}$ 的概率选择"不检查"。

纳税人的最优策略选择是确定概率分布 $(q, 1-q)$,使税务机关选择"检查"与"不检查"的期望得益相等

$$Eu_1^{检查} = Eu_1^{不检查}$$

代入式(5-1)和式(5-2),有

$$(a-c+F)\times q+(a-c)\times(1-q)=0\times q+a\times(1-q)$$

解得:$q=\dfrac{c}{a+F}$,纳税人以$\dfrac{c}{a+F}$的概率选择"逃税",以$\dfrac{a+F-c}{a+F}$的概率选择"不逃税"。

因此,监督博弈的混合策略纳什均衡为$\left[\left(\dfrac{a}{a+F},\dfrac{F}{a+F}\right),\left(\dfrac{c}{a+F},\dfrac{a+F-c}{a+F}\right)\right]$,此时双方的期望得益为$\left(a-\dfrac{a\cdot c}{a+F},-a\right)$。这是一个稳定点,博弈双方没有任何人会单独选择其他策略。

从监督博弈可以回应一些经济现象。例如,为什么一般大企业会老老实实地缴税? 因为,税务部门不会对所有企业的缴税情况每一次都去检查,这样做的成本太高,得不偿失。所以,税务部门会随机地对企业的缴税情况进行检查,应纳税额 a 越高,税务机关进行检查的概率越大。

$$\dfrac{\partial p}{\partial a}=\dfrac{F}{(a+F)^2}>0$$

也就是说,应纳税额高的大企业更容易受到税务部门的检查。对于大企业,因一旦偷税就数目巨大,所以,税务部门在随机检查时选择大企业的可能性就大一些;而给定税务部门检查大企业的可能性较大,大企业偷漏税的行为就较少,否则就容易被逮个正着。因此,大企业多会选择老老实实纳税,大人物或高收入者纳税的积极性应较高。同样的道理,在犯罪或对错误的监督惩罚博弈中,也是混合博弈,人们可能总是大错不犯小错不断。

再如,关于惩罚力度的影响,可以看到

$$\dfrac{\partial q}{\partial F}=-\dfrac{C}{(a+F)^2}<0$$

大概的意思是,惩罚力度越大,纳税人逃税的概率越低。因此,税收部门可以在一定程度上通过控制惩罚力度来减少纳税人犯错的情况。

 思考题

5.3 网球发球博弈。一场网球赛的得分会很多。每次得分开始,每位选手都要发球。当接球方接球不成功时,就可以得分;或者在双方选手相互击球来往数个回合之后,也可以得分。每当选手发球时,发球方可以选择把球发到对手场地中的右方或左方。如果网球在接球方右边着地,她就可以正手击球;如果网球在她左边,她就会反手击球。当发球方发球时,由于网球非常快,因此接球一方必须决定是更多准备接右路球,还是更多准备接左路球。根据多轮比赛统计,我们得到了选手不同发球策略下的获胜概率,见下列得益矩阵。

		接球方	
		右边	左边
发球方	右边	0.1,0.9	0.7,0.3
	左边	0.8,0.2	0.4,0.6

问:此博弈的纳什均衡是什么? 在这一纳什均衡下,每名选手获胜的概率是多少? 你还有其他类似比赛的例子吗?

5.4 理解混合策略

混合策略的引入扩大了博弈分析的应用空间,帮助我们更好使用博弈工具解读经济现象。

混合策略与博弈分析

没有混合策略,纳什均衡未必一定存在。引入混合策略概念,主要目的是解决完全信息静态博弈中不存在纯策略纳什均衡,或存在多个相互没有优劣之分的纯策略纳什均衡的情况下,参与人的决策选择问题。

对混合策略的一个合理的解释是,一个参与人混合策略的目的是要给其他参与人造成不确定性,这样尽管其他参与人知道他选择某个策略的概率是多大,但却不能猜透他实际上会选择哪个策略,所以,混合策略是一个参与人对其他参与人行为的不确定性。混合策略不像纯策略那样能直观地、明确地告诉我们一次博弈中各参与人的具体选择和博弈的确定结果。但混合策略能告诉我们参与人决策的具体方式以及平均意义上的得益(期望得益)。

混合策略纳什均衡的重要特征,不是参与人 j 随机地选择一个策略,而是参与人 i 不能确定参与人 j 的选择,这种不确定性既可能产生于随机因素,更可能因为一点点儿私人信息。通过引入混合策略处理私人信息,这一技巧对博弈论有重大推动作用,后续章节我们再解释。

多重均衡和混合策略

多重均衡时,由于纯策略纳什均衡多于一个,我们无法确定哪一个结果一定会出现。混合策略纳什均衡也可用于理解有多个纯策略纳什均衡的博弈。

性别战(battle of sexes)

一男一女谈恋爱,得到了同一时间的两张足球赛票和两张电影票。女更想去看电影而男更想看足球,男女双方都不愿分开行动,争执不下决定投票表决。若投票结果同时选电影则去看电影,同时选足球就去看足球比赛,如选择不一致则哪儿都不去。再假设男女同时看电影,女得益 2 单位,男得益 1 单位;若男女都看足球,女得益 1 单位,男得益 2 单位;若因为双方选择不同什么都没看成,则双方得益都为 0。该博弈的得益矩阵如图 5-6 所示。

首先可以确定的是,上策均衡和重复消去严格下策法都无法运用。因为两个参与人既没有上策也没有严格下策。用划线法分析这个博弈得到的结果,如图 5-7 所示。

		女	
		足球	电影
男	足球	2, 1	0, 0
	电影	0, 0	1, 2

图 5-6 性别战

		女	
		足球	电影
男	足球	<u>2</u>, <u>1</u>	0, 0
	电影	0, 0	<u>1</u>, <u>2</u>

图 5-7 划线法分析性别战

根据图 5-7 可以看出,这个博弈中(足球,足球)和(电影,电影)两种策略组合对应的得益数组两个数字下都画有短线。这意味着,两种策略组合的双方策略都是对对方策略的最佳对策,如果一个博弈方选择这两种策略组合中某一个策略,另一个博弈方也会愿意选择该策略组合的策略,两种策略组合都有内在稳定性。

但是,有内在稳定性的策略组合在本博弈中存在两个而不是一个,哪个都有合理性,因此无法确定哪个结果会出现。对于这样的博弈,划线法显然没有完全解决问题。

在日常生活和经济活动中,有许多问题与性别战相似。例如,两个人从不同地点出发希望在中途会合,若存在两条路线,他们对路线的选择就类似性别战博弈。再如车辆的行驶规则,在中国、美国等许多国家,车辆要靠右行驶,而在英国、日本这些国家,车辆要靠左行驶,两种不同的规定,正好是两个纳什均衡的情况。性别战的经济应用也十分广泛,如同一行业内的两家公司选择行业标准的问题,它们对标准的看法不同,但为了鼓励消费者购买产品,都乐于采取统一的标准(艾里克·拉斯缪森,2003,第 23 页)。

性别战博弈中有两个纯策略纳什均衡:(足球,足球)和(电影,电影)。这个博弈模型适合分析既有共同利益又存在利益冲突的情况。但具体哪个策略组合会出现也是难以预测的。此种情况也可以用混合策略的思路进行分析。设 p_1、p_2 分别为男、女选择策略"足球"的概率,根据得益等值法,p_1、p_2 应满足

$$p_1 \times 1 + (1-p_1) \times 0 = p_1 \times 0 + (1-p_1) \times 2$$
$$p_2 \times 2 + (1-p_2) \times 0 = p_2 \times 0 + (1-p_2) \times 1$$

解得 $p_1 = \dfrac{2}{3}$,$p_2 = \dfrac{1}{3}$。也就是说,男以(2/3,1/3)的策略选择"足球"和"电影",女以(1/3,2/3)的策略选择"足球"和"电影",是混合策略纳什均衡。此时双方的预期得益为

$$Eu_男 = \frac{2}{3} \quad 和 \quad Eu_女 = \frac{2}{3}$$

混合策略纳什均衡时的得益小于双方协商的纯策略纳什均衡得益(1,2)和(2,1)。这正是缺乏友好沟通所造成的低效率,而且这也说明情侣之间决策问题一般不应该用混合策略解决。

5.4 颜色匹配博弈。甲乙两家服装企业正在选择新一季服装的主打色彩,得益情况如下所示。

		乙	
		红	黑
甲	红	3,1	0,0
	黑	0,0	1,4

试回答:①这个博弈有纯策略纳什均衡吗?②这个博弈有混合策略纳什均衡吗?

习 题

5.1 业务开发博弈。汽车行业中的甲、乙两家公司分属两个国家,在开发新业务方面有下面得益矩阵表示的博弈关系(单位:百万元)。使用本章方法讨论该博弈的纳什均衡情况。

		乙	
		零件	组装
甲	零件	−10,−10	100,10
	组装	10,100	0,0

5.2 产品品质博弈。甲和乙是两家电器制造商,他们都可以选择生产低档产品或高档产品,两企业在选择时都不知道对方的选择。企业利润如下所示。

		乙	
		高档	低档
甲	高档	500,500	1 000,700
	低档	700,1 000	600,600

试回答:①纯策略纳什均衡是什么?②混合策略纳什均衡是什么?

5.3 剪刀石头布博弈。已知剪刀石头布博弈的得益矩阵如下所示。

		参与人2		
		石头	剪刀	布
参与人1	石头	0,0	1,0	0,1
	剪刀	0,1	0,0	1,0
	布	1,0	0,1	0,0

试回答:①这个博弈有纯策略纳什均衡吗?②这个博弈有混合策略纳什均衡吗?是什么?

5.4 工作申请博弈。两个企业各有一个岗位空缺,企业给的工资不同:企业$i(i=1,2)$的工资为w_i,这里$\frac{1}{2}w_1 < w_2 < 2w_1$。现有两个工人,每人只能申请一份工作,两人同时决定是申请企业1的工作,还是向企业2申请。如果只有一个工人向一个企业申请他就会得到这份工作;如果两人同时向一个企业申请工作,则企业随机选择一个工人,另一人就会失业(工资为0)。得益矩阵如下。

		工人2	
		企业1	企业2
工人1	企业1	$\frac{1}{2}w_1,\frac{1}{2}w_1$	w_1,w_2
	企业2	w_2,w_1	$\frac{1}{2}w_2,\frac{1}{2}w_2$

试回答:①这个博弈的纳什均衡有哪些?②企业的工资对工人的策略有什么影响?

5.5 警察与小偷博弈。警察决定是在街上巡逻还是去茶馆消遣,他在茶馆消遣的得益是 10,而在街上巡逻的得益则取决于他是否能够抓住一名小偷。如果小偷在街上行窃,那么警察就会抓住他并获得 20 的得益;如果小偷躲避起来,那么警察的得益就只能是 0。如果小偷藏起来,得益为 0;当他在街上行窃时,若恰好警察在巡逻,小偷的得益就是 -10,如果警察在茶馆,则小偷的得益为 10。

试回答:①这个博弈的得益矩阵是什么?②警察应该在街上巡逻还是去茶馆消遣?③小偷应该是藏起来还是在街上行窃?

第6章 纳什均衡的性质

纳什均衡是最基础的博弈分析概念,其他类型博弈,都是以纳什均衡为基础展开的,是纳什均衡的某种精炼和改进。

6.1 纳什均衡的存在

到目前为止,我们讨论的博弈都存在纳什均衡:一个纯策略纳什均衡,如囚徒困境;一个混合策略纳什均衡,如猜硬币博弈;两个纯策略纳什均衡和一个混合策略纳什均衡,如性别战。那么是否所有的博弈都存在纳什均衡呢?关于这个问题的讨论就是纳什均衡的存在性定理。纳什在1950年的经典论文[1]中,首先提出了他自己称为"均衡点"(equilibrium point)的纳什均衡概念,并给出证明。

定理6.1 纳什定理(Nash theorem)[2]。在博弈 $G=\{S_1,\cdots,S_n;u_1,\cdots,u_n\}$ 中,如果 n 是有限的,且 S_i 都是有限集 $(i=1,\cdots,n)$,则该博弈至少存在一个纳什均衡,但可能包含混合策略。

概括一下,纳什定理就是说"每一个有限博弈都至少有一个混合策略纳什均衡"。想要证明纳什均衡的存在性,需要用到不动点定理,具体证明,我们在附录中给出。

在纳什之后,很多学者或用不同的方法,或对不同的博弈类型,多角度证明了纳什均衡的存在性。德布鲁(Gerard Debreu,1921—2004)将纳什定理推广到有连续得益函数的无限博弈中,提出"策略空间是欧几里得空间的非空紧凸子集的策略博弈,如果有连续和拟凹的得益函数,就一定存在纯策略纳什均衡"。[3]金德伯格(I. L. Glicksberg,1952)证明在策略空间是矩阵空间的非空紧子集的策略博弈,当得益函数是连续函数时存在混合策略纳什均衡。[4]库恩(H. W. Kuhn,1953)证明每个完美信息的有限策略博弈都有一个纯策略纳什均衡。[5]威尔逊(Robert Wilson,1971)证明几乎所有有限策略博弈,都存在奇数个纳什均衡,

---

[1] J. F. Nash. Non-Cooperative Games[J]. Annals of Mathematics,1951,54(2):286-295.

[2] J. F. Nash. Equilibrium Points in N-person Games[J]. Proceedings of the National Academy of Sciences,1950(36):48-49.

[3] Gerard Debreu. A Social Equilibrium Existence Theorem[J]. Proceedings of the National Academy of Sciences,1952(11):886-893.

[4] I. L. Glicksberg. A Further Generalization of the Kakutani Fixed Theorem,with Application to Nash Equilibrium Points[J]. Proceedings of the American Mathematical Society,1952(3):170-174.

[5] H. W. Kuhn. Extensive Games and the Problem of Information[C]. Contributions to the Theory of Games,1953(2):193-216. Annals of Mathematics Studies,No. 28,Princeton University Press.

这一结论被称为"奇数定理"(oddness theorem)。[①]

这些工作的基本结论是,纳什均衡在相当广泛的博弈类型中是普遍存在的,至少可以保证存在一个混合策略纳什均衡,在有些类型的博弈中更可证明至少存在一个纯策略纳什均衡。纳什均衡的普遍存在性,意味着纳什均衡分析在我们所遇到的大多数博弈问题中,都是一种基本的分析方法。

6.2 纳什均衡的精炼

纳什均衡并不一定能彻底解决博弈问题,因为在许多博弈中纳什均衡不是唯一的,这给参与人的选择造成了困难。或许,真正令博弈论专家棘手的并不是一个博弈是否存在均衡,而是一个博弈有多个均衡。

6.1 大小车博弈。假设提前可知道路上的司机/汽车数量,每年在哈尔滨将会发生1000起交通事故(1辆汽车撞了另1辆)。进一步假设每辆车每个司机发生交通事故的概率相同。但是事故造成的损失因车辆而不同。为了简化,假设有两种类型的汽车:大车和小车。大车的优势是为司机提供更多的保护,劣势是修理费很高。两辆小车发生的事故造成的损失(人身伤害和汽车损坏)为每辆车1000元。两辆大车发生的事故造成的损失为每辆车2500元。大车和小车发生的事故造成的损失为大车1800元,小车的司机由于伤势较重造成损失3000元。在不考虑驾驶技术的情况下,每一个司机必须考虑希望开哪种车。试回答:①将汽车类型当作策略选择变量,建立事故发生时两个司机的得益矩阵,通过得益矩阵找到这个案例中的纳什均衡。②在你分析的基础上,你能预见在汽车选择中的潜在无效性吗?解释一下。

在有多个纳什均衡时,要求所有的参与人预测同一纳什均衡是非常困难的。此时,我们可以添加其他的理性因素,以消除那些看似不太合理的纳什均衡,我们把这种添加理性因素的选择方式称作对纳什均衡的"精炼"。纳什均衡的精炼在高级博弈论中是一个很大而且很重要的分支(罗杰·A.麦凯恩,2022,第128页)。如果一个博弈有若干个纳什均衡,且任意两个均衡都可以用效率进行比较,则称该博弈为协调博弈(coordination game)(阿维亚德·海菲兹,2015,第108页)。若参与人对其中的某一个纳什均衡有着共同的偏好,就可以进行选择与预测了。

帕累托上策均衡

定义 6.1 帕累托上策均衡(Pareto dominant equilibrium)。当两个均衡中的某个均衡满足:①所有参与人都认为该均衡至少和其他均衡一样好;②至少存在某位参与人认为,

---

[①] Robert Wilson. Stable Coalition Proposals in Majority-Rule Voting[J]. Journal of Economic Theory,1971(3):254-271.

该均衡要严格好于另一个均衡。我们就称这个均衡相比另一个均衡是帕累托上策均衡(阿维亚德·海菲兹,2015,第108页)。

也就是说,若某个纳什均衡给所有参与人带来的得益,都不低于其他所有纳什均衡会带来的得益,这时参与人的选择倾向性就会是一致的,各个参与人不仅自己会选择该纳什均衡的策略,而且可以预料其他参与人也会选择该纳什均衡的策略。多重纳什均衡选择所依据的标准,实际上就是帕累托效率意义上的优劣关系标准,这种按照得益大小选择得到的纳什均衡,比其他纳什均衡具有帕累托优势。

鹰鸽博弈(hawk vs. dove)

侵略与反抗是人类常常要面临的一个主题。从国家和民族总体的长远利益出发进行客观的分析,战争通常对任何一方都是有害无益的。选择战争比选择和平唯一有利的情况是对方已经选择了战争,这时候不奋起反抗就会任人宰割。鹰鸽博弈是对这一关系的模拟:如果国家主动争斗,选择战争,称为鹰;如果国家避免争斗,选择和平,称为鸽。

假设国家1和国家2鹰与鸽的得益关系如图6-1所示。该得益矩阵反映了战争对双方都不利,但当一个国家选择战争后,另一个国家不做反抗会更悲惨的一般规律。很显然,这个博弈存在两个纯策略纳什均衡(鹰,鹰)和(鸽,鸽)。

	国家1 鹰	国家1 鸽
国家2 鹰	−7, −7	9, −12
国家2 鸽	−12, 9	15, 15

图 6-1 鹰鸽博弈

比较两个纯策略纳什均衡,可以发现,(鸽,鸽)在帕累托效率意义上是明显较好的一个。

$$u_1(鸽,鸽)=15>u_1(鹰,鹰)=-7$$
$$u_2(鸽,鸽)=15>u_2(鹰,鹰)=-7$$

因此(鸽,鸽)构成鹰鸽博弈的一个帕累托上策均衡。换句话说,如果两国的决策者是理性的,那么就不应该发动战争,和平共处对双方都更有利,因此每个国家都希望实现(鸽,鸽),这正是帕累托上策均衡的现实基础和意义。

值得注意的是,由于另一个策略组合(鹰,鹰)也是纳什均衡,所以我们也要警惕军国主义倾向。

风险上策均衡

虽然帕累托上策均衡作为均衡选择的标准是合理的,然而有时候其他某种同样是合理的选择逻辑的作用会超过帕累托效率的选择逻辑,比如基于风险因素的考虑就是这样一种情况。

定义 6.2 风险上策均衡(risk-dominant equilibrium)。在一个有两位参与人参加且每位参与人都有两个策略的对称博弈中,如果在某个均衡中,当对手选择一可行策略的概率相等时,每位参与人选择的策略都可以最大化他的期望得益,那么,我们就称这个均衡是风险上策均衡(阿维亚德·海菲兹,2015,第 129 页)。

风险上策均衡的基本思路是,如果每位博弈方对其对手的信息知之甚少,那么在他选择可以最大化期望收益的策略时,就很可能会假设对方选择各种策略的概率是相同的。[1]

从多重纳什均衡中选择一个合理的预测常常依赖于预测风险的大小,人们一般倾向于接受预测风险比较小的结果。风险上策不是风险大,反而是说风险比较小,优势在于风险小。也就是说,人们比较倾向于平滑得到和失去的关系。

猎鹿博弈(stag-hunting)

猎鹿博弈基于卢梭(Jean Jacques Rousseau,1712—1778)著作《论人类不平等的起源和基础》(*The Discourse on Inequality*,1755)的一个故事。两名猎人外出打猎,同时发现 1 头鹿和 2 只兔子。如果两人合力猎鹿,则可以把这头价值 10 单位的鹿抓住,但抓不到兔子;如果两人都去抓兔子,则各抓得 1 只,价值为 3 单位,鹿就跑掉了;如果两个人选择不一致,则抓兔的人会抓到 1 只兔子,价值 3 单位,抓鹿的人空手而归。这个博弈的利益关系如图 6-2 所示。

图 6-2 猎鹿博弈

很显然,这个博弈有两个纯策略纳什均衡(鹿,鹿)和(兔,兔)。(鹿,鹿)是一个帕累托上策均衡,因此,选择(鹿,鹿)是符合双方利益的。

但是,虽然(鹿,鹿)比(兔,兔)多 2 单位得益,可是如果一方抓鹿时,另一方没有抓鹿而是抓兔子,抓鹿的猎人就会一无所获,抓兔子则是比较安全的策略。特别的是,当猎人 2 只有一半的可能性选择抓兔子,即猎人 2 的策略为概率分布 $p_2=(1/2,1/2)$,猎人 1 选择抓兔子和抓鹿的期望得益分别是

$$Eu_1^{鹿}=5\times\frac{1}{2}+0\times\frac{1}{2}=2.5$$

$$Eu_1^{兔}=3\times\frac{1}{2}+3\times\frac{1}{2}=3$$

即,猎人 1 选择抓鹿的期望得益只有 2.5 单位,小于抓兔子的确定性得益 3 单位,猎人 1 猎鹿风险更大。如果考虑这种风险,(鹿,鹿)不再是必然的选择,即使它是帕累托上策均衡。人们通常倾向接受预测风险较小的结局,(兔,兔)更保险,是更合理的选择和结果,我们称

---

[1] John C. Harsanyi,Reinhard Selten. A General Theory of Equilibrium Selection in Games[M]. London:The MIT Press,1988.

(兔,兔)是一个风险上策均衡。

6.2 虚拟博弈。利用协调博弈的思路分析下列博弈的均衡情况。

		乙 左	右
甲	上	6,6	0,5
	下	5,0	4,4

关于帕累托优势和风险优势的关系,一篇论文中是这样说的:"在帕累托标准和风险标准之间,理论给帕累托优势以优先权,而风险优势只有在参与人面临不知道选哪个均衡好的不确定性的时候才变得重要。当一个均衡具有帕累托优势的时候,参与人一定选择这个均衡,不确定性就不存在了。"(王则柯,2003,第117页)

帕累托优势和风险优势背后的启发是协调问题,这对于管理者决策有重要价值。管理者可以有多重方法来解决协调问题。一种方法是兼并或收购,例如开发手机操作系统的企业与手机制造企业之间就存在协调问题,解决之道是收购。另一种做法是成立一家合资企业,例如开发手机操作系统的企业与手机制造企业可以联合投资一个项目,从事手机及其操作系统的业务。还有一种方法是分包或"聘请"另一家企业,手机制造企业将其生产的手机设计和开发操作系统的任务转包给开发手机操作系统的企业,并签订一份合约,如果对方未能投资,则对其进行惩罚。①

6.3 互补性投资博弈。假设为优化产品配送服务,拼多多公司打算与顺丰速递进行物流合作,由顺丰速递独家负责拼多多的配送,为这一合作,顺丰速递需要扩大投资规模,增加快递员和物流中心的建设,得益情况如下所示。

		拼多多 不投资	投资
顺丰速递	不投资	0,0	0,5
	投资	−100,0	20,10

试回答:①对两名参与人来说,有上策吗?②纳什均衡有哪些?③拼多多公司的声誉会如何影响可能的结果?

聚点均衡

多重纳什均衡给我们带来的尴尬之处,主要还在于不存在优劣差别的纳什均衡。如在"性别战"博弈的三个纳什均衡中,除了混合策略纳什均衡明显较差以外,两个纯策略纳什

---

① 杰弗里·佩洛夫,詹姆斯·布兰德,管理经济学[M].谷宏伟,译.北京:中国人民大学出版社,2019:350页。

均衡之间不存在帕累托标准和风险标准意义上的优劣关系,因此,两个博弈方究竟如何选择无法判断。

在不存在优劣差别的纳什均衡中,人们似乎可以从多种因素出发,找出其中的规律性。使用某些被标准博弈模型抽象掉的信息来达到一个所谓的"聚点",从而帮助进行选择。

定义 6.3　聚点均衡(focal point equilibrium)。参与人利用博弈规则以外的特定信息,如习惯、规范、历史经验等而选择的均衡,称为聚点均衡。

聚点理论是谢林(Thomas C. Schelling,1921—2016)提出的,聚点是一种参与人基于共享经验、文化或认知的默契。在某些日常生活中,人们往往通过利用非策略形式提供的信息来协调选择某种特殊的均衡。例如,根据人们对类似性别战博弈,有两个纯策略纳什均衡的博弈所进行的实验,发现大多数参与人通常似乎知道在这样的博弈中该怎么选择,而且参与人之间经常能够相互理解对方的行为,也发现参与人往往会利用博弈规则以外的特定信息,如参与人共同的文化背景中的习惯或规范,共同的知识,历史经验或者具有特定意义事物的特征,某些特殊的数量、位置关系等来进行选择。

聚点均衡首先是纳什均衡,是多重纳什均衡中比较容易被选择的纳什均衡。聚点均衡的典型代表是在马路上车辆行驶的方向。

分钱博弈(money sharing game)

两名参与人就如何分10 000元现金进行讨价还价。假设确定了以下规则:双方同时提出自己要求的数额 s_1 和 s_2,$0 \leqslant s_1, s_2 \leqslant 10\,000$。如果 $s_1 + s_2 \leqslant 10\,000$,则两参与人的要求都得到满足,即分别得到 s_1 和 s_2;但如果 $s_1 + s_2 > 10\,000$,则该笔钱就被没收。

那么,这个博弈的纯策略纳什均衡是什么?我们知道,对于参与人1来说,如果参与人2要求金额 s_2,则参与人1的最优反应函数为

$$s_1^* = \mathrm{BR}_1(s_2) = 10\,000 - s_2$$

同理,参与人2的最优反应函数为

$$s_2^* = \mathrm{BR}_2(s_1) = 10\,000 - s_1$$

把这两个反应函数表现在平面直角坐标系中,则得到一条直线(见图6-3)。可以看出,这个博弈的纯策略纳什均衡为所有满足 $s_1^* + s_2^* = 1$ 的组合(s_1^*, s_2^*)。

这个博弈有无数组纯策略纳什均衡。如果你是其中一名参与人,你会选择什么数额,为什么?可以估计,出于公平的考虑,最有可能的纳什均衡是$(5\,000, 5\,000)$,也就是每名参与人主张一半的金额,这种判断就是聚点均衡。

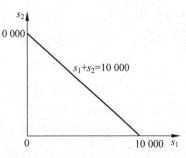

图6-3　分钱博弈的反应函数曲线

聚点均衡就是共识均衡,主要看习俗和默契。聚点均衡确实反映了人们在多重纳什均衡选择中的某些规律性,但因为它们所涉及的方面众多,因此虽然对每个具体的博弈问题可以找出聚点,但对一般的博弈却很难总结普遍规律,

只能具体问题具体分析。

值得注意的是,聚点均衡不可能引导理性参与人去执行一个非均衡的策略组合。对于理性的经济人来说,聚点因素仅在它针对一个均衡时才可能是有效的(罗杰·B.迈尔森,2001,第88页)。

6.4 认识聚点。在下面的几种情境下,你的选择与其他参与人的选择一致的次数越多,你赢得的收入越多,你会如何选择?①是要硬币的"字"还是"花";②选择下述一个数,并画上圈:7,100,13,261,99,666;③你要在学校和一个人会面,会在何时何地碰头。

颤抖的手均衡

我们添加一种理性检验方法,名为"预防失误法"(fail-safe test)。

定义 6.4 "**颤抖的手**"**假设**(trembling hand hypothesis)。在选择最优应对策略时,参与人的手偶然会发生"颤抖"(概率),从而选择错误的反应(罗杰·A.麦凯恩,2022,第128页)。

由于颤抖的手假设了一种不同类型的理性,因此可以把关注点集中于比其他均衡看起来更合理的某一单一均衡。

以图6-1中的鹰鸽博弈为例,如果国家1认为国家2的手可能会"颤抖",即猜测国家2将有90%的概率选择"鸽"策略(正确策略),而有10%的概率选择"鹰"策略(错误策略),那么国家1选择"鹰"策略和"鸽"策略的期望得益分别为

$$Eu_1^{鹰} = (-7) \times 10\% + 9 \times 90\% = 7.4$$
$$Eu_1^{鸽} = (-12) \times 10\% + 15 \times 90\% = 12.3$$

由于 $Eu_1^{鸽} > Eu_1^{鹰}$,国家1会选择"鸽"策略。由于国家1和国家2是对称的,所以他们都会选择"鸽"策略,得益为(15,15)。

我们通常假设每位参与人都认为其他参与人有很大的概率选择最优应对策略,因此以较小的概率赋予他们出错的机会,然后让这两个概率逐步减小并趋于零。如果一种或更多种均衡的概率小到绝对不会获选,那就消除它,因此留下的均衡就是"颤抖的手纳什均衡"(trembling hand Nash equilibrium)。

如果我们出错的概率足够小,那么"颤抖的手纳什均衡"就是博弈的纳什均衡之一。再以图6-1的鹰鸽博弈为例,如果国家1认为国家2将有$(1-p)$的概率选择"鸽"策略(正确策略),而有p的概率选择"鹰"策略(错误策略),也就是说,国家1认为国家2"颤抖"的概率为p。那么国家1选择"鹰"策略和"鸽"策略的期望得益分别为

$$Eu_1^{鹰} = (-7) \times p + 9 \times (1-p) = 9 - 16p$$
$$Eu_1^{鸽} = (-12) \times p + 15 \times (1-p) = 15 - 27p$$

只要 $Eu_1^{鸽} > Eu_1^{鹰}$,即

$$15 - 27p > 9 - 16p \text{ 或 } p < \frac{6}{11}$$

也就是说,只要国家1认为国家2出错的概率不超过$\frac{6}{11}\approx 54.55\%$,国家1会选择"鸽"策略,此时,这个博弈只有一个稳定的"颤抖的手"纳什均衡,它出现在双方都选择"鸽"策略的时候。

6.5 选课博弈。两名同学正在考虑专业选修课,得益如下表所示。

		小王	
		数学	文学
小李	数学	3.8,3.8	4.0,4.0
	文学	3.8,4.0	3.7,4.0

试回答:①这个博弈的纯策略纳什均衡是什么?②这个博弈的颤抖的手纳什均衡是什么?

6.3 纳什均衡的扩展

除了纳什均衡之外,还有其他的博弈均衡模式,比较具有代表性的是相关均衡,其往往比纳什均衡更具灵活性。

相关均衡(correlated equilibrium)

当遇到多重均衡选择困难时,常会通过收集更多的信息,形成特定的机制和规则,依据某人或某些共同观测到的信息选择行动,设计某种形式的均衡选择机制,以解决多重纳什均衡选择问题,使所有博弈者受益,这时各参与人的决策是相关的。

奥曼(Robert John Aumann,1930—)提出了相关均衡的概念,并证明,如果参与人可以根据某个共同观测到的信号选择行动,这就可能出现相关均衡,相关均衡可以使所有参与人受益。[①]

相关均衡是参与人主动设计某种形式的选择机制从而确定博弈结果的一种均衡选择。不少博弈中参与人之间选择的策略是相关的,与一个"信号装置"有关。相关均衡中参与人观察到同一随机变量(外在信号装置),然后通过外在信号装置改善收益。

图6-4给出了一个虚拟博弈,这个博弈有三个纳什均衡:有(U,L)和(D,R)两个纯策略纳什均衡,另外一个混合策略纳什均衡[(0.5,0.5),(0.5,0.5)],它们的得益分别为(5,1)、(1,5)和(2.5,2.5)。

设想两个人相遇,双方同意根据天气状况选择行动,比如说:"如果明天是晴天,参与人1选择U,参与人2选择L;如果明天是阴天,参与人1选择D,参与人2选择R。"然后两人

---

① R. J. Aumann. Subjectivity and Correlation in Randomized Strategies[J]. Journal of Mathematical Economics,1974(1):67-96.

图 6-4　虚拟博弈 I

分开,根据天气情况选择自己的战略。这样,通过天气变化的信号机制,两人的选择相关了。这时两个人的期望得益分别为

$$5\times0.5+1\times0.5=3$$

大于他们独立地选择混合策略时的期望得益(2.5)。

当然,还可以有其他的信号装置(张维迎,1996,第126~127页)。设想两人同意由第三人通过掷骰子的方式决定每个人的选择,如果1点或2点出现,参与人1选择U;如果3~6点出现,参与人1选择D。参与人2的情况相反,如果1~4点出现,参与人2选择L,如果5点或6点出现,参与人2选择R。

假定第三方只告诉每个参与人选择什么行动,而不透露什么点数出现,会怎么样呢?

首先,如果第三方告诉参与人1选择U,参与人1知道1点或2点出现,根据信号规则,此时参与人2会选择L,因此(U,L)出现的概率为 $\frac{1}{3}\times1=\frac{1}{3}$。

其次,如果第三方告诉参与人1选择D,参与人1知道3~6点出现,根据信号规则,如果信号是3点或4点,参与人2会选择L,如果信号是5点或6点,参与人2会选择R,因此,(D,L)出现的概率为 $\frac{2}{3}\times\frac{1}{2}=\frac{1}{3}$,(D,R)出现的概率为 $\frac{2}{3}\times\frac{1}{2}=\frac{1}{3}$。

最后,参与人发现(U,L),(D,L),(D,R)三个策略组合各以 $\frac{1}{3}$ 的概率出现(见图6-5)。

	参与人2	
	L	R
参与人1　U	1/3	0
D	1/3	1/3

图 6-5　虚拟博弈 I 的概率分布

那么这个三信号装置可行吗?可以分析一下参与人的行动选择。我们以参与人1为例:

第一,如果信号装置告诉参与人1选择U,则参与人1知道参与人2以1的概率选择L,以0的概率选择R,则参与人1的期望得益为

$$Eu_1^U=5\times1+0\times0=5$$
$$Eu_1^D=4\times1+1\times0=4$$

可以看出,参与人1选择U的得益大于选择D的得益,参与人1会选择U。

第二,如果信号装置告诉参与人1选择D,则参与人1知道参与人2以 $\frac{1}{2}$ 的概率选择

L，以 $\frac{1}{2}$ 的概率选择 R，则参与人 1 的期望得益为

$$Eu_1^U = 5 \times \frac{1}{2} + 0 \times \frac{1}{2} = \frac{5}{2}$$

$$Eu_1^D = 4 \times \frac{1}{2} + 1 \times \frac{1}{2} = \frac{5}{2}$$

可以看出，参与人 1 选择 D 的得益不小于选择 U 的得益，参与人 1 会选择 D。

从上述两个步骤可以知道，参与人 1 会按照信号装置的指示行动，这也适用于参与人 2 的分析。这个三信号装置可行，是一种相关均衡。在采取相关均衡时，参与人 1 和参与人 2 的期望得益为

$$Eu_1 = Eu_2 = 5 \times \frac{1}{3} + 4 \times \frac{1}{3} + 1 \times \frac{1}{3} = \frac{10}{3}$$

此时的期望得益既大于混合策略时的期望得益，也大于两信号装置时的期望得益。

一般而言，一个相关均衡是一项协议，它给博弈中对应于纳什均衡的各种联合策略赋予了概率，在具有两个或更多纯策略纳什均衡的博弈中，可能存在着无数个相关均衡（罗杰·A. 麦凯恩，2022，第 131 页）。

6.6 虚拟博弈。利用相关均衡的思路分析下列博弈的均衡情况。

		乙	
		左	右
甲	上	6,6	2,7
	下	7,2	0,0

试回答：①这个博弈的纳什均衡是什么？②甲乙约定按照信号——抛硬币来行动。如果硬币"字"，甲选择"上"，乙选择"右"，硬币"花"，甲选择"下"，乙选择"左"。这是机制相关均衡吗？③这个博弈有三信号装置相关均衡吗？应该怎么设置三信号装置？

最大最小化策略（max min strategy）

最大最小策略是一种保守的策略，也是风险比较小的策略，当参与人想规避风险时，他会采取该策略。

图 6-6 给出了一个虚拟博弈。如果双方是理性的，则纳什均衡为（下，右），得益为（2,1）。但是，参与人 1 有风险：如果参与人 2 以损害参与人 1 为目标，则参与人 2 会故意选择"左"，虽然这样做对参与人 2 没什么好处，但他达到了损害参与人 1 最厉害的目标。

		参与人2	
		左	右
参与人1	上	1, 0	1, 1
	下	−1 000, 0	2, 1

图 6-6　虚拟博弈 Ⅱ

参与人1估计到这种可能性,则还是保守一点,具体做法是"两害相权取其轻",即最大最小策略。

如果参与人1选择"上",$\min\{1,1\}=1$

如果参与人1选择"下",$\min\{-1\,000,2\}=-1\,000$

参与人1的策略是从两个坏结果中挑一个相对好一些的结果。

$$\max\{\min\{1,1\},\min\{-1\,000,2\}\}=\max\{1,-1\,000\}=1$$

因此,参与人1会选择"上",此时参与人2只好选择"右",均衡是(上,右)。注意,这种策略选择不是"收益最大化",但确保了"风险极小化"。因此,最大最小策略又称为保守策略。

思考题

6.7 巧克力博弈。巧克力市场上有两家厂商,各自可以选择生产高端产品,还是低端产品。相应的利润如下所示。

		厂商2	
		低端	高端
厂商1	低端	−20,−20	900,600
	高端	100,800	50,−50

试回答:①该博弈的纳什均衡有哪些?②如果各厂商都是保守的,并都采用最大最小化策略,结果如何?③合作的结果是什么?④哪家厂商从合作中得到好处最多?这家厂商要说服另一家厂商需要给另一家厂商多少好处?

管理经济学总结了博弈论对管理者战略决策的启发:一是上策,如果有上策,就应该使用;二是最优反应,如果没有上策,就应该确定关于对手可能使用的策略的最优反应;三是立场,管理者应该从对手的立场来考虑各种可能的战略,尽量预测对手选择的策略,并选择这一战略的最优反应;四是协调,如果能增加利润,管理者就应该通过事前沟通或者使用有约束力的法律合约来进行协调(艾里克·拉斯缪森,2003,第23页);五是随机化,管理者可以使用混合策略让对手疑惑不定,以赚取更高的利润(杰弗里·佩洛夫,2019,第351页)。

习 题

6.1 分金博弈。某个放金币的盒子落在了一个部落首领手中,里面有4枚金币。部落中有2户家庭宣称拥有这个金币盒子。为了解决争端,部落首领宣布,每户家庭必须同时且分别告诉他,在它们声称拥有所有权的盒子里面有多少枚金币。如果索求的金币总数不超过4枚,则每户家庭获得其索求的金币数,部落首领拥有剩下的金币。但如果索求的金币总数大于4枚,部落首领就会拥有所有的金币。试回答:①这个博弈的得益矩阵是什么?②这个博弈有多少个纯策略纳什均衡?③这个博弈最有可能出现的纳什均衡是哪个?你是按照什么原则预测出这个结果的?

6.2 危险的协调博弈。假设两家公司,华为和小米,决定为它们即将出售的手机设置大屏幕,还是使用小屏幕。若它们的屏幕一样,则它们的销售量都会更大。得益如下所示。

	小米	
华为	大屏幕	小屏幕
大屏幕	1,1	−1,−1
小屏幕	−1 000,−1	2,2

试回答：①这个博弈的纳什均衡是什么？②你预测博弈的结果是什么？理由是什么？

6.3 努力博弈（heave-ho game）。小王和小李在一条乡间道路上行使，但被一棵横倒在路上的大树拦住了，两位都必须努力将大树推出路面。如果两位都努力，则可成功地将大树搬离路面，每人得到5的回报；如果只有一位努力而另一位偷懒，努力的就会受伤得到10的损失，另一位则会送受伤者去医院得到回报0；如果两位都偷懒，他们只能折返，每位得到1的回报。写出这个博弈的得益矩阵，试回答：①这个博弈的纯策略纳什均衡是什么？②这个博弈有混合策略纳什均衡吗？③这个博弈有帕累托上策均衡吗？④这个博弈有风险上策均衡吗？⑤这个博弈有相关均衡吗？

6.4 重组博弈。天天网络公司因无力支付其债券持有者和供应商而濒临破产。为了帮助企业，政府提出了一项"重组计划"，根据这个计划，债券持有者和供应商都要牺牲他们持有的一些资金。债券持有者和供应商可以接受或拒绝重组计划，得益如下所示。

	债券持有者	
供应商	接受	拒绝
接受	46,44	30,47
拒绝	50,25	22,20

试回答：①这个博弈的纯策略纳什均衡是什么？②从相关均衡角度讨论一下这个博弈。

6.5 开店博弈。两家烧烤店正在考虑菜单的主要肉类，得益矩阵如下所示。

	王家小店		
李家小店	牛肉	羊肉	兼营
牛肉	7,7	8,8	6,9
羊肉	8,8	7,7	6,9
兼营	9,6	9,6	6,6

试回答：①这个博弈的纯策略纳什均衡是什么？②这个博弈的颤抖的手纳什均衡是什么？

6.6 虚拟博弈。利用本章的方法讨论下列博弈的均衡情况。

	乙	
甲	L	R
U	6,6	−1 000,5
D	5,−1 000	4,4

附录：纳什定理的证明

纳什定理的证明需要不动点定理。我们以两个参与人两行动的 2×2 博弈为例进行证明，首先介绍一下布劳威尔（Brouwer, Luitzen Egbertus Jan, 1881—1966）的不动点定理。

定理 6.2　布劳威尔的不动点定理（Brouwer fixed point theorem）。设 $f(x)$ 为区间 $[0,1]$ 上的值域为 $[0,1]$ 的连续函数，即 $0 \leqslant x \leqslant 1, 0 \leqslant f(x) \leqslant 1$，则在 $[0,1]$ 中至少存在一数值 x^*，使 $f(x^*)=x^*$。那么 x^* 被称为不动点。

运用布劳威尔不动点定理证明纳什均衡包含两个步骤：①证明一个特定反应对应上的任何不动点都是纳什均衡；②使用一个布劳威尔不动点定理证明这一对应至少会存在一个不动点。2个参与人的反应对应由2个单个参与人的反应对应通过下述计算得出。

证明步骤一，不动点是纳什均衡。考虑任意一个混合策略组合 (p_1, p_2)，其中 $p_i (i=1,2)$ 代表参与人 i 的一个混合策略。首先，对参与人 i 求出其反应对应 $p_i^* = \mathrm{BR}_i(p_{-i})$；其次，所有参与人的反应对应构成反应对应组合 (p_1^*, p_2^*)。反应对应组合 (p_1^*, p_2^*) 是混合策略组合 (p_1, p_2) 中的不动点，因为其意味着对每一个参与人 i，p_i^* 必定是对 (p_{-i}^*) 的最优反应之一，这恰好符合纳什均衡的条件，即反应对应组合 (p_1^*, p_2^*) 是一个纳什均衡。

证明步骤二，反应对应在某种条件下是连续的。在布劳威尔不动点定理中，不动点的存在是有条件的——函数 $f(x)$ 是连续函数。当考虑到 2×2 博弈的混合策略时，反应对应不存在不连续的问题。因此，反应对应组合存在着至少一个不动点。

通过上述两个步骤，我们证明 2×2 博弈中纳什均衡的存在性——反应对应组合有不动点，不动点是纳什均衡。想要证明更复杂纳什均衡的存在性，则需要用到角谷不动点定理（Kakutani, 1941），这一定理把布劳威尔的不动点定理从一元函数推广到适合反应对应的一般化情形。

定理 6.3　角谷不动点定理（Kakutani fixed point theorem）[1]。如果 Y 是一个闭的、有界的且凸的域，且对任一个 $y \in Y$，存在一个从 y 到一个凸的、闭的且非空的集合 $f(y) \subseteq Y$ 的映射 f；此外，从 Y 到 Y 的映射有一个闭图像，那么，f 存在一个不动点 y^*。换言之，存在一个点 $y \in Y^*$，满足：$y^* \in f(y^*)$。

最佳反应映射是从策略空间到策略空间的（上半）连续映射（Berge 定理），最佳反应映射的不动点就是纳什均衡，求解纳什均衡的过程就是利用角谷的不动点定理找出不动点。

n 人最优反应对应由 n 个单个参与人的最优反应对应通过下述计算得出：考虑任意的一个混合策略组合 (p_i, p_{-i})，对参与人 i，求出针对其他参与人 $-i$ 混合策略 p_{-i} 的最优反应。然后构建参与人一个上述最优反应的所有可能组合的结合（笛卡尔积）。一个混合策略组合 (p_i^*, p_{-i}^*) 是这一对应集之中的不动点，如果 (p_i^*, p_{-i}^*) 属于参与人对 (p_i^*, p_{-i}^*) 的

---

[1] S. Kakutani. A Generalization of Brouwer's Fixed Point Theory[J]. Duke Mathematical Journal, 1941(8): 457-459.

最优反应的所有可能组合的集合。即,对每个参与人 i,p_i^* 必须是参与人 i 对 p_{-i}^* 的最优反应(之一),这又恰好符合纳什均衡的条件,即 (p_i^*, p_{-i}^*) 是一个纳什均衡,这就完成了第(1)步。

第(2)步的证明要用到参与人的最优反应对应都在某种条件下连续这一事实。参与人 i 的最优反应对应 $p_i^* = \mathrm{BR}_i(p_{-i})$:它总是包括左极限、右极限以及其间的所有值。其原因在于:如果参与人 i 有个纯策略都是其他参与人混合策略 p_{-i} 的最优反应,则参与人 i 的这些最优纯策略的任何概率的线性组合得到的混合策略 p_i 亦是参与人混合策略 p_{-i} 的最优反应。由于参与人 i 的最优反应对应总是具有这一特性,n 人最优反应对应亦具有这一特性。这就满足了角谷的假定,于是 n 人最优反应对应有一个不动点。

纳什定理保证了相当广泛种类博弈中均衡的存在性。但是纳什定理中的假定只是均衡存在的充分条件,却不是必要条件——有许多博弈,虽不满足纳什定理假定的条件,却同样存在一个或多个纳什均衡。

在线自测

第7章 完美信息动态博弈

动态博弈是各参与人先后、依次实施行动的博弈。因为决策有先有后,在动态博弈中,信息就有两种指向:一种是关于参与人得益情况的信息,另一种是关于博弈过程(历史)的信息。本章我们先介绍最简单的动态博弈类型——完全且完美信息动态博弈,简称为完美信息动态博弈。

7.1 动态博弈中的策略

动态博弈和静态博弈之间既有联系又有区别,其中一个重要区别,就是动态博弈中的策略与行动有所不同。

我们以第5章中的性别战博弈为例进行解释。一男一女谈恋爱,正在考虑约会活动,或者去看足球,或者看电影。男偏好足球,女则更喜欢看电影,但他们都宁愿在一起,不愿分开。图7-1中给出得益矩阵。

把性别战稍作修改,假设男在下午没课,女下午有课,这就给了男充足的时间去买票,告诉女,我已经买好足球票了。那么,女不得不就去看电影还是看球赛做一个选择,是应该看球赛,还是坚持看电影。此时,这就转变为动态博弈,扩展形如图7-2所示。

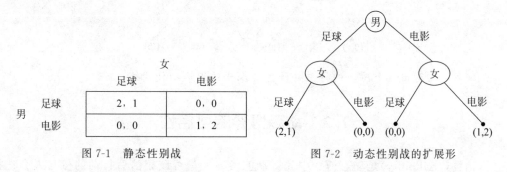

图7-1 静态性别战　　　图7-2 动态性别战的扩展形

动态性别战和静态性别战在参与人、行动和得益上是一样的,但是由于行动顺序上的差异,造成了两个博弈中策略空间上的变化。在动态性别战中,先行动的参与人男的策略空间为 $S_男=\{足球,电影\}$,这和静态性别战中是一样的。而后行动的参与人女的策略空间为 $S_女=\{球球,球影,影影,影球\}$,其中"球球"策略,表明无论男选择足球还是电影,女一定看足球;"球影"策略,表明女跟随男的选择,或者与男一起看足球,或者与男一起看电影;"影影"策略,表明无论男选择足球还是电影,女一定看电影;"影球"策略,表明当男看足球时,女选择看电影,当男看电影时,女选择看足球。与此策略空间相对应,动态性别战的得益矩阵如图7-3所示。

	女			
	球球	球影	影影	影球
男 足球	2,1	2,1	0,0	0,0
男 电影	0,0	1,2	1,2	0,0

图 7-3 动态性别战的得益矩阵

定理 7.1 对于每一个动态博弈,都存在着一个对应的静态博弈,我们可以把此策略型博弈视为参与人同时选择策略的结果。

如果能将动态博弈转化为静态博弈,我们就可以用划线法来求纳什均衡,动态性别战的纯策略纳什均衡为(足球,球球)、(电影,影影)。

7.1 罚点博弈。足球中的罚点球要从距离球门12码的距离发球。罚点的点球手(简称点)助跑到球前面,然后把球踢向球门的右路或左路。足球到达球门的时间大约为1/3秒。因此,当点球手触球的一刹那,一个有经验的守门员(简称守)会向右路或左路移动。假设只要守门员判断正确,就一定能扑住球,反之则点球手一定能得分,扩展形如下所示。

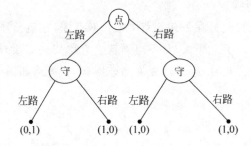

试回答:①写出这个博弈的得益矩阵。②求出纯策略纳什均衡。

7.2 动态博弈的可信性

可信性(credibility)是动态博弈中先行动的参与人是否该相信后行动的参与人会选择某个行动的判断问题。动态博弈中,后行动参与人可以通过威胁或许诺影响先行动参与人的选择,此时,先行动参与人的一个重要问题是:是否相信后行动参与人的威胁或许诺会被真正执行(托马斯·谢林,2009,第1~3页)。

威胁的可信性

如果后行动的参与人所选择的行动对先行动的参与人是不利的,那么后行动参与人的这一选择对先行动的参与人而言是一种威胁(threaten)。

威胁可信性的条件是,不能使参与人自己在实施威胁过程中变坏。一个威胁可信的前提条件是必须有说服力,即威胁不能是对参与人自己也是不利的。

许诺的可信性

后行动的参与人所选择的行动对先行动的参与人是有利的,那么后行动参与人的这一选择对先行动的参与人来说就是一种许诺(commitment)。

许诺可信性的条件是,参与人自己没有更好的选择。即兑现许诺对参与人自己来说就是最好的选择。

开金矿博弈

甲在开采一价值 4 万元的金矿时缺 1 万元资金,而乙恰好有 1 万元资金可以投资。甲想说服乙将 1 万元资金借给自己用于开矿,并许诺在采到金子后与乙对半分成。那么,乙是否该将钱借给甲?

我们将开金矿博弈的扩展形表示在图 7-4 中。从扩展形可以看出,甲后行动,并对乙做出了许诺——平分得益。乙决策的关键是要判断甲的许诺是否可信。

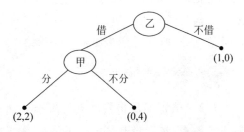

图 7-4 开金矿博弈的扩展形

初步判断,甲的许诺不可信,双方不会合作。因为对甲来说,他在实施许诺"分"和背叛许诺"不分"之间进行权衡,可以发现,甲"分"的得益是 2,"不分"的得益是 4,对甲来说,有

$$u_甲(借,分)=2 < u_甲(借,不分)=4$$

甲由于实施许诺"分",会使自己境况变坏——得益由 4 减少到 2,因此,甲不会"分",即甲的许诺不可信。这对社会来说不是好的结果,代表融资体系的崩溃。事实上,这是完全可能的,关键在于必须增加一些对甲的行动的制约。

扩展一下开金矿博弈,乙在选择"借"时,告诉甲,如果甲"不分",则乙会去"告"甲。这是乙对甲的威胁。那么,乙的威胁可信吗?这与法律保障程度有关,我们可以分析两种情境。

情境 1,司法保障充分。司法具有公正性,具有法律保障(见图 7-5)。从图 7-5 中,可以看出,乙"告"的得益为 1,乙"不告"的得益为 0,对乙来说,有

$$u_乙(借,不分,告)=1 > u_乙(借,不分,不告)=0$$

乙因为实施威胁"告",使得自己的得益由 0 增加到 1,乙未因实施威胁而变坏,因此,乙"告"威胁是可信的。

情境 2,司法保障不充分。司法不具有公正性,法律保障不足(见图 7-6)。从图 7-6 中,可以看出,乙"告"的得益为 −1,乙"不告"的得益为 0,对乙来说,有

$$u_乙(借,不分,告)=0 < u_乙(借,不分,不告)=-1$$

乙因为实施威胁"告",使得自己的得益由 0 降为 −1,乙因实施威胁而变坏,因此乙"告"威胁是不可信的。

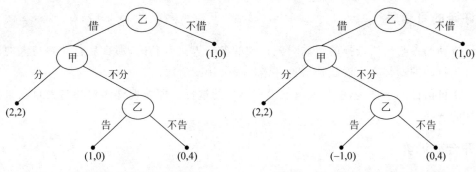

图 7-5 司法保障充分的开金矿博弈　　　图 7-6 司法保障不足的开金矿博弈

威胁和承诺的可信性原理在现实政策中经常运用。阻止某些不合意交易发生的有力工具就是使许诺不可执行,否定被诉的权利。例如,一些国家的法律或者不执行赌博欠债,或者不执行高利贷欠债,或者不执行十八岁以下未成年人所签订的合同,等等,这些都运用了可信性原理(托马斯·谢林,2009,第 15 页)。

思考题

7.2 仿冒和反仿冒博弈。有一家企业的产品被另一家企业仿冒,如果被仿冒企业采取措施制止,仿冒企业就会停止仿冒,如果被仿冒企业不采取措施制止,那么仿冒企业就会继续仿冒,扩展形如下图所示:

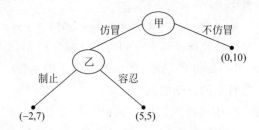

试回答:若乙对甲说,如甲仿冒,一定制止到底,这是威胁还是许诺?可信吗?

相机选择

动态博弈中参与人的策略是他们自己预先设定的,实际上并没有强制力,而实施起来是一个过程,只要符合参与人自己的利益,他们会在博弈过程中改变计划,这就是动态博弈中的相机选择(contingent play)问题。这种理性行为称为序贯理性(sequential rationality),不管事前制订的计划如何,参与人在新的时点上都应该根据当前的情形选择最优的行动。

可信性问题是动态博弈分析的一个中心问题。相机选择的存在使得参与人的策略中,所设定的各个阶段、各个情况下会采取行动的"可信性"有了疑问。不可信的威胁和许诺是不会发生的行动,应予以排除,剩下的行动是可信的、会发生的,由这样的行动组合成的行动路径便是动态博弈的均衡路径。

7.3 绑架博弈。 一个歹徒要抢走保险箱里的东西并威胁唯一知道密码的保险箱主人，要求其打开保险箱。"打开保险箱，否则要你的命！"下表说明的是他们对各种可能结果的估值。

	歹徒	保险箱主人
打开保险箱，歹徒开枪	4	−3
打开保险箱，歹徒不开枪	2	−1
不打开保险箱，歹徒开枪	1	−2
不打开保险箱，歹徒不开枪	0	4

试回答：①用扩展形表示该博弈。②保险箱主人会相信歹徒的威胁吗？

7.3 子博弈完美纳什均衡

理论上完全可以用静态博弈的纳什均衡概念分析动态博弈问题。但实际上，在动态博弈中，纳什均衡具有内在不稳定性，因为纳什均衡允许不可信的威胁和许诺存在，不能解决相机选择引起的可信性问题。动态博弈均衡必须满足一个关键性的要求：排除参与人策略中各种不可信的威胁和许诺。

定义 7.1　子博弈（subgame）。由一个动态博弈第一阶段以外的某阶段开始的后续博弈阶段构成的，有初始信息集和进行博弈所需要的全部信息，能够自成一个博弈的原博弈的一部分，称为原动态博弈的一个子博弈。

子博弈是扩展形的一部分，它是满足下述三个性质的节点和枝的集合：

(1) 从单个决策节出发。一个子博弈必须从单节信息集开始，即当且仅当决策者确切地知道博弈进入一个特定的决策节时，该决策节才能作为一个子博弈的初始节；如果一个信息集包括两个以上的决策节，则没有一个决策节可以作为子博弈的初始节。

(2) 包含了这个节点的全部后续节点。子博弈的信息集和得益都直接继承自原博弈，子博弈的得益函数只是原博弈留存在子博弈上的部分。

(3) 子博弈不能切割原博弈的信息集。如果它包含了一个信息集的若干部分，那么它一定包含该信息集中的所有节点。

以司法保障充分的开金矿博弈（见图 7-5）为例，其中存在着两个子博弈（见图 7-7）。第一层子博弈是乙在决策"告"或"不告"，这是一个单一初始节，包括终节点的得益组合在内的完整博弈；第二层子博弈是甲在决策"分"或"不分"，然后乙决策"告"或"不告"，这也是一个单一初始节，包括终结点的得益组合在内的完整博弈。

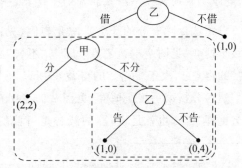

图 7-7　司法保障充分的开金矿博弈中的子博弈

7.4 房地产开发博弈。 两房地产开发商,甲和乙,正在就房地产开发进行决策,甲先决策,乙在甲决策后再进行决策,扩展形如下所示。

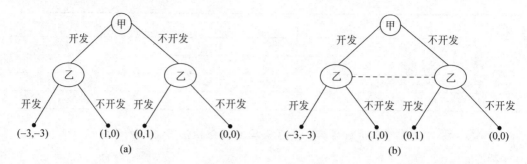

请判断:①图 a 这个博弈中有几个子博弈?②图 b 这个博弈有几个子博弈?

子博弈完美纳什均衡与纳什均衡的根本不同之处在于,子博弈完美纳什均衡能够排除均衡策略中不可信的威胁或许诺,因此是真正稳定的。

定义 7.2 子博弈完美纳什均衡(subgame perfect Nash equilibrium)[①]。如果动态博弈中的策略组合,对各个参与人来说,其策略在整个动态博弈及所有子博弈中都构成纳什均衡,则称这个策略组合为一个子博弈完美纳什均衡。

子博弈完美纳什均衡有两重含义:首先,它是原博弈的纳什均衡;其次,它在每一个子博弈上是纳什均衡。其基本含义是,只有当一个策略规划的行动在所有可能的情况下都是最优时,它才是一个合理的、可置信的策略。子博弈完美纳什均衡是比纳什均衡更强的均衡概念。

逆推归纳法

逆推归纳法的基本逻辑是序贯理性,不论过去发生了什么,参与人应该在博弈的每一个时点上最优化自己的决策。

定义 7.3 逆推归纳法(backwards induction)。从动态博弈的最后一个子博弈开始分析,逐步倒推回前一个阶段相应的子博弈,一直到第一个阶段博弈的分析方法。

以司法保障充分的开金矿博弈为例(见图 7-7)。这一博弈有两个子博弈,首先分析第二级子博弈(见图 7-8)。乙在"告"与"不告"之间进行选择,这实质上是一个单人博弈,由于"告"的得益 1,大于"不告"的得益 0,所以,在这一阶段,乙会选择"告"。

然后分析第一级子博弈(见图 7-9)。甲在"分"与"不分"之间进行选择,由于下一阶段乙会选择"告",也就是说,乙的威胁是可信的,因此,对于甲来说,也是一个单人博弈问题。

---

① Reinhard Selton. Spieltheoretische Behandlung eines Oligopolmodells mit Nachfragetragheit[J]. Zeitschrift fur Gesamte Staatswissenschaft,1965(121):301-324.

由于"分"的得益 2,大于"不分"的得益 0,所以,在这一阶段,甲会选择"分"。

最后分析原博弈(见图 7-10)。乙在"借"与"不借"之间进行选择,由于两个子博弈中,甲会选择"分",乙会选择"告",也就是说,甲的许诺和乙的威胁都是可信的,因此,对于乙来说,仍是一个单人博弈问题。由于"借"的得益 2,大于"不借"的得益 1,所以,乙会选择"借"。

图 7-8 司法保障充分的开金矿博弈中的第二级子博弈

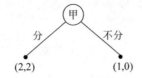
图 7-9 司法保障充分的开金矿博弈中的第一级子博弈

图 7-10 司法保障充分的开金矿博弈中的原博弈

通过逆推归纳法,可知,这个博弈的子博弈完美纳什均衡为(借,分,告),双方的得益为(2,2)。从分析中可以发现,逆推归纳法实质上就是把多阶段动态博弈化为一系列的单人博弈,通过对一系列单人博弈的分析,确定各参与人在各自阶段的选择,最终对动态博弈的结果,包括博弈的路径和各参与人的得益等做出判断,归纳各个参与人各阶段的选择则可得到各个参与人在整个动态博弈中的策略。

定理 7.2 库恩(和齐默罗)定理(Harold W. Kuhn theorem)。每一个具有有限个节点的完美信息博弈有逆推归纳解。事实上,如果对每一个参与人,不存在相同的两个得益,那么存在唯一的逆推归纳解。①

思考题

7.5 两参与人四阶段博弈。一个四阶段两参与人的动态博弈扩展形如下。

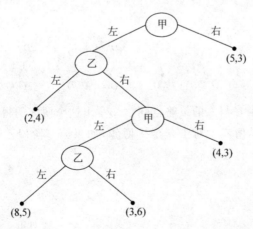

试回答:①这个博弈有几个子博弈?②子博弈完美纳什均衡是什么?

---

① 齐默罗(Ernst Friedrich Ferdinand Zermelo,1871—1953):在 1913 年提出的关于象棋博弈的定理是博弈论的第一个定理,并发明了"逆推归纳法"。

习 题

7.1 动态博弈的表示方法。男孩与女孩约会,他们必须独立地决定出门时是否带伞。男孩女孩都知道下雨和不下雨的概率相等(都为 50%)。如果下雨,双方的得益如下图所示。

		女孩	
		带伞	不带
男孩	带伞	−2,−2	−2.5,−3
	不带	−3,−2.5	−5,−5

如果不下雨,双方得益如下所示。

		女孩	
		带伞	不带
男孩	带伞	−1,−1	−1,0
	不带	0,−1	1,−1

请用扩展式表述方法分别表示以下博弈:①两人出门时都不知道是否会下雨,并且两人同时决定是否带伞(即每一方在决策时都不知道对方的决策)。②男孩出门前知道是否会下雨,女孩不知道,且男孩先决策,女孩后决策。

7.2 动态博弈的得益矩阵。已知一个两人博弈的扩展形如下图所示。

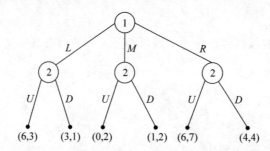

试回答:①写出两个参与人的策略空间。②写出这个博弈的得益矩阵。

7.3 复杂的开金矿博弈。对于开金矿博弈,如果第三阶段乙选择打官司后的结果尚不能确定,即下图中 a、b 的数值不确定。

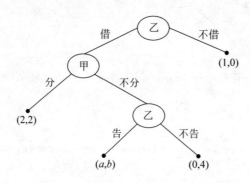

试讨论本博弈中有哪几种可能的结果。如果要本博弈中的"威胁"和"许诺"是可信的，a 或 b 应满足什么条件？

7.4 产量博弈。两家企业正计划出售10单位或20单位的商品，它们面临的得益矩阵如下。

		企业 2	
		10	20
企业 1	10	30,30	50,35
	20	40,60	20,20

试回答：①如果两家企业同时决策，求出博弈的纳什均衡。每家企业会使用什么策略？②如果企业1先行动，画出扩展形。博弈的结果是什么？为什么？③如果企业2先行动，画出扩展形。博弈的结果是什么？为什么？

7.5 创新博弈。你的企业必须决定是否引入新产品。如果你引入新产品，竞争对手需要决定是否仿制你的新产品。如果你不引入新产品，你和竞争对手分别获益100万元；如果你引入新产品且竞争对手仿制，你将损失500万元，而竞争对手将得到2 000万元（因为你的研发投入巨大，竞争对手却没有研发投入）；如果你引入新产品且对手没有仿制，你将得到1亿元，你的竞争对手获益为0。试回答：①用扩展形表示该博弈。②你应该引入新产品吗？为什么？③如果竞争对手"承诺"不仿制你的产品，你的决策会有变化吗？

7.6 含有同时行动的完全信息动态博弈。已知一个有两个参与人的动态博弈如下图所示。

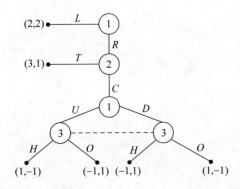

试回答：①这个博弈有几个子博弈？②在最后一个阶段，两个参与人的均衡策略是什么？③这个博弈的子博弈完美纳什均衡是什么？

7.7 公共产品投资博弈。两家企业需要决定对道路的投资额，每家企业都能从道路使用中受益。企业1在企业2投资之前先选择投资额，且企业2可以看到企业1的投资额。企业1可用于投资的货币总额为8，企业2可用于投资的货币总额为10。每家企业决定自己对道路的投资额，分别记为 g_1 和 g_2。两家企业的得益函数分别为

$$u_1(g_1,g_2)=8-g_1+(8-g_1)(g_1+g_2)$$
$$u_2(g_1,g_2)=10-g_2+(10-g_2)(g_1+g_2)$$

试回答：①企业2反应函数是什么？②本博弈的子博弈完美纳什均衡是什么？③如果

两家企业签订合约,约定企业 1 投资 3 而企业 2 投资 5,这个协议能有效实施吗?(提示:只分析一家企业即可)

在线自测

第8章 经典动态博弈模型

完美信息动态博弈在产业组织理论、利益分配问题和融资理论等中都有广泛的应用。

8.1 斯塔克伯格模型

德国经济学家斯塔克伯格(Von H. Stackelberg,1905—1946)在1934年提出了一个双寡头垄断的模型(Stackelberg duopoly model),其中一个厂商先行动,然后另一个厂商再行动[①],这是古诺模型的动态化。

斯塔克伯格模型的博弈规则

某种商品市场上仅有两家厂商,厂商1和厂商2。两家厂商是无差别寡头,生产同质产品。两家厂商通过控制产量进行竞争,厂商1的产量为q_1,厂商2的产量为q_2,因此,市场总产量为$q=q_1+q_2$,其中$q_1,q_2>0$。他们的策略空间都是$[0,\infty)$所有实数,其中∞可看作不至于使价格降到亏本的最大限度产量。

假设厂商1是领导者(leader),他先选择产量q_1;厂商2是追随者(follower),在看到厂商1的产量q_1后再选择自己的产量q_2。设市场出清价格为
$$p=8-q,\quad q=q_1+q_2$$
再设两厂商的生产都无固定成本,且每增加一单位产量的边际成本相等,$MC_1=MC_2=2$,即他们分别生产q_1和q_2单位产量的总成本分别为
$$TC_1=2q_1 \quad 和 \quad TC_2=2q_2$$
根据上述假设,不难知道两厂商的利润函数分别为
$$u_1(q_1,q_2)=q_1\cdot[8-(q_1+q_2)]-2q_1=6q_1-q_1q_2-q_1^2 \tag{8-1}$$
$$u_2(q_1,q_2)=q_2\cdot[8-(q_1+q_2)]-2q_2=6q_2-q_1q_2-q_2^2 \tag{8-2}$$
它们和古诺模型的利润函数完全相同。

斯塔克伯格模型的子博弈完美纳什均衡

根据逆推归纳法的思路,先分析第二阶段厂商2的决策,再分析第一个阶段厂商1的决策。

第二阶段,厂商2决策时,厂商1的选择q_1实际上已经确定了,并且厂商2知道q_1,对厂商2来说,相当于是在给定q_1的情况下求使利润最大化的q_2。这样的q_2必须满足
$$\max_{q_2} u_2=6q_2-q_1\cdot q_2-q_2^2$$

---

① Von H. Stackelberg. Marketform and Gleichgewicht[M]. Vienna: Julius Springer,1934.

或者
$$\frac{\partial u_2}{\partial q_2} = 6 - q_1 - 2q_2 = 0$$
即
$$q_2^* = \frac{1}{2}(6 - q_1) = 3 - \frac{q_1}{2} = \mathrm{BR}_2(q_1) \tag{8-3}$$

这实际上就是厂商2对于厂商1产量 q_1 的一个反应函数,给定厂商1的产量 q_1,厂商2依据此反应函数可以确定产量 q_2 使得自己利润最大。

第一阶段,厂商1决策时,厂商1知道厂商2的决策原则,因此,在选择 q_1 时就能预测到厂商2的产量 q_2 会根据式(8-3)确定。所以可以直接将式(8-3)代入自己的得益函数(8-1),这样厂商1的利润函数实际上转化为他自己产量 q_1 的一元函数

$$u_1(q_1, q_2^*) = 6q_1 - q_1 \cdot q_2^* - q_1^2 = 6q_1 - q_1 \cdot \left(3 - \frac{q_1}{2}\right) - q_1^2$$
$$= 3q_1 - \frac{1}{2}q_1^2 = u_1(q_1)$$

因此,厂商1的决策是选择产量 q_1,满足
$$\max_{q_1} u_1(q_1) = 3q_1 - \frac{1}{2}q_1^2$$

根据最优化的必要条件
$$\frac{\mathrm{d}u_1}{\mathrm{d}q_1} = 3 - q_1 = 0$$

解得 $q_1^* = 3$。将这一结果代入式(8-3),厂商2的最佳产量是 $q_2^* = 1.5$。此时,市场出清价格 $p = 3.5$,双方的得益分别为 $u_1 = 4.5$ 和 $u_2 = 2.25$。

斯塔克伯格模型与古诺模型的对比

我们比较一下无差别寡头产量竞争时,静态博弈与动态博弈的差别(见表8-1),可以看出:

表8-1 斯塔克伯格模型与古诺模型

	古诺模型	斯塔克伯格模型
参与人	厂商1和厂商2	
行动	产量 q_1 和产量 q_2	
反需求函数	$p = 8 - (q_1 + q_2)$	
成本函数	$TC_1 = 2q_1$ 和 $TC_2 = 2q_2$	
行动顺序	同时行动	先后行动
均衡产量	$q_1 = 2$ $q_2 = 2$	$q_1 = 3$ $q_2 = 1.5$
出清价格	$p = 4$	$p = 3.5$
均衡利润	$u_1 = 4$ $u_2 = 4$	$u_1 = 4.5$ $u_2 = 2.25$

首先,对消费者而言,在斯塔克伯格模型中,市场出清价格较低,3.5<4,商品数量较大 4.5>4,所以,斯塔克伯格模型中消费者福利水平比较高。

其次,对厂商整体而言,在斯塔克伯格模型中,两个厂商的总利润只有 6.75,小于古诺模型中的总利润 8,所以厂商整体上来说垄断利润下降。

最后,厂商内部来说,在斯塔克伯格模型中,厂商 1 的利润 4.5 大于古诺模型中的利润 4,也大于厂商 2 的利润 2.25,所以,厂商 1 具有"先动优势"(first-mover advantage),是市场上的"领导者"。厂商内部存在一种再分配特征。从企业角度来说,先动优势可能源于学习曲线、声誉与购买者的不确定性、购买者转换成本(switching cost)和网络效应(network effects 或 network externalities)(戴维·贝赞可等,2015,第 449~456 页)。

斯塔克伯格模型也揭示了这样一个事实:在信息不对称的博弈中,信息较多的参与人不一定能得到较多的利益。

8.1 差别寡头的斯塔克伯格模型。某产品市场上只有两家厂商,厂商 1 和厂商 2。厂商 i 选择产量 $q_i(i=1,2)$;厂商 1 与厂商 2 具有不同总成本,分别为

$$TC_1 = 4q_1 \quad 和 \quad TC_2 = 6q_2$$

反市场需求函数为:$p = 16 - (q_1 + q_2)$,这里 p 是市场价格。试回答:①写出两家厂商的得益函数。(提示:就是利润函数)②厂商 1 先行动,厂商 2 在观测到厂商 1 的行动后再行动,请计算该博弈的子博弈完美纳什均衡。

8.2 讨价还价博弈

讨价还价(bargaining)是参与人通过出价(offer)与还价(counteroffer)的协商方式解决利益分配问题,特点在于参与其中的当事人既有共同利益,又有利益冲突。1956 年,谢林在《讨价还价漫话》(An Essay on Bargaining)一文中提出,"在讨价还价的过程中,弱势的一方通常会成为强者"的结论。1982 年,鲁宾斯坦因(Ariel Rubinstein)建立了完全信息轮流出价讨价还价模型。①

假设甲乙两人就如何分享 1 万元现金进行谈判,并且已经定下了这样的规则:首先由甲提出一个分割的比例 $s_1 \in [0,1]$,对甲提出的比例乙可以接受也可以拒绝;如果乙拒绝甲的方案,则他自己应提出另一个方案 $s_2 \in [0,1]$,让甲选择接受与否……在上述循环过程中,只要任何一方接受对方的方案,博弈就告结束,而如果方案被拒绝,则被拒绝的方案与以后的讨价还价不再有关系。假设讨价还价最多只能进行三个回合,到第三回合乙必须接受甲的方案 $s \in [0,1]$。

再假设每一次一方提出一个方案和另一方选择是否接受为一个回合,讨价还价每多进行一个回合,由于谈判费用和利息损失,双方的利益就要打一个折扣 $\delta(0<\delta<1)$。δ 称为

---

① Ariel Rubinstein. Perfect Equilibrium in a Bargaining Model[J]. Econometrica,1982,50(1): 97-109.

消耗系数,影响消耗系数 δ 的因素主要有年龄(寿命)、财富、未来收益的确定性和知识水平(文化程度)等(蒋文华,2014)。

讨价还价博弈的博弈规则

第一回合,甲的方案是自己得 s_1,乙得 $(1-s_1)$,乙选择接受与否,乙接受则双方得益为 $(s_1, 1-s_1)$,谈判结束,如果乙不接受,则开始下一回合。

第二回合,乙的方案是甲得 s_2,自己得 $(1-s_2)$,由甲选择接受与否,甲接受则双方得益为 $(\delta \cdot s_2, \delta \cdot (1-s_2))$,谈判结束,如甲不接受则进行下一回合。

第三回合,甲提出自己得 s,乙得 $(1-s)$,这时乙必须接受,双方实际得益分别为 $(\delta^2 \cdot s, \delta^2 \cdot (1-s))$。

讨价还价博弈有两个关键点:一是第三回合甲的方案有强制力;二是博弈每多进行一个回合得益就会下降一个比例,谈判拖得越长对双方都越不利(见图 8-1)。

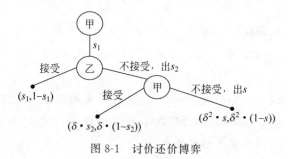

图 8-1 讨价还价博弈

讨价还价博弈的子博弈完美纳什均衡

根据逆推归纳法,第三回合,甲进行选择。甲提出的方案为 s,由于这一方案具有强制性,因此,双方实际得益分别为 $(\delta^2 \cdot s, \delta^2 \cdot (1-s))$。

第二回合,乙进行选择。乙知道一旦博弈进行到第三回合,自己将得到 $\delta^2 \cdot (1-s)$,而甲得到 $\delta^2 \cdot s$,如果乙的出价 s_2 小于甲在第三回合的得益,则甲会拒绝,博弈会进行到第三回合,只有满足

$$\delta \cdot s_2 \geqslant \delta^2 \cdot s \quad 或 \quad s_2 \geqslant \delta \cdot s$$

甲才会接受方案。因此,乙在第二回合的可行方案为 $s_2 = \delta \cdot s$,此时,乙的得益为

$$u_Z = \delta \cdot (1-s_2) = \delta \cdot (1-\delta s) = \delta - \delta^2 s > \delta^2 (1-s)$$

乙在出价 $s_2 = \delta s$ 时的得益大于将博弈拖到第三回合时的得益。$s_2 = \delta s$ 是乙在第二回合的最优出价策略,此时,博弈双方的得益为 $(\delta^2 s, \delta - \delta^2 s)$。

第一回合,甲进行决策。甲一开始就知道自己在第三回合的得益为 $\delta^2 s$,也知道乙在第二回合出价 $s_2 = \delta s$,乙得益 $\delta - \delta^2 s$。只有甲在第一回合给乙的得益满足

$$1 - s_1 \geqslant \delta - \delta^2 s \quad 或 \quad s_1 \leqslant 1 - \delta + \delta^2 s$$

乙才会接受方案。甲在第一回合的可行方案为 $s_1 = 1 - \delta + \delta^2 s$,此时,甲的得益为

$$s_1 = 1 - \delta + \delta^2 s > \delta^2 s$$

甲在出价 $s_1=1-\delta+\delta^2 s$ 时的得益大于将博弈拖到第三回合时的得益 $\delta^2 s$。因此，$s_1=1-\delta+\delta^2 s$ 是甲在第一回合的最优出价策略，博弈双方的得益为 $(1-\delta+\delta^2 s, \delta-\delta^2 s)$。

在这个三回合讨价还价博弈中，甲第一回合出价 $s_1=1-\delta+\delta^2 s$，乙第二回合出价 $s_2=\delta s$，甲第三回合出价 s，是这个博弈的子博弈完美纳什均衡，即甲第一回合出价 $s_1=1-\delta+\delta^2 s$，乙接受，双方得益为 $(1-\delta+\delta^2 s, \delta-\delta^2 s)$。

扩展一下，如果甲在第三回合有强制结束讨价还价的能力，合理的猜测是甲在第三回合提出 $s=1$，博弈的解就是甲在第一回合出价 $s_1=1-\delta+\delta^2$，乙接受，双方的得益 $(1-\delta+\delta^2, \delta-\delta^2)$。在这种情况下，双方获益的比例取决于 $(\delta-\delta^2)$ 的大小：$\delta-\delta^2$ 越大，甲得到的越少，乙得到的越多。这个结果反映了在此博弈中，乙赖以讨价还价的筹码就是时间。拖延时间越长，给甲造成的损失越大，甲为了避免损失会妥协以尽快结束博弈。

无限回合的讨价还价博弈

将三回合讨价还价博弈扩展到无限回合，假设博弈不断进行下去，奇数时甲提出方案，偶数时乙提出方案。一般看来，由于无限回合讨价还价没有一个可以作为逆推归纳法起始点的最终回合，因此，按常规思路，逆推归纳法肯定无法应用。

夏克德（A. Shaked）和萨顿（J. Sutton）于 1984 年提出了一种解决思路：对一个无限回合博弈来讲，不管是从第一回合开始还是从第三回合开始，都是先由甲出价，然后双方交替出价，直到一方接受为止。[①] 按此思路，假设存在一个逆推归纳法的解，甲和乙的得益分别为 s 和 $1-s$，即甲在第一回合出价 s，乙接受时双方的得益。根据夏克德和萨顿的结论，从第三回合开始这个无限回合博弈，与从第一回合开始应该得到一样的结果。由三回合博弈知道，甲在第一回合出价 $s_1=1-\delta+\delta^2 \cdot s$，乙方接受，双方得益 $(1-\delta+\delta^2 s, \delta-\delta^2 s)$，这个等价于从第三回合开始的讨价还价，有

$$s=s_1=1-\delta+\delta^2 \cdot s$$

解得 $s=\dfrac{1}{1+\delta}$。即在无限回合讨价还价博弈中，均衡的结果是甲在第一回合出价 $\dfrac{1}{1+\delta}$，乙接受并获得 $\dfrac{\delta}{1+\delta}$。

定理 8.1　鲁宾斯坦因定理（Rubinstein theorem）。在两人无限回合讨价还价博弈中，唯一的子博弈完美纳什均衡是

$$s^* = \frac{1-\delta_2}{1-\delta_1 \cdot \delta_2}$$

其中，δ_1 和 δ_2 分别为两参与人的消耗系数，若 $\delta_1=\delta_2=\delta$ 则有 $s^*=\dfrac{1}{1+\delta}$。

讨价还价中的一个重要因素在于"时间就是金钱"，消耗系数 δ 的不同取值对博弈双方

---

① A. Shaked, J. Sutton. Involuntary Unemployment as a Perfect Equilibrium in a Bargaining Model [J]. Economitrica, 1984(52): 1351-1364.

在讨价还价中的优势有重大影响。

(1) 如果 $\delta=1$，那么甲就不怕旷日持久的谈判，此时，谁最后出价，谁就得到 1 万元的全部现金，博弈体现了后动优势(late-mover advantage)。

(2) 如果 $0<\delta<1,\dfrac{1}{1+\delta}>\dfrac{1}{2}$，则甲的得益总是多于乙的所得，体现的则是先动优势 (first-mover advantage)。

讨价还价是关于"剩余"的分配问题。如房屋的价格、从保险公司得到的赔偿、一个国家从国际货币基金组织得到的贷款、大学生得到的零用钱、新工作的薪水、债务纠纷、利润分配、财产继承，参与人可以采取策略性活动争取更多的剩余。①

8.2 冰淇淋博弈。两个兄弟分一块冰淇淋。哥哥先提出一个分割比例，弟弟可以接受或拒绝，接受则按哥哥的提议分割，若拒绝就自己提出一个比例。但这时候冰淇淋已融化得只剩 1/2 了。对弟弟提议的比例哥哥也可以选择接受或拒绝，若接受则按弟弟的提议分割，若拒绝冰淇淋会全部融化掉。试回答：①画出扩展形。②求此博弈的子博弈完美纳什均衡。

8.3 间接融资模型

动态博弈还有一种表现，同一阶段中有两个或两个以上参与人同时选择行动，这意味着动态博弈中包含了不完美信息。这种博弈与完美信息动态博弈有着很多共性，分析方法也一样。现以间接融资模型为例讨论有两名参与人同时选择的两阶段动态博弈。

间接融资模型的博弈规则

间接融资模型是银行制度的起源及其稳定性分析。一家银行为给一个企业提供一笔 2 万元的贷款，以 20% 的年利率吸收客户的存款。两名客户各有 1 万元资金，如果他们把资金作为 1 年期定期存款存入银行，那么银行就可以向企业贷款；如果两客户都不愿存款或只有一个客户存款，那么银行就无法给企业贷款，这时候客户都能保住自己的本金。

在两客户都存款，从而银行给上述企业提供贷款的情况下，如果银行满一年收回贷款，企业就能完成一笔生意，银行可收回贷款本息 2.4 万元并向两名客户返本付息。但如果不满一年的时候，一名客户或者两名客户同时要求提前取出存款，银行就不得不提前收回贷款，企业的生意无法完成。假设这时候企业只能收回 80% 的资金，并全部偿还给银行 1.6 万元。若是一个客户要求提前取款，则银行会偿还其全部本金 1 万元，余款 0.6 万元则属于另一客户，若两客户同时要求提前取款，则平分取回的资金，每名客户 0.8 万元。为了简单，假设银行不收任何佣金、手续费。

---

① [美]托马斯·谢林.承诺的策略[M].王永钦、薛峰，译.上海：上海世纪出版集团，2009：16。

这是一个两阶段动态博弈问题。第一阶段是间接融资问题。融资发生在两名客户之间，同时选择是否存款。这是一个静态博弈，我们用得益矩阵来表示（见图8-2）。

第二阶段是挤兑(bank run)问题。同样发生在两名客户之间，同时选择是否提前取款。这也是一个静态博弈，用得益矩阵表示在图8-3中。

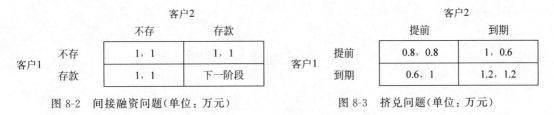

图 8-2　间接融资问题（单位：万元）　　　　图 8-3　挤兑问题（单位：万元）

间接融资模型的子博弈完美纳什均衡

作为包含静态博弈的动态博弈，仍然可以使用逆推归纳法，从第二阶段的静态博弈进行分析。

第二阶段，两客户同时决定是否提前取款。采取划线法分析（见图8-4），这一阶段有两个纯策略纳什均衡（提前，提前）和（到期，到期），对应得益分别为(0.8,0.8)和(1.2,1.2)。两个纯策略纳什均衡比较起来看，(到期，到期)具有帕累托优势，但并不能确定地认为（到期，到期）会出现。

		客户2	
		提前	到期
客户1	提前	<u>0.8</u>, <u>0.8</u>	1, 0.6
	到期	0.6, 1	<u>1.2</u>, <u>1.2</u>

图 8-4　挤兑问题的划线法分析（单位：万元）

第一阶段，两客户同时决定是否存款。从图8-3可以看出，(存款，存款)策略组合对应的得益取决于第二阶段的均衡情况。这包括两种情况，我们分别讨论。

第一种情况，如果第二阶段的博弈结果是帕累托上策均衡（到期，到期），那么第一阶段博弈的得益矩阵图8-2就转化为图8-5。图8-5中有两个纯策略纳什均衡，一个是（存款，存款），另一个是（不存，不存）。这两个纳什均衡中，（存款，存款）帕累托优于（不存，不存），而且对两名客户来说，"不存"是弱下策。显然，两客户都会选择前一个均衡，都会选择存款给银行，银行间接融资制度很好地起作用。

		客户2	
		不存	存款
客户1	不存	<u>1</u>, <u>1</u>	<u>1</u>, 1
	存款	1, <u>1</u>	<u>1.2</u>, <u>1.2</u>

图 8-5　到期取款时的间接融资模型

第二种情况,如果第二阶段的博弈结果是纳什均衡(提前,提前),发生了挤兑,那么第一阶段博弈的得益矩阵图 8-2 就转化为图 8-6。图 8-6 中存在三个纯策略纳什均衡(不存,不存)、(不存,存款)和(存款,不存)。而且对两客户来说,"存款"是弱下策。因此,两客户都会选择不存钱到银行。这相当于客户不再信任银行,银行系统崩溃,间接融资制度根本不能运行。

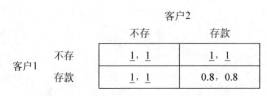

图 8-6 提前取款时的间接融资模型

考虑到间接融资制度的信任风险,为了增加公众信任度,2015 年 5 月 1 日,《存款保险条例》(国务院令第 660 号)正式施行,规定所有存款类金融机构都应当投保存款保险,在银行遭遇风险时将实行限额偿付,最高偿付限额为人民币 50 万元。据测算,这可以覆盖 99.63% 的存款人的全部存款。

8.3 新产品开发与定价博弈。两家企业,甲和乙,正在考虑是否开发一种新产品,如果只有一家企业开发,则该企业成为这种产品的垄断厂商,得益为 10;如果两家企业都开发新产品,则成为了无差别双寡头厂商,需要考虑这种新产品定价问题。若两家企业同时定低价,则平分市场,各自得益为 3;若只有一家企业定低价,则该企业独占市场,得益为 6;若两家企业同时定高价,则平分市场,各自得益为 4。试回答:①用适当的形式表示这个博弈。②这个博弈的均衡是什么?为什么?

8.4 技术引进博弈。某商品市场仅有两家企业,企业 1 和企业 2。已知出清市场价格为 $p=8-q$,其中 q 为两家企业产量之和,有 $q=q_1+q_2$。目前情况下,企业 1 和企业 2 的单位成本都是 $AC_1=AC_2=2$。但企业 1 可以引进一项新技术使自己的单位成本降低到 $AC_1=1$,引入该项技术需要投资额 x。在企业 1 做出是否投资的决策(企业 2 可以观察到)后,两家企业同时选择产量 q_1 和 q_2。试回答:投资额 x 处于什么水平时,企业 1 会选择引进新技术?

习 题

8.1 差别寡头的斯塔克伯格竞争。两家寡头竞争,厂商 1 和厂商 2 的市场需求函数为 $p=100-(q_1+q_2)$,厂商 1 的成本函数为 $TC_1=10q_1$,厂商 2 的成本函数为 $TC_2=10q_2^2$。试回答:①假设厂商 1 是一个领导者,厂商 2 是一个追随者,计算此时的市场价格和各自的利润。②假设厂商 2 是一个领导者,厂商 1 是一个追随者,结论是否一样?③给定①和②部分的答案,厂商 1 希望谁成为市场的领导者?厂商 2 希望谁成为市场的领导者?④如果每个厂商假定它成为领导者,此时,均衡的市场价格与厂商利润是多少?在此市场上,它如何同古诺市场均衡相对比呢?

8.2 差别寡头的价格领导者模型。两家寡头竞争,需求函数为

$$q_1 = 110 - p_1 + \frac{1}{2}p_2 \quad \text{和} \quad q_2 = 110 - p_2 + \frac{1}{2}p_1$$

两家厂商均无固定成本,边际成本相等,均为10。厂商1先行动,决定价格,厂商2看到厂商1的价格后再决定价格。求出子博弈完美纳什均衡。

8.3 广告博弈。双寡头垄断模型中,厂商1在竞争之前需要进行广告宣传。厂商1选择做广告的程度 a,$a \geqslant 0$。广告对这个行业中的销售具有一个正面的效应,市场需求函数是 $p = a - q_1 - q_2$,q_1 和 q_2 分别是两厂商的产量。厂商1选择 a 之后,厂商2可以观察到。然后两个厂商同时并独立地选择他们的产量水平。假设两个厂商以零成本进行生产。但是,厂商1必须付出的广告成本是 $\frac{2a^3}{81}$。试回答:①求出厂商1和厂商2的利润函数。②求出厂商1和厂商2的反应函数。③求出子博弈完美纳什均衡。(提示:a 的取值是多少?)

8.4 市场开发博弈。一个新开发的市场,该市场每年的需求为 $q = 10 - p$,其中 $q = q_1 + q_2$。在第一期厂商1先进入,并以广告的方式进行大量宣传。在它正要进行生产时得知厂商2正在定购生产此产品的设备,并通过调查得知厂商2的成本函数为 $TC_2 = q_2^2$。已知厂商1的成本函数为 $TC_1 = 4 + 2q_1$。试回答:①如果你是厂商1,你将抢先向社会宣布什么样的生产计划(即产量是多少),这时厂商2会宣布生产多少?②在第二年初出于行业的惯例,两厂商同时发布产量,这时你预计产量会有变化吗?

8.5 里昂惕夫(Wassily Leontief,1946)的劳资博弈。代表劳方的工会与代表资方的厂商之间进行博弈。工资完全由工会决定,厂商则根据工会的工资要求决定雇用工人的数量。站在工会的立场上,它不只追求较高的工资这个目标,同时还会希望有较多的工人得到雇用。因此,工会的得益是工资率和工人雇用数的函数

$$u_{\text{工会}} = u_{\text{工会}}(w, L) = 18wL - 3w^2 + 2L^2$$

其中 w 和 L 分别表示工资率和厂商雇用的工人数。利润最大化是厂商的根本目标,而利润等于收益减去成本。收益 TR 是劳动雇用数量的函数:

$$TR = 12L - L^2$$

厂商的生产只需要支付劳动成本,因此总生产成本等于工资率乘以雇用工人的数量,即 $TC = w \cdot L$,厂商的得益函数为

$$u_{\text{厂商}} = u_{\text{厂商}}(w, L) = 12L - L^2 - wL$$

试回答:如果工会首先决定工资率,然后厂商根据工会提出的工资率决定雇用工人的数量,求出这个博弈的子博弈完美纳什均衡。

8.6 国际转移定价。锐步(越南)公司(RV)是跨国公司阿迪达斯的子公司。RV在越南制造鞋子,并将其中一些卖给阿迪达斯(日本)公司(AJ,阿迪达斯的另一家子公司),售价为 p^*。AJ再把鞋子卖给日本的消费者。假设 AJ 在日本处于垄断地位,它对鞋子的反需求函数是 $p = 100 - Q$,其中,Q 的单位是万双/月,p 是每双鞋的价格。RV的生产成本是

$TC_{RV} = 20Q$。试回答：①如果母公司阿迪达斯的目标是使 RV 和 AJ 这两家公司的联合利润最大化，那么价格、数量和产生的利润各是多少？②若 RV 将转移价格确定为 $p^* = 60$，则上述结果有什么不同？

在线自测

第 9 章 重 复 博 弈

人们对待有长期关系的人与对待那些以后不再交往的人会有不同的行为。原因在于人们短期难以形成某种默契,长期则可以通过报复、制裁的威胁来约束各方的行为。

9.1 重复博弈的含义

定义 9.1 重复博弈(repeated games)。给定一个博弈 G(静态博弈或动态博弈),重复进行多次,每次重复时参与人都能观察到之前博弈的结果,这样的博弈过程称为 G 的重复博弈,G 则称为原博弈,每次重复 G 称为一个阶段。

重复博弈是同一个博弈反复进行所构成的博弈过程。根据博弈的重复次数,将重复博弈分为两种类型:如果重复博弈是由基本博弈的有限次重复构成的,预先知道重复次数且有明确结束时间,称为有限次重复博弈(finitely repeated games),记为 $G(T)$;如果博弈可以无限期重复进行下去或没有结束时间,则称为无限次重复博弈(infinitely repeated games),记为 $G(\infty)$。

重复博弈的核心是探讨能否设计出某种机制(策略)激励参与人进行高效率的合作,避免低效率的不合作。因此,鼓励合作和惩罚不合作是实现高效率均衡的关键。

重复博弈研究的大多数是静态博弈的重复,由静态博弈构成的重复博弈中,原博弈包括三种均衡情况:

一是无纯策略纳什均衡的静态博弈,典型代表是猜硬币博弈。在这类博弈中,参与人的利益是严格对立的,根本不存在合作的可能性,即使参与人知道还要重复进行多次基本博弈,也不会改变他们在当前阶段博弈中的行为方式。以这类博弈作为原博弈的重复博弈,唯一的子博弈完美纳什均衡就是所有参与人始终采用原博弈的混合策略纳什均衡策略。

二是唯一纯策略纳什均衡的静态博弈,典型代表是囚徒困境。在这类博弈中,参与人之间的利益有很大一致性甚至完全一致性,在重复博弈中,参与人的行为会不会发生本质的变化?如果原博弈的纯策略纳什均衡本身就是帕累托效率意义上的策略组合,因为符合所有参与人的利益,重复显然不会改变博弈方的行为方式。如果原博弈的纳什均衡没有达到帕累托效率,则存在通过合作提高效率的潜在可能性,在重复博弈中能不能实现合作?什么样的机制(策略)能激励参与人合作?这是重复博弈关注的重点。

三是多个纯策略纳什均衡的静态博弈,典型代表是性别战博弈。这类博弈与上一种类型具有很大的相似性,分析思路上也具有相似性。

定义 9.2 平均得益(average payoff)。重复博弈中,得益序列 $u_1, \cdots, u_t$ 的平均值($t=T$)或平均值的极限($t=\infty$),称为平均得益,记为 AV。

重复博弈中经常使用平均得益而不是总得益,使用平均得益的优点在于前者能够和阶段博弈的得益直接比较。

9.2 有限次重复博弈 $G(T)$

有限次重复博弈 $G(T)$ 比较简单,而且是无限次重复博弈 $G(\infty)$ 的基础,我们的分析从有限次重复博弈开始。

有限次重复的囚徒困境

囚徒困境是在第 3 章讲过的静态博弈(见图 9-1),这个博弈存在一个上策均衡(坦白,坦白),体现了个体理性与集体理性的冲突,因为上策均衡(坦白,坦白)带来的得益低于策略组合(抗拒,抗拒)的得益。因此,上策均衡(坦白,坦白)是低效率的。那么,重复博弈能够改变结果吗?

首先,考虑重复两次的囚徒困境 $G(2)$。两参与人先进行第一次博弈,双方看到第一次博弈的结果以后再进行第二次博弈。

根据逆推归纳法,分析第二阶段的选择。此时仍然为一个囚徒困境博弈,因为前一阶段的结果已成为既定事实,又不再有任何的后续阶段,实现当前的最大得益是两参与人决策的唯一原则。因此,不管第一阶段博弈的结果如何,第二阶段的结果就是原博弈的上策均衡(坦白,坦白),双方得益 $(-5,-5)$。

接着分析第一阶段的选择。参与人在第一阶段就清楚后一阶段的结果,知道第二阶段必然是(坦白,坦白),双方得益 $(-5,-5)$。因此,不管第一阶段的结果是什么,双方在重复博弈中的最终得益,就是在第一阶段得益的基础上各加 -5,因此,从第一阶段来看,重复博弈 $G(2)$ 与图 9-2 表示的一次博弈是等价的。采用划线法,图 9-2 的博弈有唯一的纯策略纳什均衡(坦白,坦白)。重复博弈 $G(2)$ 的平均得益为 $(-5,-5)$,与一次博弈得益相同。

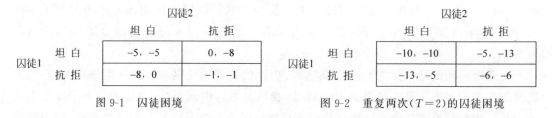

图 9-1　囚徒困境　　　　　　图 9-2　重复两次($T=2$)的囚徒困境

重复两次($T=2$)的囚徒困境博弈只是一次囚徒困境博弈的简单重复。根据上述方法,可以证明 T 次重复囚徒困境博弈 $G(T)$ 的结果都是一样的:原博弈有唯一纯策略纳什均衡的博弈,则有限次重复博弈的唯一均衡即各参与人在每阶段中都采用原博弈的纳什均衡策略。由于这样的均衡中各参与人的策略都不存在不可信的威胁或许诺,因此这是子博弈完美纳什均衡。虽然原博弈存在潜在的合作利益,但因为有限次重复博弈有确定的期限,因此效率较高的合作结果还是不会出现。

定理 9.1　无名氏定理 I (folk theorem I)。设原博弈 G 有唯一的纯策略纳什均衡,则

对任意正整数 T，重复博弈 $G(T)$ 有唯一的子博弈完美纳什均衡，即各参与人每个阶段都采用原博弈 G 的纳什均衡策略。各参与人在 $G(T)$ 中的总得益为在 G 中得益的 T 倍，平均得益等于原博弈 G 中的得益。

当然这个结论存在问题，泽尔腾1978年提出了连锁店悖论(the chain-store paradox)，即一个在 n 个市场都开设有连锁店的企业，对于各个市场的竞争者是否应该加以打击排斥的策略选择。理论分析的子博弈完美纳什均衡是每个市场竞争者都进入，连锁企业都不加打击，这个理论推测与企业实践是不一致的。连锁店悖论提出了在较多阶段动态博弈中逆推归纳法的适用性问题。

9.1 有限次重复的收视率博弈。假设湖南卫视和浙江卫视两家电视台正在竞争周六20:00—21:00 和 21:00—22:00 时段的收视率。两大电视台可以选择将它的"王牌"节目放在前面时段还是放在后面时段。它们的决策的各种组合所得到的收视率结果如下所示。

		湖南卫视	
		前面	后面
浙江卫视	前面	18,18	23,10
	后面	4,23	20,20

试回答：①如果这是一个静态博弈，纳什均衡是什么？②如果这个博弈重复2次，子博弈完美纳什均衡是什么？平均得益是多少？③如果这个博弈重复5次，子博弈完美纳什均衡是什么？平均得益是多少？

有限次重复的伯川德模型

我们设定一个可以用得益矩阵表示的伯川德模型。某商品市场上有两家生产同质产品的厂商，厂商1和厂商2，它们进行价格竞争，可以为产品定高、中、低三种价格。假设高价时市场总利润为10单位，中价时市场总利润为6单位，低价时市场总利润为2单位。再假设两厂商同时决定价格，价格不等时价格低者独享利润，价格相等时双方平分利润。这时候两厂商对价格的选择就构成了一个静态博弈问题(见图9-3)。

		厂商2		
		高	中	低
厂商1	高	5, 5	0, 6	0, 2
	中	6, 0	3, 3	0, 2
	低	2, 0	2, 0	1, 1

图9-3 伯川德模型

可以看出，这个博弈有两个纯策略纳什均衡(中,中)和(低,低)，博弈双方得益分别为(3,3)和(1,1)。纳什均衡的得益均低于策略组合(高,高)的得益，因此，一次博弈的结果并不是效率最高的。那么，重复两次($T=2$)，厂商之间有合作的可能吗？策略组合(高,高)帕累托优于纳什策略组合,(高,高)能不能成为阶段性博弈的均衡呢?

首先,重复这个博弈使得博弈出现了很多可能策略组合,两次重复博弈的纯策略组合有81种(9×9)之多,加上混合策略数量就更大。能够判断出,两次重复博弈都采取(中,中)是子博弈完美纳什均衡(划线法结果见图9-4);两次重复博弈都采取(低,低)也是子博弈完美纳什均衡(划线法结果见图9-5)。通过图9-4和图9-5中的划线法,可以找出四组子博弈完美纳什均衡。

		厂商2 高	厂商2 中	厂商2 低
厂商1	高	8, 8	3, 9	3, 5
厂商1	中	9, 3	6, 6	3, 5
厂商1	低	5, 3	5, 3	4, 4

图9-4 第二阶段采取(中,中)的伯川德模型

		厂商2 高	厂商2 中	厂商2 低
厂商1	高	6, 6	1, 7	1, 3
厂商1	中	7, 1	4, 4	1, 3
厂商1	低	3, 1	3, 1	2, 2

图9-5 第二阶段采取(低,低)的伯川德模型

其次,重复两次($T=2$)时,假定博弈双方采取如下策略:第一次选"高";如第一次结果为(高,高),则第二次选"中",如第一次结果为任何其他策略组合,则第二次选"低"。我们以厂商1为例,看看这个策略是否稳定。如果厂商1选择合作,则第一阶段选择"高",第二阶段选择"中",其得益为

$$u_1^{合作} = u_1[(高,高),(中,中)] = 5+3 = 8$$

如果厂商1选择不合作,则第一阶段选择"中",第二阶段选择"低"(因为厂商2会在第二阶段报复),其得益为

$$u_1^{不合作} = u_1[(中,高),(低,低)] = 6+1 = 7$$

厂商1合作的得益大于不合作的得益,厂商1会合作,即在厂商2合作的条件下,厂商1不会独自偏离合作策略。这样,具有帕累托优势的、非阶段性纳什均衡的策略组合(高,高)成为了子博弈完美纳什均衡的一部分。这种结果依赖于两家厂商所采取的策略,称为触发策略。

定义9.3 触发策略(trigger strategy)。参与人首先选择合作,在后续阶段对此前阶段博弈中其他参与人的合作或不合作行动进行奖励或惩罚的策略,称为触发策略。

当两厂商都采用上述触发策略时,第二阶段成为一个条件选择。当第一阶段结果为(高,高)时,第二阶段必为(中,中),得益为(3,3);当第一阶段为其他八种结果时,第二阶段必为(低,低),得益为(1,1)。把两次博弈的得益相加,就得到与图9-6等价的一次性博弈。

		厂商2	
	高	中	低
厂商1 高	8, 8	1, 7	1, 3
中	7, 1	4, 4	1, 3
低	3, 1	3, 1	2, 2

图 9-6 触发策略下的伯川德模型

使用划线法,在图 9-6 中,存在三个纳什均衡,分别是(高,高),(中,中)和(低,低)。此时,(高,高)成为一个纳什均衡,并且带给两个参与人最高得益,这个纳什均衡具有帕累托优势,也就是说,两次重复博弈的路径——第一阶段(高,高),第二阶段(中,中),是一个子博弈完美纳什均衡路径。如果上面这个博弈重复次数不是两次,而是更多次,仍然可以运用触发策略实现比较好的结果,子博弈完美纳什均衡路径为,除了最后一次重复以外,每次都采用(高,高),最后一次采用原博弈的纳什均衡(中,中)。当重复的次数较多时,有

$$\text{AV} = \lim_{T \to \infty} \frac{5 \cdot (T-1) + 3}{T} = 5$$

平均得益接近于一次性博弈中(高,高)的得益(5,5)。

那么,触发策略是否真正可信?触发策略均衡的形成来自于可信的威胁或许诺影响到当前阶段的行动。实际上,触发策略中惩罚机制的可信性是一个很复杂的问题,触发策略并不是总适用,会受到很多因素的影响。但触发策略是重复博弈中实现合作的重要机制。

有限次重复的伯川德模型要说明的主要观点是:可信的威胁或许诺可以影响到当前的行动。更一般的情况是:如果 G 是一个有多个纳什均衡的完全信息静态博弈,则重复博弈 $G(T)$ 可以存在子博弈完美纳什均衡解,其中 $t(t<T)$ 阶段的结果都不是纳什均衡。

当原博弈有多个纯策略纳什均衡时,有限次重复博弈有许多效率差异很大的子博弈完美纳什均衡,此时可以通过设计特定的策略,实现效率较高的均衡,充分发掘一次博弈中无法实现的合作利益。

定理 9.2 无名氏定理Ⅱ(folk theorem Ⅱ)。设原博弈的一次博弈有均衡得益数组优于各参与人一次博弈中最差的均衡得益数组 w,那么在该博弈的多次重复中,所有不小于个体理性得益的可实现得益,都至少有一个子博弈完美纳什均衡的极限来实现它们。

无名氏定理Ⅱ的关键意义正是在于保证这些得益有一定次数重复博弈的子博弈完美纳什均衡的平均得益可以实现或逼近它们。无名氏定理的这种结论,帮助我们在重复博弈中更好地把握机会,设计高效率的策略,建立默契和信任,争取实现更好的博弈结果。

思考题

9.2 虚拟博弈。两次重复下面的得益矩阵表示的静态博弈。如果你是参与人1,你会采用怎样的策略?

		参与人 2		
		左	中	右
参与人 1	上	3,1	1,0	1,1
	中	2,1	8,7	12,0
	下	1,1	0,11	10,10

当参与人确切地知道博弈重复次数时,期末问题就出现了:在最后一期没有明天且无法就对手在最后一期的欺骗行为进行惩罚的情况下,参与人在最后一期采取与一次性博弈相同的策略。迈克尔·贝叶(2017,第281页)以员工辞职计划为例研究了期末问题在管理决策中的应用,当员工宣布辞职计划,偷懒的成本就会显著降低,因为被解雇的威胁无关痛痒了。管理者如何防止员工偷懒呢?一种方法是员工一宣布辞职计划就解雇他,但这会导致员工隐瞒其辞职计划而出现突然辞职现象,所以管理者不仅不能解决偷懒问题,反而因为员工的意外辞职无法提前找到新员工替代他们。更好的管理策略是强调管理者的人脉资源,在员工有需要时给他们写推荐信,通过这种手段告诉员工:辞职并不是这场博弈的结束。

9.3 无限次重复博弈 $G(\infty)$

无限次重复博弈没有确切的结束时间。在无限次重复博弈中一个更强的结论成立:即使阶段博弈有唯一的纯策略纳什均衡,无限次重复博弈中也可以存在子博弈完美纳什均衡,其中没有一个阶段的结果是原博弈 G 的纳什均衡。

时间与贴现系数

无限次重复博弈重视得益的时间价值,必须考虑未来得益贴现成当前得益,解决方法是引进贴现系数(discount factor)$\delta(\delta \in [0,1])$,计算出得益现值(present value),这称为贴现求和法(discounted sum)。贴现系数 δ 一般根据利率计算,公式为

$$\delta = \frac{1}{1+r} \tag{9-1}$$

其中,r 是以单位阶段为期限的市场利率。

有了贴现系数 δ,对于一个 T 次重复博弈的参与人,如果某一策略组合下各阶段得益分别为 $u_1, \cdots, u_T$,考虑时间价值的得益现值为

$$V = u_1 + \delta \cdot u_2 + \cdots + \delta^{T-1} \cdot u_T = \sum_{t=1}^{T} \delta^{t-1} \cdot u_t \tag{9-2}$$

在无限次重复博弈路径下,当 $T \to \infty$ 时,考虑时间价值的得益现值为

$$V = u_1 + \delta \cdot u_2 + \delta^2 \cdot u_3 + \cdots = \sum_{t=1}^{\infty} \delta^{t-1} \cdot u_t \tag{9-3}$$

例如,当每个阶段的得益都是1时,有限次重复博弈的得益现值(9-2)为

$$V = 1 + \delta + \cdots + \delta^{T-1} = \frac{1-\delta^T}{1-\delta}$$

无限次重复博弈的得益现值(9-3)为

$$V = 1 + \delta + \cdots + \delta^t + \cdots = \frac{1}{1-\delta}$$

贴现系数 δ 衡量了参与人的耐心(patience)程度：为了保证在将来获得更高的得益，他们在多大程度上可以牺牲当前部分的得益。贴现系数 δ 越高，参与人也越有耐心。

9.3 虚拟博弈。一个有两个参与人的博弈中，得益矩阵如下所示。

		参与人2	
		合作	不合作
参与人1	合作	2,2	0,3
	不合作	3,0	1,1

试求下面各种情况下参与人的得益现值：①在各期博弈中，两位参与人都合作。②在前10期博弈中，选择合作，然后选择不合作。③在所有偶数期博弈中，选择合作，而在所有奇数期博弈中，选择不合作。④参与人1仅仅在第一期合作，而参与人2根本不合作。

鉴于贴现系数 δ 的重要性，我们一般将无限次重复博弈定义如下。

定义 9.4 无限次重复博弈。给定一个阶段博弈 G，令 $G(\infty, \delta)$ 表示相应的无限次重复博弈，其中 ∞ 表示博弈将无限次地重复进行，且参与人的贴现系数为 δ。每次阶段 t 开始前可观测到之前 $t-1$ 次阶段博弈的结果，每个参与人在 $G(\infty, \delta)$ 中的得益都是该参与人在无限次的阶段博弈中所有得益的现值。

给定贴现系数 δ，重复博弈 $G(\infty, \delta)$ 无限得益序列 $u_1, u_2, \cdots$ 的平均得益为

$$\mathrm{AV} = (1-\delta) \cdot \sum_{t=1}^{\infty} \delta^{t-1} \cdot u_t \tag{9-4}$$

定义 9.5 无限次重复博弈的子博弈。在无限次重复博弈 $G(\infty, \delta)$ 中，由 $t+1$ 阶段开始的每个子博弈都等同于初始博弈 $G(\infty, \delta)$。

定义9.5表明，博弈 $G(\infty, \delta)$ 到阶段 t 为止有多少不同的可能进行过程，就有多少从 $t+1$ 阶段开始的子博弈。

唯一纯策略纳什均衡的无限次重复博弈主要关注于，唯一的纳什均衡并不是效率最高的策略组合，进而存在潜在合作利益的博弈。我们以囚徒困境博弈为例进行说明。在如图9-1所示的囚徒困境中，下面的论证表明：在囚徒困境的无限次重复博弈中，对双方有利的合作在子博弈完美纳什均衡中有可能存在，博弈可能会出现较理想的结果。

严厉触发策略

考虑如下策略：参与人由(抗拒,抗拒)开始。如果在任何阶段没有一个参与人"坦白"，那么继续采用(抗拒,抗拒)；如果在某个阶段两个参与人中只要有一个"坦白"，那么从此以后每个阶段一直采用(坦白,坦白)。

定义 9.6　严厉触发策略(grim trigger strategy)。参与人首先选择合作,如果其他参与人选择合作,则一直采用合作;一旦其他参与人选择不合作,则开启惩罚阶段,永远也不合作,这样的惩罚是冷酷的,称为严厉触发策略。

严厉触发策略的核心是,惩罚阶段一旦开始,绝不撤销。对于严厉触发策略,以图9-1中的囚徒困境博弈为例,实际上只有两类子博弈:①在前 t 个阶段重复采用(抗拒,抗拒)之后的子博弈,和②其他的子博弈。

对于类型②,策略明确说明从此以后都采用(坦白,坦白)。在这个子博弈里面,它的确是纳什均衡。没有一个参与人能在任何阶段通过采取"抗拒"增加自己的得益;而且,参与人不会改变今后预期的行动方式。因此,在类型②中,根据式(9-3)每位参与人的得益现值为

$$V_1 = V_2 = -5 + (-5) \cdot \delta + (-5) \cdot \delta^2 + \cdots = -\frac{5}{1-\delta}$$

对于类型①的子博弈,让我们检查一下囚徒1是否有在某一阶段"坦白"的动机——而囚徒2在那个阶段"抗拒"。某一阶段"坦白"将给囚徒1带来当期得益0,但是以后的每一个阶段得益为-5,在某一阶段采取"坦白"的囚徒1,得益现值为

$$V_1^{坦白} = 0 + (-5) \cdot \delta + (-5) \cdot \delta^2 + \cdots = -\frac{5\delta}{1-\delta} \tag{9-5}$$

而如果囚徒1一直"抗拒",将持续得到得益-1,此时,一直"抗拒"的囚徒1,得益现值为

$$V_1^{抗拒} = -1 + (-1) \cdot \delta + (-1) \cdot \delta^2 + \cdots = -\frac{1}{1-\delta} \tag{9-6}$$

只要

$$V_1^{抗拒} > V_1^{坦白} \quad 或 \quad -\frac{1}{1-\delta} > -\frac{5\delta}{1-\delta}$$

即 $\delta > \frac{1}{5}$,囚徒1继续实施"抗拒",得益现值更大。

在无限次重复囚徒困境中,如果参与人有耐心 $\left(\delta > \frac{1}{5}\right)$,那么在均衡时会选择合作,尽管在任意某期,"坦白"确实是上策。他们之所以选择"抗拒",是为了避免损害未来的合作,以及由此带来的得益损失。在无限次重复博弈中,合作是可以持续的,如果很在乎未来(δ 足够大),"大棒+胡萝卜"的严厉触发策略是十足的威慑。

思考题

9.4　价格勾结(collusion)。某种商品市场上,仅有两家企业,厂商1和厂商2,两家企业就价格进行竞争,得益矩阵如下。

		厂商2	
		高价	低价
厂商1	高价	5,5	−5,10
	低价	10,−5	0,0

试回答:①在一次博弈中,纳什均衡是什么?②在无限次重复博弈框架下,分析这一博

弈的严厉触发策略状况。

9.5 重复定价博弈。 某种商品市场上,仅有两家企业,厂商1和厂商2,两家企业就价格进行竞争,得益矩阵如下。

		厂商2	
		高价	低价
厂商1	高价	10,10	−40,50
	低价	50,−40	0,0

市场利率 r 为 40%。厂商同意在每期定高价,条件是没有一方在过去违背过协议。试回答:①如果厂商1有欺骗行为,它的利润是多少?②如果厂商1没有欺骗行为,它的利润是多少?③当两家厂商都定高价时,能产生一个均衡吗?

宽容触发策略

尽管严厉触发策略会实现合作均衡,但如果对手只是一次"不小心失误"(颤抖的手)而选择了"坦白",此时参与人实施惩罚,永远选择不合作,就会导致实施惩罚的参与人本身也蒙受损失。在现实生活中,这种"不小心失误"通常不是有意为之的。此时,必须对"犯错"的参与人实施严厉的惩罚吗?是否存在其他的子博弈完美纳什均衡策略?

定义9.7 宽容触发策略(tit-for-tat strategy)。 参与人首先选择合作,一旦发现对手不合作,则进行惩罚,但参与人在进行几轮惩罚后选择宽容而继续合作,称为宽容触发策略,也叫针锋相对策略或以牙还牙策略。

考虑如下策略:每个参与人由采用(抗拒,抗拒)开始。如果没有参与人坦白,那么继续采用(抗拒,抗拒);如果在某个阶段只要有一个坦白,那么在下面 t 个阶段采用(坦白,坦白),惩罚结束后,返回到(抗拒,抗拒)。

宽容触发策略是充分威慑吗?我们先从最简单的惩罚1次入手进行理解。因徒2采取宽容触发策略:首先合作,选择"抗拒",如果因徒1选择"抗拒",则因徒2继续选择"抗拒";如果因徒1选择"坦白",则因徒2惩罚1次,选择"坦白",然后继续选择"抗拒"。在因徒2选择宽容触发策略时,当因徒1不合作,采取了"坦白"策略,他得到0,然后跟着1个阶段得−5,接下来,回到原来博弈(见定义9.5)。这样从这个"偏离"行为得到的得益现值为

$$V_1^{坦白} = 0 + (-5) \cdot \delta + 0 \cdot \delta^2 + (-5) \cdot \delta^3 + \cdots = 0 + (-5) \cdot \delta + \delta^2 \cdot V_1^{坦白} = -\frac{5\delta}{1-\delta^2}$$

若因徒1不偏离,采取"抗拒",继续采用提出的不认罪行为产生了−1的无限序一个合作类博弈,则其得益现值如式(9-6)所示。只要

$$V_1^{抗拒} > V_1^{坦白} \quad 或 \quad -\frac{1}{1-\delta} > -\frac{5\delta}{1-\delta^2}$$

即,只要 $\delta > \frac{1}{4}$,因徒1实施"抗拒"策略较好一些。那么宽容触发策略是有效的。

那么,惩罚2次,宽容触发策略是充分威慑吗?因徒2采取宽容触发策略:首先合作,选择"抗拒",如果因徒1选择"抗拒",则因徒2继续选择"抗拒";如果因徒1选择"坦白",

则因徒 2 惩罚 2 次,连续 2 次选择"坦白",然后继续选择"抗拒"。在因徒 2 选择宽容触发策略时,当因徒 1 不合作,采取了"坦白"策略,他得到 0,然后跟着 2 个阶段得 −5,接下来,回到原来博弈(见定义 9.5)。这样从这个"偏离"行为得到的得益现值为

$$V_1^{坦白} = 0 + (-5) \cdot \delta + (-5) \cdot \delta^2 + 0 \cdot \delta^3 + (-5) \cdot \delta^4 + (-5) \cdot \delta^5 \cdots$$

$$= 0 + (-5) \cdot \delta + (-5) \cdot \delta^2 + \delta^3 \cdot V_1^{坦白} = -\frac{5\delta + 5\delta^2}{1 - \delta^3}$$

若因徒 1 不偏离,采取"抗拒",继续采用提出的不认罪行为产生了 −1 的无限序这一个合作类博弈,则其得益现值如式(9-6)所示。只要

$$V_1^{抗拒} > V_1^{坦白} \quad 或 \quad -\frac{1}{1-\delta} > -\frac{5\delta + 5\delta^2}{1 - \delta^3}$$

即,只要 $\delta > \frac{\sqrt{2}-1}{2} \approx 0.21$,因徒 1 实施"抗拒"策略较好一些。宽容触发策略还是确实有效的。

当然,因徒 2 也可以选择惩罚 $t(t \geq 1)$ 次,只要因徒 1 是有耐心的(δ 足够大),因徒 1 进行合作,实施"抗拒"策略获得的得益好于"坦白"策略带来的回报。那么宽容触发策略是确实有效的。

宽容触发策略是阿克塞尔罗德(Robert Axelrod,1984)的实验中提出的,他邀请了世界各地的博弈论学者以电脑程序形式提交他们的囚徒困境博弈策略,这些程序两两结对,反复进行了 150 次囚徒困境博弈,最终,拉普波特(Anatol Rapoport)依据以牙还牙策略获得了冠军。宽容触发策略体现了任何一个行之有效的策略明显符合的四个原则:清晰、善意、激励性和宽恕性(卢照坤、徐娜,2019,第 129 页)。

9.6 两寡头削价竞争博弈。某种商品市场上,仅有两家企业,厂商 1 和厂商 2,两家企业就价格进行竞争,得益矩阵如下。

		厂商 2	
		高价	低价
厂商 1	高价	4,4	0,5
	低价	5,0	1,1

试回答:①在一次博弈中,纳什均衡是什么?②在无限次重复博弈框架下,分析这一博弈的宽容触发策略状况。

通过上述分析可以看出,在一次性博弈和有限次重复博弈中都无法实现的囚徒困境型博弈中的潜在合作利益,在无限次重复博弈中是可能实现的。相应地,得到如下结论:在有限次重复博弈中,针对有多个纯策略纳什均衡博弈重复博弈的民间定理,在无限次重复博弈中对有唯一纯策略纳什均衡的博弈也是成立的。

定理 9.3 无名氏定理Ⅲ(folk theorem Ⅲ)。设 G 是一个完全信息静态博弈。用$(e_1, \cdots,$

e_n)记 G 的一个纳什均衡得益,用 $(x_1,\cdots,x_n)$ 表示 G 的任意可实现得益。如果对每一个参与人 i 有 $x_i > e_i (i=1,\cdots,n)$,且 δ 足够接近1,则无限次重复博弈 $G(\infty,\delta)$ 中一定存在一个子博弈完美纳什均衡,各参与人的平均得益就是 $(x_1,\cdots,x_n)$。[①]

未来是重要的。无名氏定理Ⅲ的结论只对高 δ 值有效,因为那正好是可信的许诺或威胁所必需的 δ 值。高的 δ 意味着未来的得益是重要的,这一事实意味着未来的许诺或威胁可以影响当前行为。同时,无限次重复的囚徒困境博弈中存在无限多个子博弈完美均衡,子博弈完美纳什均衡的多重性是无限次重复博弈的普遍问题,从预测的角度来看这很令人失望。但我们可以判断的是,将要发生的惩罚或奖励是如此有影响以至于参与人可能愿意去做几乎任何事情。

9.7 广告博弈。一个小的旅游城市有两家烧烤店,王家小店和李家小店。它们一般都不做广告。王家小店如果在电台做广告就能抢走一部分李家小店的顾客,反过来也一样。两家小店一个月的利润(单位:万元)矩阵如下。

		李家小店	
		不做广告	做广告
王家小店	不做广告	3,3	0,4
	做广告	4,0	1,1

试回答:①该静态博弈的纳什均衡是什么?②如果博弈无限次地重复进行,王家小店采用严厉触发策略,如何表述王家小店的严厉触发策略?δ 是多少时,李家小店会选择合作?③如果博弈无限次地重复进行,王家小店采用宽容触发策略且惩罚1次,如何表述王家小店的宽容触发策略?δ 是多少时,李家小店会选择合作?

不确定终止期的重复博弈(迈克尔·贝叶等,2021,第278~281页)

有限次重复博弈中有一种特殊情况:参与人不知道博弈何时结束。假设两个寡头重复进行图9-7所示的定价博弈,直到其产品过时才结束博弈。这是一个有限重复博弈。假设厂商不知道其产品何时过时,博弈的终止期不确定。

		厂商2	
		低价	高价
厂商1	低价	0,0	50,-40
	高价	-40,50	10,10

图9-7 有限重复的定价博弈

假设有限次重复博弈在给定回合后即将结束的概率为 θ,$0<\theta<1$。即当厂商制定当日

[①] James W. Friedman. A Non-cooperative Equilibrium for Supergames[J]. Review of Economic Studies,1971(38):1-12.

定价决策时,该博弈第二天还可能进行一次;如果第二天进行了一次,该博弈第三天还可能进行一次,以此类推。如果 $\theta=\frac{1}{2}$,即博弈在给定回合后结束的可能性是 $\frac{1}{2}$,在 2 个回合后结束的可能性是 $\frac{1}{4}$,在 3 个回合后结束的可能性是 $\frac{1}{8}$,在 t 个回合后结束的可能性是 $\left(\frac{1}{2}\right)^t$。

当博弈没有确切的终止期时,有限次重复博弈与无限次重复博弈完全一样。假设厂商采用严厉触发策略,如果一方违背协议采取低价,另一方会定低价惩罚对方,直到博弈结束。为便于分析我们假设利率为零。

在严厉处罚策略下,厂商 1 有定低价的动机吗？若厂商 2 定高价,厂商 1 定低价,厂商 1 的当期得益为 50,但以后各期的得益都为零(因为当期的欺骗行为触发了厂商 2 的未来各期定低价)。所以,如果厂商 1 当期欺骗对方,不论博弈是任何次数,它的总得益为

$$V_1^{低价}=50$$

如果厂商 1 没有欺骗行为,当期获得 10。博弈还有 $1-\theta$ 的概率再进行一次,那么厂商 1 又可以获得 10。在 2 次博弈后,仍然有 $(1-\theta)^2$ 的概率再进行一次。这个博弈将在未来任意可能的日期结束。如果厂商 1 没有欺骗行为,其期望得益为

$$V_1^{高价}=10+10\cdot(1-\theta)+10\cdot(1-\theta)^2+\cdots=\frac{10}{\theta}$$

在终止期不确定的有限次重复博弈中,如果厂商 1 的欺骗行为的预期得益小于不欺骗的预期得益,它将没有动机欺骗。根据上述的例子,若满足

$$\frac{10}{\theta}\geqslant 50 \quad 或 \quad \theta\leqslant\frac{1}{5}$$

厂商 1 将不会有欺骗行为。即如果每次博弈后博弈终止的概率小于 20%,厂商 1 欺骗对手的损失将大于其所得。当寡头垄断厂商间的博弈是终止期不确定的有限次重复博弈时,它们将合谋并索取高价。关键在于,博弈持续进行的概率要足够大。

参与人可以通过威胁或许诺来影响其他参与人的行为。所以,在一个无限地持续下去或者没有确定终点的重复博弈中,合作更有可能发生。

思考题

9.8 户外广告博弈。两个香烟生产商重复同时行动的户外广告宣传博弈。如果双方都做广告,双方的利润都为零。如果双方都不做广告,双方的利润各为 1 000 万元。如果一方做广告而另一方不做,做广告一方的利润为 2 000 万元,另一方损失 100 万元。试回答:①这个博弈的得益矩阵是什么？②如果在既定年份政府禁止发布香烟广告的概率是 10%,厂商在不做广告方面能否达成合谋？

9.4 演化博弈

演化博弈(evolutionary games)针对简单模仿能力,研究群体行为特征,即群体成员采用各种策略比例的发展变化和稳定性问题。从学术史的角度,演化博弈的原理主要来源于

生物学中的演化博弈论(evolutionary game theory in biology)。达尔文进化论与孟德尔的基因遗传和突变理论结合,发展成以基因遗传、变异和适应选择淘汰机制结合为核心的生物进化现代综合论,科学解释了生物演化的根本内在规律。基因遗传、变异和适应性竞争的生物演化机制,决定了生物演化是以生物种群而不是个体为单位,生物演化只能表现为有竞争优势的基因数量或比重增长,竞争劣势的基因数量或比重下降。生物演化中存在适应度为核心的竞争,生物性状或背后的基因特征就是演化竞争的"策略"。20 世纪 70 年代斯密(John Maynard Smith,1920—2004)和普瑞斯(Price)引进演化博弈、演化稳定策略(evolutionarily stable strategies,ESS)概念,并引发大量研究和应用,成为演化博弈论的起点。演化博弈的基础是博弈论中处理多人博弈的技巧。

N 方博弈(罗杰·A. 麦凯恩,2022,第 110 页)

为了将博弈论运用于现实问题,通常需要考虑 3 位以上的参与人,有时甚至很多参与人。例如,排队问题,如果在火车站的检票口前有 6 人等候,但是检票员尚未上岗,那么这 6 位旅客是到检票口前排队等候,还是在座位上等候?假设得益由获得检票服务先后决定,但排队需要支付 2 单位的成本,得益如表 9-1 所示。

表 9-1 排队博弈的得益

获得服务的次序	总 回 报	净 回 报
第一	20	18
第二	17	15
第三	14	12
第四	11	9
第五	8	6
第六	5	3

表 9-1 的 6 人排队博弈有非常复杂的纳什均衡,我们进行简化处理。假设所有的参与人都是相同的,他们都是"代表性参与人"。

定义 9.8 代表性参与人(representative agent)假设。关于博弈的简化性假设,即在特定的环境中,每一位参与人都从相同的策略系列中做出选择,并且获得相同的得益。

在排队博弈中,代表性参与人假设意味着,没有哪位旅客需要了解其他旅客所选策略的任何信息,他只需要知道排队的队伍有多长:如果排队队伍短,那么最优应对策略就是排在队伍后面;如若不然,则最优应对策略就是继续坐着。此时,我们说,队伍的长度是一个"状态变量"。

定义 9.9 状态变量(state variable)。状态变量是一个单一数字或一列数字,合在一起表示博弈的"状态",使得知道状态变量值的参与人具备选择最优应对策略所需要的全部信息。

状态变量描述了博弈的状态,为了选择最优应对策略,代表性参与人所需知道的只是一个或数个状态变量。例如,排队博弈中,状态变量就是全部旅客中选择排队而不是坐着的旅客所占的比例。这种博弈也称为"比例性博弈"。

定义 9.10 比例性博弈（proportional game）。将选择一种而非另一种策略的众数（population）比例作为状态变量的博弈。

比例性博弈，就是状态变量依赖性策略构成的博弈。参与人在进行策略选择时，只考虑状态变量。我们以第 3 章中的斗鸡博弈为例，如果一群小朋友在玩游戏，应该"退却"还是"勇进"呢？此时状态变量就是这群小朋友中"勇敢者"的比例，假设"勇敢者"的比例是 x，则代表性参与人小王两种策略的期望得益为

$$Eu_{小王}^{退却} = 0 \times (1-x) + (-1) \times x = -x$$

$$Eu_{小王}^{勇进} = 4 \times (1-x) + (-2) \times x = 4 - 6x$$

可以看到，小王的得益取决于遇到勇敢者的概率。比较一下

$$-x > 4 - 6x \quad 或 \quad x > \frac{4}{5}$$

可知，当勇敢者比例超过 80% 时，代表性参与人小王会选择"退却"策略，反之，则小王会选择"勇进"策略。也就是说，当勇敢者的比例低于 80% 时，成为"勇敢者"就是代表性参与人最优应对策略。

思考题

9.9 选课博弈。2023 级经济学专业的 90 名学生正在安排下一学期的选修课，有"管理经济学"和"行为经济学"两门课程可供选择，得益如下所示。

		小李	
		管理经济学	行为经济学
小王	管理经济学	4,4	0,0
	行为经济学	0,0	3,3

应用 N 人博弈，试回答：①对于代表性学生来说，状态变量是什么？②代表性学生的最优策略是什么？

代表性参与人和状态变量假设被演化博弈论用于分析群体选择中，区别在于，演化博弈中不是要确定代表性参与人的最优应对策略，而是要找出影响参与人决策的状态变量取值及其稳定性。

争夺配偶博弈

考虑一种以雄性之间争夺配偶形式进行的，遗传策略和变异策略之间的演化竞争博弈。设策略 1 是上代遗传的基因特征，表现为温和行为；策略 2 是变异来的基因特征，表现为强悍行为。这些特征会影响它们竞争配偶的能力，从而决定各自后代期望数增量表示的达尔文竞争度（见图 9-8）。

虽然该博弈可用静态博弈的得益矩阵表示，但它与一般静态博弈是有本质差别的。生物个体只是形式上的参与人，博弈的实质主体其实是两种基因而非个体，博弈得益本质上

		个体2	
		策略1	策略2
个体1	策略1	2, 2	1, 3
	策略2	3, 1	0, 0

图 9-8 演化竞争博弈

是生物基因的适度性,而不是生物个体的适应度。事实上,生物演化博弈只是借静态博弈的形式讨论基因策略相遇的结果。适应度得益高低意味着后代数量多少,相应的是基因数量增长速度和种群比重升降。基因比重变化又会使得各种基因策略相遇的概率变化,从而导致各种基因策略期望得益(适应度)变化。期望得益变化又会进一步引发基因数量和种群比例变化,从而形成基因种群比例动态演进的机制。

假设策略 1 的种群比例为 $x_1(0 \leqslant x_1 \leqslant 1)$,策略 2 的种群比例为 $x_2 = 1 - x_1$。设时刻 t 种群总规模为 $P(t)$,种群中采用策略 1 的个体数为 $P_1(t)$,则采用策略 1 个体的比例为

$$x_1(t) = \frac{P_1(t)}{P(t)} \tag{9-7}$$

可以看出,策略 1 的种群比例 x_1 就是状态变量。假设雄性个体两两随机相遇竞争,那么基因策略 1 个体的期望得益为

$$Eu_1 = 2 \cdot x_1 + 1 \cdot x_2 = 2 \cdot x_1 + 1 \cdot (1 - x_1) = x_1 + 1 \tag{9-8}$$

策略 2 个体的期望得益为

$$Eu_2 = 3 \cdot x_1 + 0 \cdot x_2 = 3 \cdot x_1 + 0 \cdot (1 - x_1) = 3x_1$$

种群的期望得益为

$$Eu = 2 \cdot x_1 \cdot x_1 + 1 \cdot x_1 \cdot x_2 + 3 \cdot x_2 \cdot x_1 + 0 \cdot x_2 \cdot x_2 = 4x_1 - 2x_1^2 \tag{9-9}$$

假设,另外存在与策略无关,只与环境因素等有关的自然适应度 β 和自然死亡率 δ。因此,种群中所有策略 1 个体的总和适应度,也就是下一时刻带基因策略 1 的个体增量总和为

$$\frac{dP_1(t)}{dt} = (Eu_1 + \beta - \delta) \cdot P_1(t) \tag{9-10}$$

包括两种基因策略所有个体的种群总和适应度,即下一时刻整个种群所有个体增量总和为

$$\frac{dP(t)}{dt} = (Eu + \beta - \delta) \cdot P(t) \tag{9-11}$$

重写式(9-7),有等式 $P_1(t) = x_1(t) \cdot P(t)$,利用乘法法则,对等式两边就时间 t 求导,得到

$$\frac{dP_1(t)}{dt} = \frac{dx_1(t)}{dt} \cdot P(t) + \frac{dP(t)}{dt} \cdot x_1(t) \tag{9-12}$$

将式(9-10)、式(9-11)代入式(9-12),得到

$$(Eu_1 + \beta - \delta) \cdot P_1(t) = \frac{dx_1(t)}{dt} \cdot P(t) + (Eu + \beta - \delta) \cdot P(t) \cdot x_1(t)$$

代入 $P_1(t) = x_1(t) \cdot P(t)$,进行整理

$$(Eu_1 + \beta - \delta) \cdot P_1(t) = \frac{dx_1(t)}{dt} \cdot P(t) + (Eu + \beta - \delta) \cdot P_1(t)$$

合并同类项后,有

$$(Eu_1 - Eu) \cdot P_1(t) = \frac{dx_1(t)}{dt} \cdot P(t)$$

整理后,可得到基因策略 1 的群体比例下一时刻的增量总和,即

$$\frac{dx_1(t)}{dt} = (Eu_1 - Eu) \cdot \frac{P_1(t)}{P(t)} = (Eu_1 - Eu) \cdot x_1(t) \tag{9-13}$$

式(9-13)称为动态复制方程,这是一阶常微分方程,即长期中策略 1 在种群中比例的动态变化规律,称为策略 1 的"复制动态"。这一方程正是生物演化发展的根本内在机制,也是生物演化博弈分析的核心内容。只要正确建立基因策略博弈的适应度得益函数,就可以根据这一复制动态方程计算特定基因的增长率,判断种群频数变化趋势。

把式(9-8)和式(9-9)代入复制动态方程(9-13),得到

$$\frac{dx_1(t)}{dt} = (Eu_1 - Eu) \cdot x_1(t) = x_1 \cdot (1 - 2x_1) \cdot (1 - x_1) \tag{9-14}$$

这一复制动态方程非线性,可以通过等式右侧函数的正负性分析变化趋势。右侧函数等于零意味着 x_1 不变,也称为动态系统的"不动点"或"稳态",记为 x_1^*,基因种群比例达到稳态或初始处于稳态,均会维持不变。如果稳态为 $x_1^* = 0$,意味着策略 1 基因消失;如果稳态为 $x_1^* = 1$,表示该基因统治整个种群;如果 $0 < x_1^* < 1$,则表示两种基因共存。右边函数值大于零时,x_1 将增加;小于零时,x_1 将减小,直到收敛到某个稳态 x_1^* 才会停止变化。复制动态的变化方向、收敛性和稳定性决定了生物种群基因特征演化的发展趋势。

令等式右侧为零,争取配偶博弈的 3 个不动点为 $x_1^* = 0$,$x_1^* = 1$ 和 $x_1^* = \frac{1}{2}$。若 $0 < x_1^* < \frac{1}{2}$,$\frac{dx_1(t)}{dt} > 0$,x_1 将不断增加,向稳态 $x_1^* = \frac{1}{2}$ 收敛;若 $\frac{1}{2} < x_1^* < 1$,$\frac{dx_1(t)}{dt} < 0$,x_1 将不断减少,向稳态 $x_1^* = \frac{1}{2}$ 收敛。因此,复制动态系统(9-14)最终都会向两种策略各占半壁江山的均衡状态发展。$\frac{dx_1(t)}{dt}$ 随 x_1 变化的相位图,可以形象地反映 x_1 的变化趋势和向稳态收敛的情况(见图 9-9)。

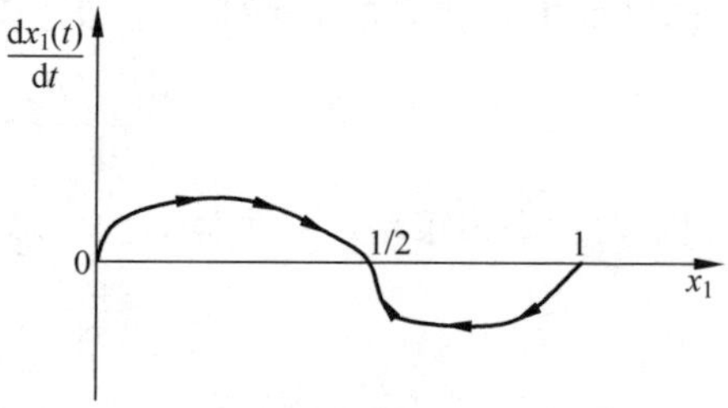

图 9-9 争夺配偶博弈复制动态相位图

在 3 个不动点 $x_1^* = 0$,$x_1^* = 1$ 和 $x_1^* = \frac{1}{2}$ 中,$x_1^* = \frac{1}{2}$ 是真正的稳态,而 $x_1^* = 0$ 和 $x_1^* = 1$ 都是不稳定的,并不是真正的稳态。能抗干扰的真正的稳态,称为演化稳定策略(evolutionary stable strategy, ESS)。演化稳定策略决定了生物演化的最终方向。通过对生物演化博弈复制动态和演化稳定策略的研究,可以对生物特征的演化发展方向、生物种群形态等进行很好的推演预测。

9.10 夫妻演化博弈。已知夫妻博弈的得益矩阵如下。

		丈夫	
		电影	足球
妻子	电影	2,1	0,0
	足球	0,0	1,3

试回答：①能否用复制动态的演化博弈方法进行分析？②如能，其 ESS 是什么？③结论有什么意义？

习 题

9.1 无限次重复的古诺模型。某种商品市场上仅有两家企业，厂商 1 和厂商 2，两家企业生产同质产品，通过控制产量进行竞争，厂商 1 的产量为 q_1，厂商 2 的产量为 q_2，因此，市场总产量为 $q=q_1+q_2$，其中 $q_1,q_2>0$。两企业同时决定各自的产量，即他们在决策之前都不知道另一方的产量。两企业的得益是其利润，即销售收入与生产成本的差额。市场出清价格 p 是市场总产量的函数：$p=p(q)=8-q$。两厂商的总成本分别为 $2q_1$ 和 $2q_2$。试回答：①在一次性博弈中，纳什均衡是什么？（提示：画出得益矩阵）②在无限次重复博弈框架下，两家企业采用严厉触发策略：在第一阶段生产垄断产量的一半；在第 t 阶段，如果前面第 $t-1$ 个阶段两家企业的产量都是垄断产量的一半，则继续生产垄断产量的一半；否则，生产古诺产量。这个严厉触发策略是子博弈完美纳什均衡吗？（提示：求出贴现系数 δ）③在无限次重复博弈框架下，两家企业采用宽容触发策略：在第一阶段生产垄断产量的一半；在第 t 阶段，如果前面第 $t-1$ 个阶段两家企业的产量都是垄断产量的一半，则继续生产垄断产量的一半；如果前面第 $t-1$ 个阶段两家企业的产量都是 x，则继续生产垄断产量的一半；其他情况下生产 x。这个宽容触发策略是子博弈完美纳什均衡吗？（提示：求出贴现系数 δ）

9.2 虚拟博弈。已知一两人博弈的得益矩阵如下所示。

		参与人2	
		左	右
参与人1	上	30,30	70,0
	下	0,70	60,60

试回答：①确定一次性博弈的纳什均衡。②假设参与人知道该博弈将重复三次。他们能实现比一次纳什均衡更好的得益吗？请解释。③假设该博弈是无限次重复的且利率为 6%。参与人能实现比一次纳什均衡更好的得益吗？请解释。④假设参与人不知道该博弈将被重复多少次，但是他们知道该博弈在某次博弈后将结束的概率是 θ。如果 θ 足够小，参与人能够获得比一次纳什均衡更好的得益吗？

9.3 虚拟博弈。已知一两人博弈的得益矩阵如下所示。

		参与人 2	
		左	右
参与人 1	上	3,4	0,7
	下	5,0	1,2

试回答：①确定一次性博弈的纳什均衡。②假设参与人知道该博弈将重复三次。他们能实现比一次纳什均衡更好的得益吗？请解释。③假设该博弈是无限次重复的，且参与人采用严厉触发策略，参与人能够获得比一次纳什均衡更好的得益的贴现率需要满足什么条件？

9.4 猎鹿演化博弈。已知猎鹿博弈得益矩阵如下。

		猎户 2	
		鹿	兔
猎户 1	鹿	5,5	0,3
	兔	3,0	3,3

试回答：能否用复制动态的演化博弈方法进行分析？如能，其 ESS 是什么？结论有什么意义？

9.5 操作系统研发博弈。已知两家有限理性的电脑操作系统公司进行如下静态博弈：公司 1 选择是公开还是不公开自己的系统，公司 2 决定是自己创新还是利用对方的系统，双方的得益矩阵如下所示。

		公司 2	
		创新	模仿
公司 1	公开	6,4	5,5
	不公开	9,1	10,0

试回答：请找出这一博弈的复制动态演化稳定策略（ESS）。

9.6 合伙博弈。参与人 1 和参与人 2 打算组建一个公司。他们合作关系的价值取决于每个人花费的努力，参与人的得益分别为

$$u_1(x_1,x_2) = x_2^2 + x_2 - x_1 \cdot x_2$$
$$u_2(x_1,x_2) = x_1^2 + x_1 - x_1 \cdot x_2$$

其中 x_1, x_2 是参与人 1 和参与人 2 的努力，有 $x_1, x_2 \geq 0$。试回答：①求出两个参与人的最优反应函数，并计算出该博弈的纳什均衡，这个纳什均衡结果是有效率的吗？②假定合伙人一直保持合作关系，用 δ 来表示参与人的贴现系数。在什么条件下，参与人会一直保持某个正值的努力水平 $k = x_1 = x_2$？

9.7 应用。请用演化博弈模型及其分析方法，讨论我国自行开发的芯片能否取代外国公司拥有核心技术的芯片。实现这个目标需要哪些方面的条件？哪些政策、措施有利于实现这个目标？

在线自测

附　录

附录一　连锁店悖论

泽尔腾(1978)提出了下面的悖论。一家连锁店坐落在 n 个地理位置不同的市场中。它面对着 n 个潜在进入者(每个市场中一个)。

潜在进入者的决策顺序如下：在时期 $i(i=1,\cdots,n)$，潜在进入者 i 观察到了此前 $i-1$ 个市场上发生的情况后，决定进入市场(I)，还是不进入市场(O)。如果潜在进入者进入市场，在位者选择斗争(P)还是默许(A)。附图 A9-1 中给出了市场中的得益。

在进入者 i 决定是否进入市场之前，他可以观察到 $i-1$ 市场中在位者的默许和斗争决策。在位者的得益是他的 n 个连锁店得益之和。

可以知道，当潜在进入者的数目是 1 时(即 $n=1$)，唯一的子博弈完美纳什均衡是，第二阶段在位者选择"默许"，第一阶段进入者选择"进入"，得益为(1,1)。

按照这个思路，无论 n 有多大，所有的进入者都会"进入"市场，而在位者均会"默许"，绝不会选择斗争行为，此时，在位者的得益之和是 n，每一个进入者的得益均为 1。

这就是连锁店悖论。因为，如果在第 1 个潜在进入者"进入"时，在位者选择"斗争"，虽然在市场 1 得益为 −1，但其他市场不会有进入者进入，此时，在位者的得益之和为 $(n-1)\times 2+(-1)=2n-3$。只要

$$2n-3>n \quad 或 \quad n>\frac{3}{2}$$

在位者就应该在出现第一个进入者时选择"斗争"，这与前面的分析不一致。

张维迎(1996，第 209～211 页)用另一种方式解释了连锁店悖论。考虑附图 A9-2 所示的市场进入博弈。我们知道，在一次博弈中，如果进入者先行动，这个博弈唯一的子博弈完美纳什均衡为(进入，默许)，得益为(40,50)。

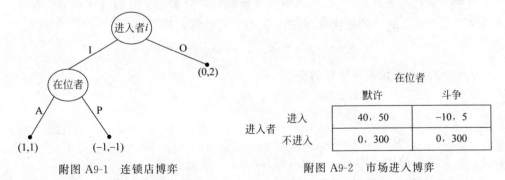

附图 A9-1　连锁店博弈　　　　附图 A9-2　市场进入博弈

现在假定同样的市场有 20 个(可以理解为在位者有 20 个连锁店)，进入者每次进入一个市场，博弈就变成了 20 次重复博弈。假定进入者先进入第 1 个市场，在位者应该如何反应呢？尽管从一个市场看，在位者的最优选择是默许；但因为现在有 20 个市场要保护，为了阻止进入者进入其他 19 个市场，在位者应该选择斗争。因为

$$u_{\text{在位者}}^{\text{斗争}} = 0 + 300 \times 19 = 5\,700$$

$$u_{\text{在位者}}^{\text{默许}} = 50 \times 20 = 1\,000$$

也就是说,在位者通过在第 1 个市场斗争,阻止进入者进入,而在其他 19 个市场获得高得益。因此,如果只有一个市场,在位者的最优选择是默许,而在多个市场(连锁店),在位者的最优选择是斗争。

在位者选择斗争的唯一原因是希望斗争能起到一种威慑作用,使进入者不敢再进入。但在有限次重复博弈中,斗争并不是一个值得置信的威胁。设想前 19 个市场已被进入,进入者现在进入第 20 个市场。因为在最后阶段,选择斗争没有任何威慑意义,在位者的最优选择是默许,进入者选择进入,如此一直倒推回去,我们得到这个博弈的唯一的子博弈完美纳什均衡是在位者在每个市场都选择默许,进入者在每一个市场都选择进入。这就是所谓的"连锁店悖论"。

附录二 弗里德曼定理的证明

将纳什均衡记为 $(a_{e1}, \cdots, a_{en})$,均衡时的得益记为 $(e_1, \cdots, e_n)$。类似地,令 $(a_{x1}, \cdots, a_{xn})$ 为带来可行得益①$(x_1, \cdots, x_n)$ 的行动组合。有 $x_i > e_i$, $i = 1, \cdots, n$。考虑以下参与人 i 的宽容触发策略:

在第一阶段选择 a_{xi}。在第 $t+1$ 阶段,如果所有前面 t 个阶段的结果都是 $(a_{x1}, \cdots, a_{xn})$,则选择 a_{xi};否则选择 a_{ei}。

如果参与人双方都采用这种触发策略,则无限次重复博弈的每一阶段的结果都将是 $(a_{x1}, \cdots, a_{xn})$,从而得益为 $(x_1, \cdots, x_n)$。首先,我们论证如果 δ 足够接近 1,则参与人的策略 $(a_{x1}, \cdots, a_{xn})$ 是重复博弈的纳什均衡,其后再证明这样一个纳什均衡是子博弈完美的。

设想除参与人 i 之外的所有参与人都采用了这一触发策略。由于一旦某一阶段的结果不是 $(a_{x1}, \cdots, a_{xn})$,其他参与人将永远选择 $(a_{e1}, \cdots, a_{ei-1}, a_{ei+1}, \cdots, a_{en})$,参与人 i 的最优反应为一旦某一个阶段的结果偏离了 $(a_{x1}, \cdots, a_{xn})$,就永远选择 a_{ei}。其余就是要确定参与人 i 在第一阶段的最优反应,以及之前所有阶段的结果都是 i 时的最优反应。令 a_{di} 为参与人 i 对 $(a_{x1}, \cdots, a_{xn})$ 的最优偏离,即 a_{di} 为下式的解:

$$\max_{a_i \in A_i} u_i(a_{x1}, \cdots, a_{xi-1}, a_i, a_{xi+1}, \cdots, a_{xn})$$

令 d_i 为参与人 i 从此偏离中得到的得益

$$d_i = u_i(a_{x1}, \cdots, a_{xi-1}, a_{di}, a_{xi+1}, \cdots, a_{xn})$$

我们有

$$d_i \geqslant x_i = u_i(a_{x1}, \cdots, a_{xi-1}, a_{xi}, a_{xi+1}, \cdots, a_{xn}) > e_i = u_i(a_{e1}, \cdots, a_{en})$$

选择 a_{di} 将会使当前阶段的得益为 d_i,但却将触发其他参与人永远选择 $(a_{e1}, \cdots, a_{ei-1}, a_{ei+1}, \cdots, a_{en})$,对此,参与人 i 的最优选择为 a_{ei},于是未来每一阶段参与人 i 的得益都将是 e_i。参与人 i 这一得益序列的现值为

---

① 可行得益:我们称一组得益 $(x_1, \cdots, x_n)$ 为阶段博弈 G 的可行(feasible)得益,如果它们是 G 的纯策略组合的凸组合(convex combination)(即纯策略得益的加权平均,权重非负且和为 1)。

$$V_i^{a_{di}} = d_i + \delta \cdot e_i + \delta^2 \cdot e_i + \cdots = d_i + \frac{\delta}{1-\delta} \cdot e_i$$

另一方面,参与人 i 选择 a_{xi} 将在本阶段得到得益 x_i,并且在下一阶段可在 a_{di} 和 a_{xi} 之间进行完全相同的选择。如果选择 a_{xi} 是最优的,则

$$V_i^{a_{xi}} = x_i + \delta \cdot V_i^{a_{xi}} \quad \text{或} \quad V_i^{a_{xi}} = \frac{1}{1-\delta} \cdot x_i$$

那么,当且仅当下式成立参与人 i 选择 a_{xi} 是最优的:

$$\frac{1}{1-\delta} \cdot x_i \geqslant d_i + \frac{\delta}{1-\delta} \cdot e_i \quad \text{或} \quad \delta \geqslant \frac{d_i - x_i}{d_i - e_i}$$

从而,在第一阶段,并且在之前的结果都是 $(a_{x1}, \cdots, a_{xn})$ 的任何阶段,当且仅当 $\delta \geqslant \frac{d_i - x_i}{d_i - e_i}$ 时,参与人 i 的最优行动是 a_{xi}。

给定这一结果以及一旦某一阶段的结果偏离了 $(a_{x1}, \cdots, a_{xn})$,则参与人 i 的最优反应是永远选择 a_{ei},我们得到当且仅当下式成立时,所有参与人采用开始时描述的触发策略是纳什均衡:

$$\delta \geqslant \max_i \frac{d_i - x_i}{d_i - e_i}$$

由于 $d_i \geqslant x_i \geqslant e_i$,对每一个参与人 i 都一定有

$$\frac{d_i - x_i}{d_i - e_i} < 1$$

那么对所有参与人上式的最大值也一定严格小于 1。

余下的就是证明这一纳什均衡 $(a_{x1}, \cdots, a_{xn})$ 是子博弈完美的,即触发策略必须在每一个子博弈中构成纳什均衡。无限次重复博弈 $G(\infty, \delta)$ 的每一子博弈都等同于 $G(\infty, \delta)$ 本身。在触发策略纳什均衡中,这些子博弈可分为两类:

(1) 所有前面阶段的结果都是 $(a_{x1}, \cdots, a_{xn})$ 时的子博弈;
(2) 前面至少有一个阶段的结果偏离了 $(a_{x1}, \cdots, a_{xn})$ 时的子博弈。

如果参与人在整个博弈中采用了触发策略,则:

参与人在第一类子博弈(1)中的策略同样也是触发策略,而我们刚刚证明它是整个博弈的均衡。

参与人在第二类子博弈(2)中的策略永远是简单重复阶段博弈均衡,它也是整个博弈的一个纳什均衡。

从而,我们证明了无限次重复博弈的触发策略纳什均衡是子博弈完美的。

第 10 章　不完美信息与逆向选择

信息在博弈中非常重要,影响着参与人策略的制定。在现实决策活动中,对信息的掌握并不相同,在诸如车辆购置、健康保险或者股票投资等许多交易中,买卖双方有着不同的信息。例如,一辆二手车的卖主通常比买主更加清楚这辆车的质量;健康保险客户比保险公司更加了解自己的身体情况;股票发行企业的"内部人士"比可能购买股票的投资者更加了解企业的经营状况。信息上的差异意味着参与人只能依靠某种"判断"(概率)进行决策。

10.1　不完美信息博弈概述

动态博弈中,由于参与人故意保密或信息传递不畅等原因,部分后行动参与人,无法了解在自己之前的情况,存在不完美信息,但是各参与人对博弈结束时的得益是完全清楚的,因此,有完全信息,这种博弈我们称为完全但不完美信息动态博弈,简称不完美信息博弈。不完美信息动态博弈的基本特征是参与人之间在信息方面的不对称性(asymmetric information)。

不完美信息博弈的信息集

在不完美信息博弈中,参与人先后行动,参与人 1 先选择行动,先行动参与人知道自己的行动,但后行动参与人无法观测到先行动者的行动,对此,我们在扩展形上用多节点的信息集来反映。我们以三人罢工博弈[1]为例,来说明信息集的含义及其重要性。

三人罢工博弈说了这样一个故事,某公司雇用了三名员工,年底公司老板宣布明年不涨工资,这个消息引起了三名员工的不满,因此,三名员工考虑第二天是否罢工。如果三名员工都罢工,那么公司将无法运转,老板会给每个人涨工资,三名员工均得益 6;如果两人罢工、一人不罢工,那么老板会认为唯一不罢工的员工是忠诚员工,因此不罢工的员工得益 8,两名罢工的员工各得益 3;如果一个人罢工、两个人不罢工,那么公司基本能正常运转,因此,老板会开除罢工的人,罢工的员工得益 0,不罢工的两名员工各得益 2;如果三人都不罢工,那么老板会维持不涨工资的决定,三名员工均得益 1。假设员工 1 先行动,员工 2 再行动,员工 3 最后行动,H(即待在家里,Home)表示参与人选择罢工,O(即外出工作,Out)表示参与人选择不罢工。

在完美信息动态博弈中,员工能够看到先行动参与人的行动,扩展形如图 10-1 所示。采取逆推归纳法,存在唯一的子博弈完美纳什均衡(O,H,H)。

不完美信息博弈之一。员工 1 先行动,员工 2 观察不到员工 1 所采取的行动。如何在

---

[1] 岳昌君主审,沈琪编著.博弈论教程[M].北京:中国人民大学出版社,2010 年 10 月第 1 版,第 53-59 页.

扩展形中表示这种情况？如图 10-2 所示，用一条虚线将员工 2 所在的两个决策节点连接起来，这两个决策节点构成一个博弈信息集。如果员工 1 选择 H，则员工 2 位于左边的节点上，如果员工 1 选择 O，则员工 2 位于右边的节点上。员工 2 所在的两个节点被虚线连接，表明当员工 2 进行决策时，他并不知道自己实际位于信息集中的哪个节点上。也就是说，尽管员工 1 比员工 2 先进行决策，但员工 2 并不知道员工 1 选择了 H 还是 O。此时员工 2 有一个信息集。

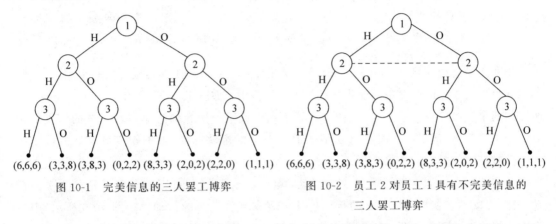

图 10-1　完美信息的三人罢工博弈　　　图 10-2　员工 2 对员工 1 具有不完美信息的三人罢工博弈

不完美信息博弈之二。员工 1 先行动，员工 2 观察到员工 1 的行动后再行动，但是员工 3 观察不到员工 2 的行动。如图 10-3 所示，用两条虚线将员工 3 所在的四个决策节点分别连接起来，这四个决策节点构成两个博弈信息集。员工 3 左侧信息集的含义是：员工 3 能观察到员工 1 选择了 H，但不知道员工 2 选择了 H 还是 O。员工 3 右侧信息集的含义是：员工 3 能观察到员工 1 选择了 O，但不知道员工 2 选择了 H 还是 O。此时员工 3 有两个信息集。

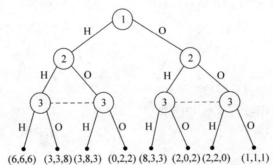

图 10-3　员工 3 对员工 2 具有不完美信息的三人罢工博弈

不完美信息博弈之三。员工 1 先行动，员工 2 观察到员工 1 的行动后再行动，员工 3 能观察到员工 2 的行动却不能观察到员工 1 的行动。如图 10-4 所示，用两条虚线将员工 3 所在的四个决策节点分别连接起来，这四个决策节点构成两个博弈信息集。员工 3 左侧信息集的含义是：员工 3 能观察到员工 2 选择了 H，但不知道员工 1 选择了 H 还是 O。员工 3 右侧信息集的含义是：员工 3 能观察到员工 2 选择了 O，但不知道员工 1 选择了 H 还是 O。此时员工 3 有两个信息集。

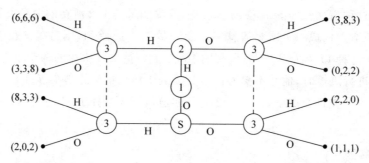

图 10-4　员工 3 对员工 1 具有不完美信息的三人罢工博弈

不完美信息博弈之四。员工 1 先行动,员工 2 观察到员工 1 的行动后再行动,员工 3 既不能观察到员工 2 的行动也不能观察到员工 1 的行动。如图 10-5 所示,用一个虚线将员工 3 所在的四个决策节点连接起来,这四个决策节点构成一个博弈信息集。员工 3 的信息集含有四个决策节点,员工 3 在决策时既不知道员工 1 的行动选择,也不知道员工 2 的行动选择。此时员工 3 只有一个信息集。

不完美信息博弈之五。员工 1 先行动,员工 2 再行动,但员工 2 观察不到员工 1 的行动,员工 3 既不能观察到员工 2 的行动也不能观察到员工 1 的行动。如图 10-6 所示,用一个虚线将员工 2 所在的两个决策节点连接起来,用一条虚线将员工 3 所在的四个决策节点连接起来。此时员工 2 有一个信息集,员工 3 也有一个信息集。图 10-6 实质上就是完全信息静态博弈的扩展形表示。

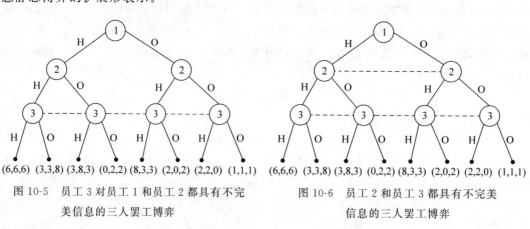

图 10-5　员工 3 对员工 1 和员工 2 都具有不完美信息的三人罢工博弈

图 10-6　员工 2 和员工 3 都具有不完美信息的三人罢工博弈

思考题

10.1 扑克牌对色博弈。扑克牌只有黑红两种颜色。小王和小李各出一张扑克牌。翻开以后,如果二人出牌的颜色一样,小王输给小李 10 元钱;如果二人出牌的颜色不一样,则小李输给小王 10 元钱。请用扩展形表示该博弈,并做简单分析。

不完美信息博弈的期望得益(杰弗瑞·A. 杰里,2022,第 295～300 页)

引进了多节点信息集后,无法排除不可置信的威胁或承诺,我们对子博弈概念进行修正,替代以泛子博弈概念。

定义10.1 泛子博弈(super subgame)。一个动态博弈中的泛子博弈是该博弈的一个子集,其具有下列特征:(1)它必须从一个信息集(单点或非单点信息集)开始,并包含该信息集内所有决策点的所有后列节点,并且只包含以上这些节点。(2)假如决策点 x 是泛子博弈的一个决策点,那么每一个 $x' \in h(x)$ 同样是该泛子博弈的决策点。也就是说,如果泛子博弈开始于信息集 h,那么对于任意决策点 $y \in h, y > x$ 就意味着对所有 $x' \in h(x)$ 而言,$y > x'$,即泛子博弈不能"分割"任何信息集。

泛子博弈与子博弈的唯一区别就是泛子博弈的起始点为一个信息集,而不论是否为单点信息集。泛子博弈也称为**后续博弈**(continuation game)。

为反映多节点信息集的影响,引入期望得益的计算。我们以一个虚拟的不完美信息博弈为例(见图10-7)。这个博弈有三个参与人:参与人1、2、3。参与人2决策时面临着不完美信息,只知道参与人1行动的先验概率,先验概率表现在枝上;同样,参与人3决策时也面临着不完美信息。终节点上为参与人1的得益情况。

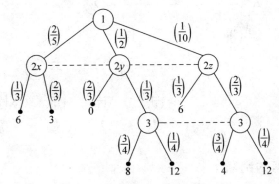

图10-7 虚拟的不完美信息博弈

以示区别,将参与人2的三个决策节点分别记为 x、y 和 z。那么参与人1的得益就相当于是下面三个子博弈(见图10-8)。

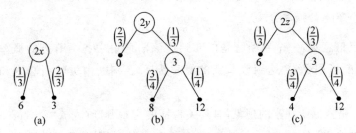

图10-8 虚拟不完美信息博弈的后续博弈

我们可以由图10-8(a)看到,参与人2位于 x 信息点时参与人1的期望得益

$$Eu_1(x) = \frac{1}{3}(6) + \frac{2}{3}(3) = 4$$

由图10-8(b)看到,参与人2位于 y 信息点时参与人1的期望得益

$$Eu_1(y) = \frac{2}{3}(0) + \frac{1}{3}\left[\frac{3}{4}(8) + \frac{1}{4}(12)\right] = 3$$

由图 10-8(c)看到,参与人 2 位于 z 信息点时参与人 1 的期望得益

$$Eu_1(z) = \frac{1}{3}(6) + \frac{2}{3}\left[\frac{3}{4}(4) + \frac{1}{4}(12)\right] = 6$$

在上述期望得益的基础上,还需要其他信息才能计算出参与人 1 的最终期望得益。这就需要引入贝叶斯方法(Bayes' rule)(Thomas Bayes,1702—1761)。

10.2 虚拟博弈的期望得益。对于下面的虚拟博弈,枝上为先验概率,终节点上为参与人 1 的得益情况,请写出参与人 1 在 x 和 y 两个信息点的期望得益。

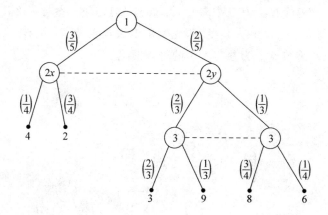

不完美信息博弈的判断

引进了多节点信息集后,无法保证均衡策略中所有选择的可信性,我们引入判断这一新概念,这是不完美信息下决策的基础。

定义 10.2 判断(belief)。在各个信息集,决策的参与人必须具有一个关于博弈达到该信息集中每个节点的概率分布。

对于多节点信息集,一个判断就是博弈到达该信息集中各个节点的概率分布。对于单节点信息集,判断可理解为"达到该节点的概率为1"。判断由贝叶斯法则和各参与人的均衡策略决定。

贝叶斯方法是根据所观察的现象,对有关特征的主观判断(先验概率,prior probability)进行修正的标准方法(见图 10-9)。贝叶斯方法可以用"黔驴技穷"来说明。一头驴子被一个好事者运到黔,扔到了森林里,生长在黔的老虎从来没有见过驴子,不知道驴子到底有多大本领。老虎采取不断接近驴子的方法进行试探,通过试探,修正自己关于驴子的信息,从而选择自己对付驴子的策略。经过试探,老虎从认为驴子本领不大—驴子的本领非常大(驴子大叫)—驴子的最大本领只是甩甩蹄子,逐步得到关于驴子的准确信息,选择了冲上去把驴子吃掉的策略。

我们用一个虚拟的博弈(见图 10-10)来说明判断的重要性。由于在参与人 1 第一阶段选择不是"右"的情况下,参与人 2 无法看到参与人 1 究竟选择的是"左"还是"中",因此参与人 2 具有不完美信息。

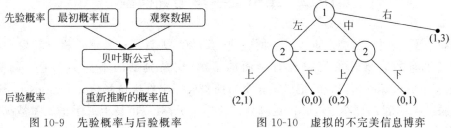

图 10-9 先验概率与后验概率　　图 10-10 虚拟的不完美信息博弈

把图 10-10 中的不完美信息博弈用得益矩阵表示,我们得到了图 10-11。通过划线法,可以知道图 10-11 中的博弈有两个纯策略纳什均衡(左,上)和(右,下)。由于这一博弈不存在子博弈,在没有子博弈的博弈中,子博弈完美纳什均衡便等同于纳什均衡,也就是说,(左,上)和(右,下)也是图 10-10 的子博弈完美纳什均衡。

然而(右,下)并不是一个合理的均衡:对参与人 1 来说,参与人 2 选择"下"的行动是不可信的,参与人 2 一旦有了选择的机会(这代表参与人 1 一定没有选择"右"),他的理性选择肯定是"上"而不是"下",因为"上"是参与人 2 的上策。因此,我们需要在子博弈完美纳什均衡基础上增加一些新的要求。参与人 2 在这个多节点信息集处对两个节点——"左"或"中",也就是两条路径的"判断"(μ 和 $1-\mu$)是决策的必要基础(见图 10-12)。

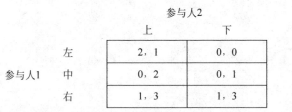
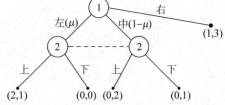

图 10-11　图 10-10 所示动态博弈的得益矩阵　　图 10-12 包含判断的不完美信息动态博弈

在不完美信息博弈中,均衡不再只是各参与人的一个策略组合,同时要包含参与人在信息集的一个"判断"(概率分布)。

思考题

10.3 二人 3×2 不完美信息博弈。 一个有二名参与人的不完美信息博弈,扩展形如下。

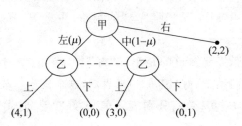

试回答：①这个博弈的得益矩阵是什么？②本博弈的纯策略纳什均衡是什么？③本博弈的子博弈完美纳什均衡是什么？④本博弈的合理均衡是什么？

10.2　单价二手车市场模型

买辆二手车，过后常会发觉占了小便宜、吃了大亏，买新车这种感觉相对较少。原因是买方对二手车的质量及价值很难有全面的了解，这是典型的不完美信息。阿克洛夫(George Arthur Akerlof,1970)把二手车交易抽象成一个柠檬市场(the lemons market)的博弈问题：第一阶段，原车主(卖方)选择如何使用车子，对应市场上二手车质量情况；第二阶段，原车主作为卖方决定是否要卖，卖价可以只有一种、有高低两种或更多，价格越多问题越复杂；最后，买方决定是否买下，简便起见，一般假设不能讨价还价。这是一个不完美信息博弈：买方对第一阶段卖方行为不了解，即买方具有不完美信息。我们以单一价格二手车市场为例说明不完美信息的影响。

单价二手车市场的扩展形

在二手车市场上，假设"好"车和"差"车两种情况，车况好坏取决于卖方的使用情况。对买方而言，好车值 $V=4$（万元），差车值 $M=1$（万元）。买方想买好车，不想买差车。

卖方把车当好车卖，只有一种价格 $p=3$（万元）。假设车况"差"而卖方想卖时，需要对车况进行伪装，所需费用为 C。用净收益（价格减成本）作为卖方的得益，用消费者剩余（价值减价格）作为买方的得益，扩展形如图 10-13 所示。

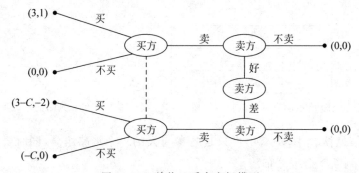

图 10-13　单价二手车市场模型

当卖方决定"卖"以后，买方要对信息集做出判断：卖方决定"卖"的情况下车况是"好"还是"差"，即车况"好"和"差"的概率是多少。我们用两个条件概率 $P(好|卖)$ 和 $P(差|卖)$ 来表示买方对卖方决定"卖"时车况"好""差"的判断，注意 $P(好|卖)+P(差|卖)=1$（见图 10-14）。

在买方做出判断之前，需要知道的是车况"好"和"差"的概率各是多少，即卖方在第一阶段使用车子的情况，我们用 $P(好)、P(差)$ 来表示，这个概率一般只能由经验调查、实证研究得到。若 $P(卖|好)$ 和 $P(卖|差)$，分别表示车况"好""差"时卖方"卖"的概率，那么根据贝叶斯法则

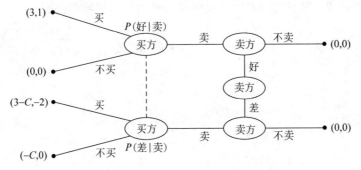

图 10-14 包含判断的单价二手车市场

$$P(好|卖)=\frac{P(好)\cdot P(卖|好)}{P(卖)}=\frac{P(好)\cdot P(卖|好)}{P(好)\cdot P(卖|好)+P(差)\cdot P(卖|差)} \quad (10\text{-}1)$$

关键任务是确定车况"好""差"两种情况下,卖方分别选择"卖"的概率 $P(卖|好),P(卖|差)$。由于卖方是主动选择和理性行为的,因此,式(10-1)取决于卖方的均衡策略。

从图 10-14 可以看出,由于卖方车况"好""差"两种情况都有"卖"的选择,因此买方不能简单地根据卖判断车况的好差,也就是说,买方的"判断"须根据卖方的策略及贝叶斯法则做出。二手车市场运行状况,与伪装费用 C 有关。在此,我们假设二手车市场上,"好"车和"差"车各占一半,即 $P(好)=0.5,P(差)=0.5$。

完全成功的二手车市场

如果差车需要花费很多钱才能伪装成好车,有 $C=3.5$(万元),而且这一点买方也清楚(见图 10-15)。

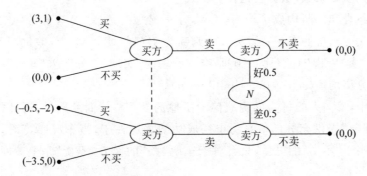

图 10-15 伪装费用 $C=3.5$(万元)的单价二手车市场

第一步,买方判断 $P(好|卖)=1,P(差|卖)=0$。因为,对卖方来说,如果是好车

$$u_{卖方}(卖,买;好)=3>0=u_{卖方}(不卖,买;好)$$
$$u_{卖方}(卖,不买;好)=0=0=u_{卖方}(不卖,不买;好)$$

可知 $s^*_{卖方}(好)=卖$,即 $P(卖|好)=1$。如果是差车

$$u_{卖方}(卖,买;差)=-0.5<0=u_{卖方}(不卖,买;差)$$
$$u_{卖方}(卖,不买;差)=3.5<0=u_{卖方}(不卖,不买;差)$$

可知 $s^*_{卖方}(差)=不卖$，即 $P(卖|差)=0$。将这一推测代入贝叶斯公式(10-1)，有

$$P(好|卖)=\frac{P(好)\cdot P(卖|好)}{P(好)\cdot P(卖|好)+P(差)\cdot P(卖|差)}=\frac{0.5\times 1}{0.5\times 1+0.5\times 0}=1$$
(10-2)

和

$$P(差|卖)=\frac{P(差)\cdot P(卖|差)}{P(好)\cdot P(卖|好)+P(差)\cdot P(卖|差)}=\frac{0.5\times 0}{0.5\times 1+0.5\times 0}=0$$
(10-3)

式(10-2)和式(10-3)意味着，买方判断，市场上"卖"一定是"好"车(见图10-16)。

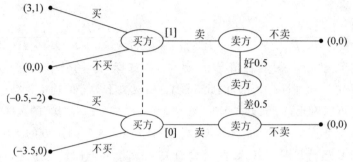

图10-16 伪装费用 $C=3.5$ 万元的单价二手车市场(包含判断)

第二步，逆推归纳法，买方选择"买"。因为，在 $P(好|卖)=1$ 的"判断"下，买方"买"时的期望得益为

$$Eu^{买}_{买方}=1\times P(好|卖)+(-2)\times P(差|卖)=1>0=u^{不买}_{买方}$$

$s^*_{买方}[卖;P(好|卖)]=买$，买方会选择"买"。

下列策略组合和判断构成了均衡：①卖方车况"好"选择"卖"，车况"差"选择"不卖"；②买方"买"下卖方出售的车子；③买方的判断为 $P(好|卖)=1$，$P(差|卖)=0$。[(卖,不卖)，买；$P(好|卖)=1$，$P(差|卖)=0$]是唯一的均衡，实现了"好""差"车的买卖分离，是市场完全成功的分离均衡(separating equilibrium)。

分离均衡中，参与人的行为准确地揭示了他的类型——商品质量，因此能给不完美信息参与人的"判断"提供充分的信息。市场成功的关键在于，当车况"差"时，对卖方来说，"卖"的得益不高于"不卖"的得益，只有对于车况"差"的卖方"不卖"是上策时，才能出现分离均衡。

10.4 二手车市场均衡。假设二手车质量有好、差两种类型。潜在买家对好车和差车的估价分别是3万元和1万元，二手车市场价格为2万元。当前，市场上差车的比重是1/5，买卖双方对此都很清楚。如果伪装费用为2.5万元，试回答：①这一博弈的扩展形是什么？②买方在购车前对二手车的期望得益是多少？③好车的卖方会出售吗？为什么？④差车的卖方会出售吗？为什么？⑤市场均衡是什么？

10.5 单价股票收购博弈。若你正在考虑收购一家公司的1万股股票，卖方的开价是

3元/股。根据经营状况的好坏,该公司股票的价值对你来说有 1 元/股和 5 元/股两种可能,但只有卖方知道经营的真实情况,你所知的只是两种情况各占 50% 的可能性。试回答:如果在公司经营状况不好时,卖方让你无法识别真实情况的"包装"费用是 4 万元,你是否会接受卖方的价格买下股票?

完全失败的二手车市场

假设差车不需要花钱就能伪装成好车,有 $C=0$,而且这一点买方也清楚(见图 10-17)。

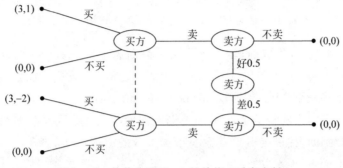

图 10-17 伪装费用 $C=0$ 的单价二手车市场

第一步,买方判断 $P(好|卖)=0.5$,$P(差|卖)=0.5$。因为,对卖方来说,如果是好车

$$u_{卖方}(卖,买;好)=3>0=u_{卖方}(不卖,买;好)$$

$$u_{卖方}(卖,不买;好)=0=0=u_{卖方}(不卖,不买;好)$$

可知 $s^*_{卖方}(好)=卖$,即 $P(卖|好)=1$。如果是差车

$$u_{卖方}(卖,买;差)=3>0=u_{卖方}(不卖,买;差)$$

$$u_{卖方}(卖,不买;差)=0=0=u_{卖方}(不卖,不买;差)$$

可知 $s^*_{卖方}(差)=卖$,即 $P(卖|差)=1$。将这一推测代入贝叶斯公式(10-1),有

$$P(好|卖)=\frac{P(好)\cdot P(卖|好)}{P(好)\cdot P(卖|好)+P(差)\cdot P(卖|差)}=\frac{0.5\times 1}{0.5\times 1+0.5\times 1}=0.5 \tag{10-4}$$

和

$$P(差|卖)=\frac{P(差)\cdot P(卖|差)}{P(好)\cdot P(卖|好)+P(差)\cdot P(卖|差)}=\frac{0.5\times 1}{0.5\times 1+0.5\times 1}=0.5 \tag{10-5}$$

式(10-4)和式(10-5)意味着,买方"判断",市场上"卖"的"好"车和"差"车各占一半,这与先验概率是一样的(见图 10-18)。

第二步,逆推归纳法,买方选择"不买"。因为,在 $P(好|卖)=0.5$ 的"判断"下,买方"买"时的期望得益为

$$Eu^{买方}_{买}=1\times P(好|卖)+(-2)\times P(差|卖)=-0.5<0=u^{不买}_{买方}$$

有 $s^*_{买方}[卖;P(好|卖)]=不买$,买方会选择"不买"。

因此,下列策略组合和判断构成了均衡:①卖方车况"好"选择"卖",车况"差"选择

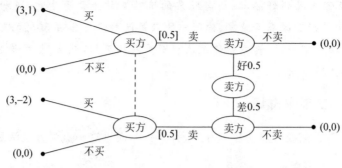

图 10-18　伪装费用 $C=0$ 的单价二手车市场（包含判断）

"卖"；②买方"不买"卖方出售的车子；③买方的判断为 $P(好|卖)=0.5, P(差|卖)=0.5$。[(卖,卖),不买；$P(好|卖)=0.5, P(差|卖)=0.5$]是唯一的均衡，无法实现"好""差"车况的买卖分离，是市场完全失败的混同均衡（pooling equilibrium）。

混同均衡中，参与人的行为无法准确地揭示他的类型——商品质量，因此不能给不完美信息参与人的"判断"提供充分的信息。市场失败的原因在于，当车况"差"时，对卖方来说，"卖"的得益不低于"不卖"的得益，由于对于车况"差"的卖方"卖"是弱上策，出现了混同均衡。

逆向选择（adverse selection）

二手车市场运行状况，与伪装费用 C 有关。当伪装费用比较小时，常常会导致较差的市场均衡状况。一种极端的情况是 $C=0$，以次充好完全不需要伪装成本的情况，这时二手车根本卖不出去，这是完全失败的市场。这种在不完美信息情况下，"差"商品赶走"好"商品，最终搞垮整个市场的现象称为逆向选择。

逆向选择源于一方利用隐藏特征（hidden characteristics）的信息不对称。信息不对称会滋生机会主义行为（opportunism）。逆向选择就是处于信息优势的一方在与处于信息劣势的一方进行交易或者签订合同时，利用对方不了解其无法观察到的特征（unobserved characteristics）而获得好处的机会主义行为。逆向选择的例子很多，比如保险市场、劳动力市场都存在这样的问题。

解决逆向选择问题主要有两种方法：一是对处于信息优势一方利用隐藏信息的能力加以限制；二是信息均等化，向各方提供信息能减少或消除逆向选择（杰弗里·佩洛夫等，2019，第 437～440 页）。例如，对于保险问题，可以通过强制全民保险的方式来防止逆向选择；对于不同质量产品造成的逆向选择，通常用法律手段来阻止机会主义行为，一旦买到功能不全或可能带来危险的产品，涉及产品责任的法律会对消费者进行保护。信息均等化通过信息甄别和信息发送机制实现，如手机生产商的保修服务就是在发送关于产品质量的信号，或者担保（guarantee）机制，如"七天无理由退款"，就是在许诺产品质量良好。

 思考题

10.6　二手车市场均衡。假设二手车质量有好、差两种类型。潜在买家对好车和差车的估价分别是 3 万元和 1 万元,二手车市场价格为 2 万元。当前,市场上差车的比重是 1/5,买卖双方对此都很清楚。如果伪装费用为 0 万元,试回答:①这一博弈的扩展形是什么?②买方在购车前对二手车的期望得益是多少?③好车的卖方会出售吗?为什么?④差车的卖方会出售吗?为什么?⑤市场均衡是什么?

10.7 单价股票收购博弈。若你正在考虑收购一家公司的 1 万股股票,卖方的开价是 3 元/股。根据经营状况的好坏,该公司股票的价值对你来说有 1 元/股和 5 元/股两种可能,但只有卖方知道经营的真实情况,你所知的只是两种情况各占 50%的可能性。试回答:如果在公司经营状况不好时,卖方让你无法识别真实情况的"包装"费用是 0.5 万元,你是否会接受卖方的价格买下股票?

习 题

10.1 挤兑博弈。一家银行以 20%的年利率吸收储户的存款。两个储户,储户 1 和储户 2,各把 1 万元资金作为 1 年期定期存款存入银行。银行经营状况有"好"有"差",经营状况"好"时,能兑现承诺;经营状况"差"时,只能收回 80%的本钱。已知储户 1 有内部消息,可以知道银行的经营状况,一旦发现银行经营状况变"差",会马上要求提前取款,保住自己的 1 万元资金;储户 2 没有内部消息,不了解银行经营状况,只能看到储户 1 的行动。试回答:①用扩展形表示该博弈。②本博弈的均衡是什么?

10.2 二手车博弈。在二手车市场上,有"好车"和"差车"两种车型,完全信息情况下各个部分的价格如下表所示。

完全信息价格	卖方保留价格	市场出清价格
差车	3 000 元	4 000 元
好车	8 000 元	10 000 元

保留价格是卖方能够接受的最低价格。假设市场上"好车"和"差车"的数量相等。试回答:①如果价格高于"好车"卖方的保留价格 8 000 元,"好车"和"差车"的销售比例各是多少?如果价格低于"好车"卖方的保留价格 8 000 元,"好车"和"差车"的销售比例各是多少?②假设 10%的二手车是"差车"。在不对称信息情况下,市场出清价格将是多少?卖出的二手车中"差车"占多大比例?③假设 25%的二手车是"差车"。在不对称信息情况下,市场出清价格将是多少?卖出的二手车中"差车"占多大比例?④假设 50%的二手车是"差车"。在非对称信息情况下,市场出清价格将是多少?卖出的二手车中"差车"占多大比例?⑤按照上表中的卖方保留价格和市场出清价格,在二手车市场上,能够实现市场均衡即所有二手车都能卖出的"差车"的最高比例 S 是多少?

在线自测

第 11 章 不完全信息静态博弈

在不完全信息博弈中,至少一个参与人不完全了解其他某些参与人的得益情况。面对不完全信息,参与人将会进行主观判断并以此为依据推测分析,因此,不完全信息博弈也称为贝叶斯博弈(Bayesian games)。

11.1 不完全信息静态博弈概述

参与人知道自己的得益函数,却可能(至少有一个参与人)无法确定其他博弈方的得益函数。

不完全信息与企业决策

我们首先用一个包括两家企业的行业博弈说明不完全信息造成的影响。假定某行业有一个在位者——厂商 I 和一个潜在进入者——厂商 E。厂商 I 决定是否建一个新工厂,厂商 E 决定是否进入该行业。厂商 E 不知道厂商 I 的建厂成本是 3 还是 1,但厂商 I 自己知道,得益如图 11-1 所示。

图 11-1 不同类型在位者的行业博弈

厂商 E 的得益取决于厂商 I 是否建厂,当且仅当厂商 I 不建厂时,厂商 E 进入才是有利可图的。在图 11-1 的博弈中,厂商 I 有上策:成本高,不建厂;成本低,建厂。虽然厂商 E 的得益不是直接取决于厂商 I 的成本,但成本高低影响了厂商 I 的决策,进而间接影响了厂商 E 的得益。令 P_H 代表厂商 E 认为厂商 I 为高成本的先验概率,则厂商 E 选择进入的期望得益为

$$Eu_E^{进入} = 1 \times P_H + (-1) \times (1 - P_H) = 2P_H - 1$$

因此只要 $P_H > \frac{1}{2}$,厂商 E 就会进入;而当 $P_H < \frac{1}{2}$ 时,厂商 E 会选择不进入。从图 11-1 的博弈可以看出,不完全信息会影响参与人的决策。

不完全信息博弈中的类型

那么,如何处理不完全信息问题呢?海萨尼于 1967 年和 1968 年所写的三篇论文中,提

出了适合于不完全信息博弈的纳什均衡。基本思想为：首先，引入虚拟的参与人——自然 N(nature)，把不完全信息博弈转为不完美信息博弈；然后，使用不完美信息形式的纳什均衡作为不完全信息博弈的均衡解。

定义 11.1　类型(type)。参与人 $i(i=1,\cdots,n)$ 自己清楚但其他参与人（至少一个其他参与人）不清楚的私人信息（private information）称为他的类型，记为 t_i，它属于可能的类型集（亦称类型空间，type set）T_i。

类型是参与人 i 所有私人信息的完备描述。每一类型 t_i 都对应着参与人 i 得益函数的可能情况。定义了参与人 i 的类型之后，说参与人 i 知道自己的得益函数也就等同于说参与人 i 知道自己的类型；类似地，说参与人 j 不确定其他参与人的得益函数，也就等同于说参与人 j 不能确定其他参与人的类型。

定义 11.2　海萨尼转换（Harsanyi transformation）。自然（参与人 N）赋予博弈各方的类型向量 $t=(t_1,\cdots,t_n)$，其中 $t_i \in T_i$；自然 N 告知参与人 i 他自己的类型 t_i，却不告诉他关于其他参与人的类型；参与人同时选择行动，参与人 i 从可行行动集合 A_i 中选择 a_i；各参与人的得益为 $u_i(a_1,\cdots,a_n;t_i)$。

借助于自然 N 的行动，把一个不完全信息博弈表述为一个不完美信息博弈。自然只告知了参与人 i 自己的类型，却没有将参与人 i 的类型告知参与人 $j(j \neq i)$，在第三阶段参与人 j 选择行动时，并不知道整个的博弈过程。

以图 11-1 中不完全信息的行业博弈为例，自然首先选择在位者的类型，有 $T_I=\{$高成本,低成本$\}$，然后厂商 I 和厂商 E 进行静态博弈，原有的不完全信息静态博弈转换为不完美信息动态博弈。

定义 11.3　不完全信息静态博弈。一个 n 人不完全信息静态博弈的标准式为
$$G=\{A_1(t_1),\cdots,A_n(t_n);T_1,\cdots,T_n;P_1,\cdots,P_n;u_1,\cdots,u_n\}$$
其中：$T_1,\cdots,T_n$ 为参与人的类型空间；$A_1(t_1),\cdots,A_n(t_n)$ 为参与人类型依存的行动空间；$P_1,\cdots,P_n$ 为参与人的判断，有 $P_i=P_i(t_{-i}|t_i)$，描述了参与人 i 在给定自己类型 t_i 的情况下，对其他 $n-1$ 个参与人可能类型的不确定性；$u_1,\cdots,u_n$ 为参与人的得益，有 $u_i=u_i(a_1,\cdots,a_n;t_i)$，是类型依存的得益函数。

不完全信息博弈的策略

在不完全信息博弈中，自然 N 先行动，赋予参与人 $i(i=1,2,\cdots,n)$ 各自的类型，参与人 i 的一个策略必须包括参与人 i 在每一可能的类型下选择的一个可行行动。

定义 11.4　策略。不完全信息静态博弈中，参与人 $i(i=1,2,\cdots,n)$ 的策略就是类型依存的函数 $s_i(t_i)$，即对 T_i 中的每一个类型 t_i，$s_i(t_i)$ 表示当自然 N 赋予参与人 i 的类型 t_i 时，参与人 i 将从自己的策略空间 S_i 中选择策略 s_i。

以图 11-1 的行业博弈为例，厂商 E 只有一种类型，所以厂商 E 的策略空间和行动空间是一样的，有

$$S_E = A_E = \{进入, 观望\}$$

但是厂商 I 有两种类型——高成本和低成本,厂商 I 的策略空间与行动空间有所差别,厂商 I 的行动空间为

$$A_I = \{建, 不建\}$$

但是厂商 I 的策略空间为

$$S_I = \{(建,建), (建,不建), (不建,建), (不建,不建)\}$$

其中,厂商 I 的四个策略如表 11-1 所示,可以看出,厂商 I 的行动选择与类型有关,是类型相依的,这正是不完全信息博弈在海萨尼转换后的核心变化。

表 11-1 厂商 I 的策略及其含义

策 略	含 义
建,建	I 是高成本的,I 选择建;I 是低成本的,I 选择建
建,不建	I 是高成本的,I 选择建;I 是低成本的,I 选择不建
不建,建	I 是高成本的,I 选择不建;I 是低成本的,I 选择建
不建,不建	I 是高成本的,I 选择不建;I 是低成本的,I 选择不建

因此,图 11-1 的不完全信息博弈共有 8 组策略组合,我们也可以用得益矩阵来表示,不妨把这个矩阵称为贝叶斯得益矩阵(见图 11-2)。图 11-2 中,我们把厂商 E 写在了左侧,厂商 E 有两个策略,所以贝叶斯得益矩阵有两行,把厂商 I 写在了上方,厂商 I 有四个策略,所以贝叶斯得益矩阵有四列。这样,两行四列,共有 8 组策略组合是可能的均衡。那么,各参与人在每组策略组合中的得益是多少呢?这还需要补充其他信息。

		厂商I			
		建,建	建,不建	不建,建	不建,不建
厂商E	进入	—	—	—	—
	观望	—	—	—	—

图 11-2 行业博弈的贝叶斯得益矩阵

思考题

11.1 追求博弈。作为被追求者,你的选择是接受还是拒绝往往取决于你对追求者人品的判断,你可能不是很确定追求者的人品,这时的决策取决于你在多大程度上相信他(她)是一个品格优良(记为 G)的人,并且假定:任何一个追求者只要被接受就收益 100,被拒绝则损失 50;被追求者接受品格优良的追求者能收益 100,接受品格差(记为 B)的追求者则损失 100,拒绝追求者其收益为 0。试回答:①写出这个博弈的得益矩阵;②写出这个博弈的贝叶斯得益矩阵。

不完全信息博弈的判断

判断 $P_i = P_i(t_{-i}|t_i)$ 是参与人 i 关于其他参与人类型的条件概率,这是一个技术性问题。我们假定在不完全信息博弈中,第一步是自然 N 根据先验概率分布 $P(t)$ 赋予各参与

人类型向量 $\boldsymbol{t} = (t_1, \cdots, t_n)$，这是共同知识。当自然 N 告诉参与人 i 的类型 t_i 时，他可以根据贝叶斯法则计算其他参与人类型的条件概率

$$P_i(t_{-i} \mid t_i) = \frac{P(t_{-i}, t_i)}{P(t_i)} = \frac{P(t_{-i}, t_i)}{\sum\limits_{t_{-i} \in T_{-i}} P(t_{-i}, t_i)} \tag{11-1}$$

而且其他参与人根据参与人 i 的类型，也能够计算参与人 i 的不同判断。

我们通过一个招聘博弈来理解判断和贝叶斯公式(11-1)。某公司考虑从 F 大学招聘毕业生。有 40% 的人认为，F 大学的毕业生为"高能力"的概率为 0.9，为"低能力"的概率为 0.1；有 60% 的人认为，F 大学的毕业生为"高能力"的概率为 0.7，为"低能力"的概率为 0.3。也就是说，我们有了先验概率。定义事件如下：

A_1 = F 大学毕业生"高能力"的概率为 0.9，"低能力"的概率为 0.1

A_2 = F 大学毕业生"高能力"的概率为 0.7，"低能力"的概率为 0.3

则有

$$P(A_1) = 0.4, \quad P(A_2) = 0.6$$

该公司人力资源经理尝试首先从 F 大学招聘 5 名毕业生，通过观察这 5 名毕业生的实际能力，对自己的先验概率进行修正。如果招聘来的 5 名 F 大毕业生都是"高能力"的，那么，此时该公司关于 F 大毕业生的能力概率分布如何呢？我们定义事件如下：

B = 招聘的 5 名 F 大毕业生都是"高能力"的

则有

$$P(B \mid A_1) = 0.9^5 = 0.59049, \quad P(B \mid A_2) = 0.7^5 = 0.16807$$

根据贝叶斯公式(11-1)，可得

$$P(A_1 \mid B) = \frac{P(B \mid A_1) \times P(A_1)}{P(B \mid A_1) \times P(A_1) + P(B \mid A_2) \times P(A_2)}$$

$$= \frac{0.59049 \times 0.4}{0.59049 \times 0.4 + 0.16807 \times 0.6} = 0.7$$

$$P(A_2 \mid B) = \frac{P(B \mid A_2) \times P(A_2)}{P(B \mid A_1) \times P(A_1) + P(B \mid A_2) \times P(A_2)}$$

$$= \frac{0.16807 \times 0.6}{0.59049 \times 0.4 + 0.16807 \times 0.6} = 0.3$$

该公司人力资源经理的先验概率为 $P(A_1) = 0.4$ 和 $P(A_2) = 0.6$，通过招聘 F 大学的 5 名毕业生，并观察这 5 个人的能力后，根据实际结果（招聘来的 5 名毕业生均为"高能力"），该公司人力资源经理将自己的信念进行了调整，调整后的判断为 $P(A_1 \mid B) = 0.7$ 和 $P(A_2 \mid B) = 0.3$。

这就是贝叶斯公式及其在判断中的应用。在观察到数据之前，允许参与人具有自己的主观概率（先验概率）；得到数据后，参与人可以依据贝叶斯定理对先验概率进行修正，得到后验概率。

11.2 贝叶斯公式与后验概率。 某公司考虑从 F 大学招聘毕业生。有 40% 的人认为，F 大学的毕业生为"高能力"的概率为 0.8，为"低能力"的概率为 0.2；有 60% 的人认为，F 大学的毕业生为"高能力"的概率为 0.4，为"低能力"的概率为 0.6。该公司人力资源经理尝试首先从 F 大学招聘 5 名毕业生，通过观察这 5 名毕业生的实际能力，对自己的先验概率进行修正。试回答：①如果招聘来的 F 大学的 5 名毕业生都是"高能力"的，根据贝叶斯公式修正后的后验概率是多少？②如果招聘来的 F 大学的 5 名毕业生都是"低能力"的，根据贝叶斯公式修正后的后验概率是多少？

不完全信息博弈的得益

由于引入了判断，所以不完全信息博弈中的得益也就转变为期望得益。以图 11-1 的行业博弈为例。我们先计算厂商 E 的得益，厂商 E 具有不完全信息，需要关于厂商 I 类型的判断，简单起见，假设其为 $P_E(t_I=高成本)=0.5$，也就是说，厂商 E 判断厂商 I 是"高成本"厂商的概率为 0.5。当厂商 E 选择"进入"时，厂商 I 的策略为"建，建"，厂商 E 的期望得益为

$$Eu_E[进入,(建,建)]=(-1)\times 0.5+(-1)\times 0.5=-1$$

也可写出厂商 E 在其他策略组合的期望得益

$$Eu_E[进入,(建,不建)]=(-1)\times 0.5+1\times 0.5=0$$
$$Eu_E[进入,(不建,建)]=1\times 0.5+(-1)\times 0.5=0$$
$$Eu_E[进入,(不建,不建)]=1\times 0.5+1\times 0.5=1$$

这就是图 11-3 中第一行左侧的数字。我们也可以计算出厂商 I 的期望得益。厂商 I 选择"建，建"时，如果厂商 E 选择"进入"，有

$$Eu_I[进入,(建,建)]=0\times 0.5+3\times 0.5=1.5$$

如果厂商 E 选择"观望"，则有

$$Eu_I[观望,(建,建)]=2\times 0.5+5\times 0.5=3.5$$

这就是图 11-3 中第一列右侧的数字。

		厂商I			
		建，建	建，不建	不建，建	不建，不建
厂商E	进入	−1, 1.5	0, 2	0, 2.5	1, 3
	观望	0, 3.5	0, 4.5	0, 4	0, 5

图 11-3 包含期望得益的行业博弈

11.3 追求博弈的期望得益。 对于思考题 11.1 中的追求博弈，假设被追求者判断追求者品格优良（记为 G）的概率为 0.8，填写出贝叶斯得益矩阵中的期望得益。

11.2 贝叶斯纳什均衡

定义 11.5 贝叶斯纳什均衡（Bayesian-Nash equilibrium）。不完全信息静态博弈 $G = \{A_1, \cdots, A_n; T_1, \cdots, T_n; P_1, \cdots, P_n; u_1, \cdots, u_n\}$ 中，如果对任意参与人 $i(i = 1, 2, \cdots, n)$ 和他的每一种可能的类型 $t_i(t_i \in T_i)$，策略 $s_i^*(t_i)$ 所选择的行动 a_i 都能满足

$$\max_{a_i \in A_i} Eu_i = \sum_{t_{-i}} u_i(s_1^*, \cdots, s_{i-1}^*, a_i, s_{i+1}^*, \cdots, s_n^*) \cdot P_i(t_{-i} \mid t_i)$$

则策略组合 $(s_1^*, \cdots, s_n^*)$ 就是一个贝叶斯纳什均衡。

贝叶斯纳什均衡是没有任何一个人愿意单独偏离的策略组合。每一参与人的策略必须是其他参与人策略的最优反应，即贝叶斯纳什均衡实际上就是在贝叶斯博弈中的纳什均衡。

那么，我们如何能求出贝叶斯纳什均衡呢？为说明技巧，我们构造一个虚拟的贝叶斯博弈（见图 11-4）。

		参与人2	
		L	R
参与人1	U	3, 1	0, 0
	D	0, 0	1, 3

(a) $T_1 = t_{11}$

		参与人2	
		L	R
参与人1	U	0, 1	3, 0
	D	1, 0	0, 3

(b) $T_1 = t_{12}$

图 11-4 两种类型参与人 1 的虚拟博弈

对于图 11-4 的虚拟博弈，根据海萨尼转换，将静态博弈转换为不完美信息动态博弈（见图 11-5）假设参与人 1 和参与人 2 的类型集分别为

$$T_1 = \{t_{11}, t_{12}\}, \quad T_2 = \{t_2\}$$

类型 t_{11} 和 t_{12} 出现的概率分别为 0.4 和 0.6。参与人 1 和 2 的行动集分别为

$$A_1 = \{U, D\}, \quad A_2 = \{L, R\}$$

由上述条件可知，参与人 1 和 2 的策略空间为

$$S_1 = \{UU, UD, DU, DD\}, \quad S_2 = \{L, R\}$$

且有判断

$$P(t_2 \mid t_{11}) = P(t_2 \mid t_{12}) = 1, \quad P(t_{11} \mid t_2) = 0.4, \quad P(t_{12} \mid t_2) = 0.6$$

第一，我们可以用定义法来求解贝叶斯纳什均衡。给定参与人 2 的策略 L，从得益矩阵图 11-4 中可知参与人 1 的最优反应策略是 UD，即 $s_1^* = BR_1(L) = UD$；给定参与人 2 的策略 R，可知参与人 1 的最优反应策略是 DU，即 $s_1^* = BR_1(R) = DU$。

对于参与人 1 的策略 $s_1 = UD$，参与人 2 的期望得益为

$$\max_{s_2} \{P(t_{11} \mid t_2) \cdot u_2(U, s_2; t_{11}, t_2) + P(t_{12} \mid t_2) \cdot u_2(D, s_2; t_{12}, t_2)\}$$

$$= \max_{s_2} \{0.4 \times 1 + 0.6 \times 0; 0.4 \times 0 + 0.6 \times 3\} = \max_{s_2} \{0.4; 1.8\}$$

所以，参与人 2 的最优反应是 $s_2^* = BR_2(UD) = R$，故 (UD, L) 不是贝叶斯纳什均衡。

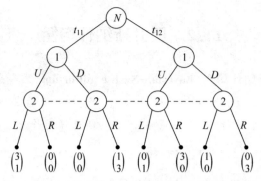

图 11-5 两种类型参与人 1 虚拟博弈的海萨尼转换

对于参与人 1 的策略 $s_1 = DU$，参与人 2 的期望得益为

$$\max_{s_2}\{P(t_{11} \mid t_2) \cdot u_2(D, s_2; t_{11}, t_2) + P(t_{12} \mid t_2) \cdot u_2(U, s_2; t_{12}, t_2)\}$$

$$= \max_{s_2}\{0.4 \times 0 + 0.6 \times 1;\ 0.4 \times 3 + 0.6 \times 0\} = \max_{s_2}\{0.6;\ 1.2\}$$

所以，参与人 2 的最优反应是 $s_2^* = BR_2(DU) = R$，故 (DU, R) 是贝叶斯纳什均衡。

第二，我们可以通过构造贝叶斯得益矩阵的形式求解贝叶斯纳什均衡。根据约翰·冯·诺依曼和奥斯卡·摩根斯坦恩的关键性发现，只要我们把策略当作混合策略对待，所有博弈都可以表示为得益矩阵（罗杰·A. 麦凯恩，2022，第 15 页）。因此，可以写出图 11-4 中虚拟博弈的贝叶斯得益矩阵（见图 11-6），用划线法，贝叶斯纳什均衡也是 (DU, R)，这与我们使用定义 11.5 求得的结果是一致的。

		参与人I			
		UU	UD	DU	DD
参与人2	L	1, 1.2	0.4, 1.8	0.6, 0	0, 0.4
	R	0, 1.8	1.8, 0	1.2, 1.8	3, 0.6

图 11-6 表 11-5 中虚拟博弈的贝叶斯得益矩阵

思考题

11.4 虚拟的博弈。一个有两个参与人的博弈，若"自然"以均等的概率决定得益是得益矩阵 1 还是得益矩阵 2 的情况。参与人 1 在"上"和"下"之间选择，参与人 2 在"左"和"右"之间选择。得益矩阵如下所示。

		参与人2	
		左	右
参与人1	上	1,1	0,0
	下	0,0	0,0

得益矩阵 1

		参与人2	
		左	右
参与人1	上	0,0	0,0
	下	0,0	2,2

得益矩阵 2

参与人 1 观测到自然 N 是选择了得益矩阵 1 还是得益矩阵 2，但参与人 2 无法观测到，试求出所有的纯策略贝叶斯纳什均衡。

第三，我们也可以将两人博弈转换为多人博弈的方式求解贝叶斯纳什均衡。对于图 11-4 中的虚拟博弈，有两个参与人，现在将参与人 1 的两种类型作为独立的参与人来分析，也就是说，现在有 3 名参与人，参与人 11，参与人 12 和参与人 2，这是一个三人博弈，得益矩阵如图 11-7 所示。通过划线法，可以得出图 11-7 中的均衡为 (D,U,R)，这个均衡的意思是，如果参与人 1 是类型 t_{11} 的，参与人 1 选择 D，如果参与人 1 是类型 t_{12} 的，参与人 1 选择 U；参与人 2 选择 R。这与我们使用其他两种方法求得的结果是一致的。

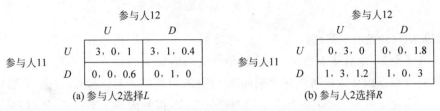

图 11-7　图 11-4 中虚拟博弈的三人博弈得益矩阵

三种方法给出的贝叶斯纳什均衡是一样的。第一种方法从纳什均衡的互为最优反应理念出发，最能体现纳什均衡稳定性的性质。第二、第三种方法则更多从解题技巧出发，更容易计算出均衡结果。

思考题

11.5　不完全信息的性别战。 一男一女在约会，但是男对女具有不完全信息，得益矩阵如下所示。

	女 足球	女 电影
男 足球	2,1	0,0
男 电影	0,0	1,2

(a) $T_{女}=L$

	女 足球	女 电影
男 足球	2,0	0,2
男 电影	0,1	1,0

(b) $T_{女}=NL$

如果自然以相同的概率决定女的类型是 L 还是 NL，女能观测到自然是选择了哪种类型，但男无法观测到，试求出所有的纯策略贝叶斯纳什均衡。

11.3　不完全信息静态博弈经典模型

为了更好地理解不完全信息对均衡结果的影响，我们与完全信息静态博弈中的两大经典模型做对比，体会信息在博弈中的重要性。

不完全信息的囚徒困境

假设在囚徒困境博弈中，囚徒 1 的上策：无论囚徒 2 认罪与否，他总是愿意认罪。但囚徒 1 不知道囚徒 2 的上策：囚徒 2 或者是"强硬的"，或者是"宽容的"——"强硬的"囚徒 2 具有囚徒困境的上策；"宽容的"囚徒 2 宁可不认罪。因而博弈可以表示成两个得益矩阵，每个矩阵对应于一种类型的囚徒 2（见图 11-8）；囚徒 1 不知道哪一个是相应的矩阵，而囚徒 2

知道。

图 11-8 不完全信息的囚徒困境

按照海萨尼转换的思路,囚徒 1 只有一种类型 $T_1=\{s\}$,囚徒 2 有两种类型 $T_2=\{s,w\}$,其中 s 代表强硬型,w 代表宽容型,假设两种类型的囚徒 2 各以 50% 的概率出现。图 11-8 所示的不完全信息囚徒困境可以转化成如图 11-9 所示的扩展形。首先,自然 N 选择囚徒 2 的类型——强硬 s 或宽容 w;囚徒 2 知道自己的类型,但是囚徒 1 不知道,所以对囚徒 1 来说,他面临着不完美信息;最后,囚徒 1 和囚徒 2 进行静态博弈,因为,囚徒 2 作为先行动者并不知道囚徒 1 的行动是什么。这样,我们就把不完全信息静态博弈转化为了不完美信息动态博弈。

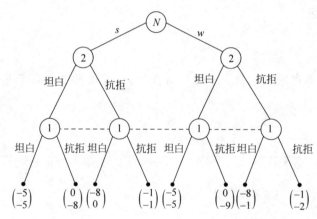

图 11-9 不完全信息囚徒困境的海萨尼转换

两名囚徒拥有相同的行动集,即 $A_1=A_2=\{坦白,抗拒\}$。在这个博弈中,囚徒 1 观察不到囚徒 2 的类型,因而,囚徒 1 的策略只是选择"坦白"或"抗拒"。囚徒 2 的策略可以视为一个函数,囚徒 2 现在有四个可行的纯策略:如果类型为 s,就坦白,如果类型为 w,就坦白;如果类型为 s,就坦白,如果类型为 w,就抗拒;如果类型为 s,就抗拒,如果类型为 w,就坦白;如果类型为 s,就抗拒,如果类型为 w,就抗拒。① 根据类型的差异,两名囚徒的策略空间分别为

$$S_1=\{坦白,抗拒\}$$
$$S_2=\{(坦白,坦白),(坦白,抗拒),(抗拒,坦白),(抗拒,抗拒)\}$$

我们先讨论囚徒 1 的得益。当囚徒 2 采取(坦白,坦白)策略时,有

---

① [美]安德鲁·马斯-克莱尔、迈克尔·D.温斯顿、杰里·R.格林.微观经济学[M].刘文忻、李绍荣,译.北京:中国社会科学出版社,2001 年 3 月第 1 版,第 358-360 页.

囚徒1的策略	$P(t_2=s)=\dfrac{1}{2}$	$P(t_2=w)=\dfrac{1}{2}$	囚徒1的期望得益
坦白	-5	-5	-5
抗拒	-8	-9	-8.5

将这个结果记入图 11-10 的第一列,依此类推。然后讨论参与人 2 的得益,当参与人 1 采取坦白策略时,有

囚徒2的策略	$P(t_2=s)=\dfrac{1}{2}$	$P(t_2=w)=\dfrac{1}{2}$	囚徒2的期望得益
坦白,坦白	-5	-5	-5
坦白,抗拒	-5	-8	-6.5
抗拒,坦白	-8	-5	-6.5
抗拒,抗拒	-8	-8	-8

将这个结果记入图 11-10 的第一行,依此类推。

囚徒2

囚徒1	坦白,坦白	坦白,抗拒	抗拒,坦白	抗拒,抗拒
坦白	-5, -5	-6.5, -6.5	-6.5, -6.5	-0.5, -8
抗拒	-8.5, 0	-5, -0.5	-5, -0.5	-1.5, -1

图 11-10 不完全信息囚徒困境的贝叶斯得益矩阵

利用划线法,可以知道这个博弈有纳什均衡为[坦白,(坦白,坦白)],这也是这个不完全信息静态博弈的贝叶斯纳什均衡。

思考题

11.6 战争博弈。国家 1 和国家 2 发生边境摩擦。已知国家 1 和国家 2 的类型分为 $T_1=\{t_1\}$,$T_2=\{t_{21}=强硬,t_{22}=软弱\}$,类型 t_{21} 和 t_{22} 出现的概率分别为 0.2 和 0.8。得益矩阵如下所示。

国家2

国家1	E	R
U	-2, 2	-2, 2
T	1, -8	-9, -4

(a) $T_2=t_{21}$

国家2

国家1	E	R
U	-2, 2	-2, 2
T	1, -4	-9, -8

(b) $T_2=t_{22}$

试回答:①写出这个博弈的贝叶斯得益矩阵;②这个博弈的贝叶斯纳什均衡是什么?

不完全信息的古诺模型

某商品市场上仅有两家厂商,厂商 1 和厂商 2 生产同质产品。厂商 1 的产量为 q_1,厂商 2 的产量为 q_2,市场总产量为 $q=q_1+q_2$。市场出清价格 p 是市场总产量的函数 $p=$

$p(q)=8-q$。厂商 1 的总成本函数为 $TC_1(q_1)=2q_1$。厂商 2 的成本有两种情况：以 μ 的概率为 $TC_2(q_2)=c_H \cdot q_2$，以 $1-\mu$ 的概率为 $TC_2(q_2)=c_L \cdot q_2$，这里 $c_L < c_H$。假设厂商 2 知道自己的成本函数和厂商 1 的成本函数；厂商 1 知道自己的成本函数，但只知道厂商 2 的平均成本为 c_H 的概率为 μ，平均成本为 c_L 的概率为 $1-\mu$（厂商 2 可能是新进入这一行业的厂商，也可能刚刚发明一项新的生产技术）。这一切都是共同知识：厂商 1 知道厂商 2 享有信息优势，厂商 2 知道厂商 1 知道自己的信息优势，如此等等。

这是无限策略的不完全信息博弈，我们仍然可以用反应函数法来分析。厂商 2 的平均成本较高和较低时，它生产的产量水平是不同的（一般而言，前一种情况时的产量要更低一些）。厂商 1 从自己的角度，会猜测厂商 2 根据其成本情况选择不同的产量。用 $q_2^*(c_H)$，$q_2^*(c_L)$ 表示厂商 2 不同成本条件下的产量选择，并令 q_1^* 表示厂商 1 的产量选择。

如果厂商 2 的成本较高，厂商 2 的产量选择为 $q_2^*(c_H)$，满足

$$\max_{q_2} u_2 = [(8-q_1^*-q_2)-c_H] \cdot q_2$$

最优化的必要条件为：$8-q_1^*-2q_2-c_H=0$，成本较低时，厂商 2 的反应函数为

$$q_2^*(c_H) = BR_2(q_1; c_H) = \frac{1}{2}(8-q_1-c_H) \qquad (11\text{-}2)$$

如果厂商 2 的成本较低，厂商 2 的产量选择为 $q_2^*(c_L)$，满足

$$\max_{q_2} u_2 = [(8-q_1^*-q_2)-c_L] \cdot q_2$$

最优化的必要条件为：$8-q_1^*-2q_2-c_L=0$，成本较低时，厂商 2 的反应函数为

$$q_2^*(c_L) = BR_2(q_1; c_L) = \frac{1}{2}(8-q_1-c_L) \qquad (11\text{-}3)$$

厂商 1 知道厂商 2 较高成本的概率为 μ，并能预测到厂商 2 的产量选择分别为 $q_2^*(c_H)$ 或 $q_2^*(c_L)$，从而，厂商 1 选择产量 q_1^*，满足期望利润最大化

$$\max_{q_1} Eu_1 = \mu\{[8-q_1-q_2^*(c_H)]-2\}\cdot q_1 + (1-\mu)\{[8-q_1-q_2^*(c_L)]-2\}\cdot q_1$$

最优化问题的必要条件为：$\mu[6-2q_1-q_2^*(c_H)]+(1-\mu)[6-2q_1-q_2^*(c_L)]=0$，厂商 1 的反应函数为

$$q_1^* = BR_2(q_2,c_H,c_L) = 3+\frac{1}{2}[\mu \cdot q_2(c_H)+(1-\mu)\cdot q_2(c_L)] \qquad (11\text{-}4)$$

解式 (11-2)～(11-4) 的联立方程，得

$$q_2^*(c_H) = \frac{10-2c_H}{3} + \frac{1-\mu}{6}\cdot(c_H-c_L) \qquad (11\text{-}5)$$

$$q_2^*(c_L) = \frac{10-2c_L}{3} - \frac{\mu}{6}\cdot(c_H-c_L) \qquad (11\text{-}6)$$

$$q_1^* = \frac{4+\mu \cdot c_H+(1-\mu)\cdot c_L}{3}$$

可以把不完全信息古诺模型的贝叶斯纳什均衡解 $q_2^*(c_H)$，$q_2^*(c_L)$ 和 q_1^* 与完全信息古诺模型的纳什均衡解相比较，进行效率分析。

首先,若厂商2是高成本的,即有 $\mu=1$,那么,根据式(11-5),完全信息纳什均衡的产量为 $q_2^* = \dfrac{10-2c_H}{3}$,与高成本下不完全信息的均衡产量比较,有

$$q_2^*(c_H) = \frac{10-2c_H}{3} + \frac{1-\mu}{6}(c_H-c_L) > \frac{10-2c_H}{3}$$

即不完全信息时厂商2的均衡产量高于完全信息时的均衡产量,$q_2^*(c_H) > q_2^*$。

其次,若厂商2是低成本的,即有 $\mu=0$,那么,根据式(11-6),完全信息纳什均衡的产量为 $q_2^* = \dfrac{10-2c_L}{3}$,与低成本下不完全信息的均衡产量比较,有

$$q_2^*(c_L) = \frac{10-2c_L}{3} - \frac{\mu}{6}(c_H-c_L) < \frac{10-2c_L}{3}$$

即不完全信息时厂商2的均衡产量低于完全信息时的均衡产量,$q_2^*(c_L) < q_2^*$。

这种差异来自于最优反应:厂商2不仅根据自己的成本调整其产量,同时还将考虑厂商1的情况选择最优反应。若厂商2成本较高,它就会因成本高而减少产量;但同时厂商2又会多生产一些,因为它知道厂商1将根据期望利润最大化的原则决定产量,从而要低于厂商1确知厂商2成本较高时的产量,厂商1的产量稍低,则厂商2又可以多生产一些。

思考题

11.7 不完全信息的古诺模型。某种商品市场上仅有两家厂商,厂商1和厂商2生产同质产品。厂商1的产量为 q_1,厂商2的产量为 q_2,市场总产量为 $q=q_1+q_2$。两家企业的总成本 $TC_1=2q_1$ 和 $TC_2=2q_2$。市场出清价格 p 是市场总产量的函数 $p=p(q)=a-q$,其中 a 有 a_H 和 a_L 两种可能的情况,并且厂商1知道究竟是 a_H 还是 a_L,而厂商2只知道 $a=a_H$ 概率是 μ,$a=a_L$ 的概率是 $1-\mu$,这种信息不对称情况是双方的共同知识。试回答:①如果两厂商同时选择产量,双方的策略空间是什么?②本博弈的贝叶斯纳什均衡是什么?

习 题

11.1 熟食店博弈。小王在小区开有一家熟食店,获利丰厚,小李也想在这个小区开一家同样的店,但小李不知道小王到底是以高成本在经营这家熟食店还是以低成本在经营这家熟食店,只知道小王0.6概率高成本,0.4概率低成本。并且小李知道当小王高成本时,只小王一家店时,小王获利200;小李开店且小王默许时,小李获利80,小王获利100;小李开店且小王打折斗争时,小李亏损20,小王获利为0。当小王低成本时,只有小王一家店时,小王获利600;小李开店且小王默许时,小李获利80,小王获利500;小李开店且小王打折斗争时,小李亏损20,小王获利400。试回答:①写出小王的类型空间。②写出小王不同类型下的得益矩阵。③写出这个博弈的海萨尼转换和扩展形。④写出小王和小李的策略空间。⑤写出贝叶斯得益矩阵。⑥求出这个博弈的贝叶斯纳什均衡。

11.2 不完全信息的古诺模型。 两寡头古诺产量竞争模型中厂商的利润函数为 $\pi_i = q_i \cdot (t_i - q_i - q_j)$，其中 $i, j = 1, 2$ 且 $i \neq j$。$t_1 = 1$ 是两个厂商的共同知识，而 t_2 则是厂商 2 的私人信息，厂商 1 只知道 $t_2 = \frac{3}{4}$ 或 $t_2 = \frac{5}{4}$，且 t_2 取这两个值的概率相等。若两个厂商同时选择产量，请找出该博弈的纯策略贝叶斯均衡。

11.3 不完全信息市场进入博弈。 一个市场进入博弈中，若自然以 0.6 和 0.4 的概率决定在位者是高成本情况还是低成本情况，在位者知道自己的类型而进入者不知道。两种情况下的得益矩阵如下所示，试找出该不完全信息静态博弈的所有贝叶斯纳什均衡。

		在位者 默许	在位者 斗争
进入者	进入	40, 50	−10, 0
	观望	0, 300	0, 300

(a) 高成本在位者

		在位者 默许	在位者 斗争
进入者	进入	30, 80	−10, 100
	观望	0, 400	0, 400

(b) 低成本在位者

11.4 公共产品捐赠博弈。 两个参与人同时决定为一个公共产品捐赠多少。如果参与人 1 捐赠 x_1，参与人 2 捐赠 x_2，那么公共产品的价值为 $2(x_1 + x_2 + x_1 \cdot x_2)$，其中 $x_1, x_2 \geq 0$。参与人 1 必须付出的捐赠成本为 x_1^2，因此，参与人 1 的得益为

$$u_1(x_1, x_2) = 2(x_1 + x_2 + x_1 \cdot x_2) - x_1^2$$

参与人 2 付出的捐赠成本为 $t \cdot x_2^2$，因此，参与人 2 的得益为

$$u_2(x_1, x_2) = 2(x_1 + x_2 + x_1 \cdot x_2) - t \cdot x_2^2$$

其中，数 t 是参与人 2 的私人信息；参与人 1 知道 t 等于 2 的概率为 $\frac{1}{2}$，t 等于 3 的概率为 $\frac{1}{2}$。求出这个博弈的贝叶斯纳什均衡。

11.5 不完全信息的公地悲剧。 考虑一个有 $n = 2$ 个农户的公地悲剧（见第 4 章）。假设农户 1 拥有私人信息，私人信息与放牧一只羊所获得的得益有关：

$$V_1(G, t) = t - G = t - g_1 - g_2$$

其中，农户 1 的类型是 $t = 120$（"H"类型）的概率为 $\frac{2}{3}$，是 $t = 80$（"L"类型）的概率为 $\frac{1}{3}$。农户 2 放牧一只羊的得益为

$$V_2(G) = 100 - G = 100 - g_1 - g_2$$

每只羊的成本 $c = 4$。试回答：本博弈的贝叶斯纳什均衡是什么？

11.6 猜测博弈。 小王和小张正在玩一个猜测游戏。有两张纸片，一张是黑的，一张是白的，分别贴在小王和小张的背后。小王可以看到小张背后的纸片，但是小张既看不到自己的，也看不到小王的。假定自然将黑色纸片贴在每个参与人背后的概率都是 0.5。游戏按如下方式进行：自然做出决定，将黑色纸片贴在谁的背后；然后，小王行动，选择"是"或者"否"；最后，小张行动，选择"是"或者"否"，并结束游戏。如果小张说"是"，而小张的纸片是黑的，他将得到 10，小王得到 0；如果小张选择"否"，而小张的纸片是白的，他将得到—

10,小王得到 0；如果小张选择"否"，那么两个人都得到 0。试回答：①用扩展形表示这个博弈。②画出这个博弈的贝叶斯得益矩阵。③求出这个博弈的贝叶斯纳什均衡。

在线自测

第 12 章 不完全信息与拍卖

为了说明不完全信息静态博弈的价值,让我们用它来考察拍卖行为,在拍卖中,参与人是在不了解其他参与人的得益函数情况下来设计自己的策略。所有的拍卖,与市场类似,都被规则与程序控制。理解这些规则的管理者可运用它们去创造策略优势,例如,为获得更高的利润而设计拍卖,或者为了获得更大的剩余价值而更加有效地投标。

12.1 拍卖的小历史

拍卖(auction)是一种较特殊而又普遍采用的商品交换方式,它往往由拍卖机构主持,在特定的时间和地点,按照特定的规则,通过公开竞价的形式,将物品所有权转让给最高应价者。之所以采用拍卖这种交易形式,一个重要的原因就在于卖者不能确切地知道他想要出让的物品在购买者心中的价值,通过竞价的形式则能揭示出物品在购买者心目中的价值。

拍卖的首个书面记录来自希腊历史学家希罗多德(Herodotus,约 B. C. 480—425)描述的巴比伦年度婚姻市场。具有社会意识的巴比伦人组织拍卖实际上来确保所有想拥有丈夫的妇女能找到丈夫。最漂亮的女人最先被拍卖,其投标人是可以支付得起美人价格的有钱人。相貌普通的女人则参加一个负价拍卖会。出价最低的男人将会以他的出价得到这个女人。该价格由拍卖漂亮女人所产生的基金支付。这样做不仅保证了所有愿意结婚的女人可以出嫁,还给新婚夫妇提供了经济支持。

古希腊人用拍卖授予矿业权,罗马政府用拍卖收集个人债务。西塞罗(Marcus Tullius Cicero,B. C. 106—43)报告了公元前 80 年的一个法庭案件,案件涉及为了还债而进行的商品拍卖。在 1556 年,法国君主任命一个官员评估并拍卖已被国家处死的人留下的财产。佩皮斯(Samuel Pepys,1633—1703)报告了一个发生在 1660 年的蜡烛拍卖,蜡烛拍卖要求竞标者在有限的时间内竞标(直到蜡烛燃烧完)。

拍卖几乎导致了 1812 年战争的延续。在战争中,英国商品被禁止进口到美国,战争结束时英国商人大量涌入美国,英国商品满足了美国人长期压抑的商品需求。商品通过拍卖而销售,因为拍卖可以使商品快速配置。美国制造商声称英国人是在倾销商品,并试图使拍卖非法化。

尽管市场的成长远远超过拍卖的成长,但在配置水果、蔬菜、鱼类、皮具、烟草及牲畜等方面,拍卖却起到了主要作用。到 20 世纪 80 年代,每年都有 50 亿美元的商品通过拍卖进行销售。在 20 世纪 90 年代后期,随着电子商务的发展,拍卖量激增。互联网拍卖就如同标价的大众零售业,技术与配置机制高效地结合在一起。互联网拍卖的使用可以显著地降低组织成本,能够减少使众人聚集在一起的成本的任何技术都会促进拍卖的使用。

拍卖有三个基本要素：拍品数量、竞价的形式以及潜在竞价者对商品的估价。所有拍卖都包括一个竞标过程。主要有四种拍卖机制：英式或升序拍卖；荷兰式或降序拍卖；一级价格密封拍卖；二级价格密封拍卖。

英式或升序拍卖

英式拍卖（English auction）中，原始价格被设定为卖方的保留价格（称其为底价），然后买方以逐次增长的价格相互竞标，直到剩下最后一位竞标者。最后一位竞标者以其最终出价得到商品或服务。苏富比（Sotheby's）和佳士得（Christie's）两家拍卖行使用这种拍卖机制来出售艺术品和古董。

升序拍卖的两种特殊类型是日式拍卖和升序限时拍卖。大多数理论工作都是关于日式拍卖，竞标者一直竞标直到其保留价格，然后他们退出此竞标过程不再回来，剩下的竞标者因此可以决定谁退出谁留下。而在升序限时拍卖中，竞标持续一段时间，在这段时期结束时，高竞标者获得商品或服务（假定出价高于卖方的底价），这种限时拍卖广泛用于互联网拍卖网站。下面我们以一个扩展形类博弈介绍英式拍卖。

假设小王和小李采用英式拍卖来竞购一台二手手机，若现在小李出价 100 元，出价增量为 5 元，从博弈论的角度看，小王应如何出价呢？显然，小王的回报既取决于他能否拍得手机，又取决于他所支付的价格，价格越高，回报就越低。假设小王赋予该手机的价值为 114 元。虽然他不知道小李赋予该手机的价值，但是认为它可能等于 102 元或者 108 元。因此，小王可以出价 105 元、110 元或者放弃，扩展形如图 12-1 所示。采用逆推归纳法，子博弈完美纳什均衡是小王出价 105 元，小李放弃。也就是说，与小王所赋予的价值多少无关。对小王来说，只要价格没有超过他的估值，那就应该提高出价。这是一个普遍的结论，即英式拍卖过程中总是存在子博弈完美纳什均衡，那就是以最小的金额逐渐提高出价，只要它尚未超过你的估值（罗杰·A.麦凯恩，2022，第 282～285 页）。

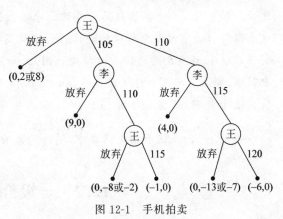

图 12-1　手机拍卖

荷式或降序拍卖

荷式拍卖（Dutch auction）中，原始价格被设定得非常高。在宣布价格的同时也公布设定的过期时间（例如，15 秒）。如果没有竞标者接受制定的价格，价格按照设定的步长降价，并且程序会自己重复进行。价格降低直至有竞标者愿意接受公布的价格。这个降序系统通常被称为荷式拍卖，因为它常用于荷兰的鲜花销售，拍卖大厅的面积超过 10 个足球场，每天拍卖成千上万只鲜花。即时价格显示在一个大屏幕上，竞标者接受价格的话就按下电子按钮。这一过程很快，每一小时可以完成 500 多次交易。

一级价格密封拍卖

一级价格密封拍卖(first-price,sealed-bid auction)中,竞标者提交只有他们自己知道的竞标价格,竞标价格在预告的时间内公布,出价最高的竞标者按他们的出价获得商品。与英式拍卖不同,竞标者不知道其他人的估价。而逆向密封拍卖则常被用于采购商品或服务。政府部门经常使用这种拍卖方式,一个城市可能要求公路建设投标,出价最低者为获胜的竞标者。

二级价格密封拍卖

这是一级价格密封拍卖的变形。二级价格密封拍卖(second-price,sealed-bid auction)中,出价最高的竞标者按照第二高的价格获得商品或服务。该拍卖也被称作维克瑞拍卖,是以维克瑞(William S. Vickrey,1914—1996)的名字命名的,他于20世纪60年代撰写了一篇关于这一主题的研讨论文,后来维克瑞凭此论文获得了1996年诺贝尔经济学奖。二级价格密封拍卖具有引导竞标者揭示其真正估价的特征。很多电脑拍卖行采用的就是二级价格密封拍卖。

思考题

12.1 玩具博弈。 某玩具公司在拍卖一批玩具,有两家零售商(参与人1和2)会投标竞价。拍卖的规则:零售商同时并独立地进行密封投标,玩具会卖给出价最高的零售商,而这个零售商必须付出它所投标的价钱。零售商之间存在这样的共同知识,获得玩具的零售商可以以15 000元的总价进行转卖。因此,如果参与人$i(i=1,2)$以投标价b_i在这次拍卖中获胜,那么参与人i的得益为$(15\,000-b_i)$元。输掉投标的零售商得益为0。如果两家零售商报价相同,那么每家零售商以0.5的概率获胜,在这种情况下参与人的期望得益为$\dfrac{(15\,000-b_i)}{2}$。在这个拍卖博弈中,纳什均衡的胜出投标价是多少?

12.2 一级价格密封拍卖

一级价格密封拍卖的程序是:所有的投标者(bidder)在规定日期内向拍卖人交上一份写明自己对拍卖物品报价的密封好的投标书(投标人彼此之间不知道对方的报价),然后由拍卖人对所有投标书进行评价,最高报价的投标人将按其报价拍得该物品。如果出现同一最高报价的投标者不止一个,则限定在最高报价的投标人中再进行一次拍卖,直到最高报价者只有一人为止。在这种方式中,由于投标人之间彼此不知道对方的报价,他们之间的竞拍是一种典型的不完全信息静态博弈。

为简便之见,我们考虑只有两个投标人的情况,即$i=1,2$。假定投标人i的报价是$b_i(b_i\geqslant 0)$,而他对拍卖物品的估价是V_i,如果投标人i拍得物品,则i享受到消费者剩余(V_i-b_i)。两个投标人只知道自己的估价,且双方的估价V_i和$V_j(i,j=1,2$且$i\neq j)$相互独立并在区间$[0,1]$上服从均匀分布是共同知识。

把一级价格密封拍卖表述为不完全信息静态博弈$G=\{A_1,A_2;T_1,T_2;P_1,P_2;u_1,u_2\}$。第一,投标人$i$的行动就是他的报价$b_i$,所以$i$的行动空间$A_i=\{b_i:b_i\geqslant 0\}$;第二,投标人$i$的类型就是他的估价$V_i$,投标人$i$的类型空间$T_i=[0,1]$;第三,两投标人对对方类型的判断都是$[0,1]$上的均匀分布,即对方的估价$V_i$在区间$[0,1]$上取任何值的机会都是相等的;第四,我们给出投标人$i$的得益函数

$$u_i(b_i,b_j;V_i,V_j)=\begin{cases}V_i-b_i, & b_i>b_j \\ \dfrac{V_i-b_i}{2}, & b_i=b_j \\ 0, & b_i<b_j\end{cases} \quad i,j=1,2 \text{ 且 } i\neq j$$

当$b_i>b_j$时,投标人i中标,实现消费者剩余V_i-b_i;当$b_i=b_j$时,双方各有$\dfrac{1}{2}$的机会中标,期望得益为$\dfrac{V_i-b_i}{2}$;当$b_i<b_j$时,投标人i不中标,得益为0。

下面我们建立投标人的策略空间。不完全信息静态博弈中,参与人的策略是一个由类型到行动的函数,所以投标人i的策略为函数$b_i(V_i)$,所有可能的函数$b_i(V_i)$的集合构成投标人i的策略空间。

在贝叶斯纳什均衡下,两投标人的策略$b_1(V_1),b_2(V_2)$必须互为最优反应,也就是说,如果策略组合$(b_1^*(V_1),b_2^*(V_2))$是贝叶斯纳什均衡,那么对$[0,1]$中的任一$V_i,b_i^*(V_i)$都应满足

$$\max_{b_i} Eu_i=[(V_i-b_i)\cdot P(b_i>b_j)+\frac{1}{2}(V_i-b_i)\cdot P(b_i=b_j)] \tag{12-1}$$

式中,$b_i=b_i(V_i),b_j=b_j(V_j),P(\cdot)$为概率,$i,j=1,2$且$i\neq j$。

假设投标人采用线性报价策略

$$b_1(V_1)=a_1+c_1\cdot V_1 \quad \text{和} \quad b_2(V_2)=a_2+c_2\cdot V_2 \tag{12-2}$$

其中,$0\leqslant a_1,a_2\leqslant 1,c_1,c_2\geqslant 0$。因为当$c_i\geqslant 0$时,如果允许$a_i>1$,则有$b_i>V_i$,这对于理性的投标人而言是不可能的。那么,在由线性函数构成的策略空间中,是否存在贝叶斯纳什均衡呢?以下的求解结果将告诉我们肯定的答案。

设投标人2已采取线性策略$b_2(V_2)=a_2+c_2\cdot V_2$,对任意一个给定的$V_1$值,由式(12-1),投标人1的最优反应为下列最优化问题的解:

$$\max_{b_1} Eu_1=(V_1-b_1)\cdot P(b_1>a_2+c_2\cdot V_2) \tag{12-3}$$

这里我们用到$P(b_1=b_2)=0$这一事实。因为V_2服从均匀分布,$b_2(V_2)=a_2+c_2\cdot V_2$也服从均匀分布。由于投标人1的报价低于投标人2的最低可能的报价就肯定不会中标,而高于投标人2的最高可能的报价又显得愚蠢,于是有$a_2\leqslant b_1\leqslant a_2+c_2$时,我们有

$$\max_{b_1} Eu_1=(V_1-b_1)\cdot P(b_1>a_2+c_2\cdot V_2)=(V_1-b_1)\cdot \frac{b_1-a_2}{c_2}$$

最优化的必要条件为

$$\frac{\mathrm{d}Eu_1}{\mathrm{d}b_1} = \frac{1}{c_2} \cdot (V_1 - 2b_1 + a_2) = 0$$

解得

$$b_1^*(V_1) = \frac{a_2}{2} + \frac{1}{2} \cdot V_1 \tag{12-4}$$

也就是说，投标人 1 对投标人 2 的线性策略的最佳反应也是线性策略。当然，如果 $V_1 < a_2$，则 $b_1^* = \frac{a_2}{2} + \frac{1}{2} \cdot V_1 < a_2$，投标人 1 实际上没有中标的可能，此时式(12-4)就不是投标人 1 的最佳反应了。因此投标人 1 的投标 b_1 的最低可能值是 a_2，即

$$b_1^*(V_1) = \begin{cases} a_2, & V_1 < a_2 \\ \dfrac{a_2}{2} + \dfrac{1}{2} \cdot V_1, & V_1 \geqslant a_2 \end{cases} \tag{12-5}$$

式(12-5)表明，如果 $0 \leqslant a_2 \leqslant 1$，则一定存在某些 V_1 的值，使 $V_1 < a_2$，这时最佳报价 $b_1(V_1)$ 是一条以 $V_1 = a_2$ 为分割点的折线。由于我们在讨论线性策略均衡，所以只讨论 $0 \leqslant a_2 \leqslant 1$ 的情况，排除 $a_2 < 0$ 及 $a_2 > 1$ 的情况。$a_2 > 1$ 是不可能在均衡中出现的，因为投标人 1 的估价 $V_1 \in [0,1]$，他的报价最高的可能也只是 1，因此，如果要求 $b_1^*(V_1)$ 是线性函数关系，则一定有 $a_2 \leqslant 1$。对照式(12-2)和式(12-4)，便有

$$a_1 = \frac{a_2}{2} \quad \text{和} \quad c_1 = \frac{1}{2} \tag{12-6}$$

同理，若投标人 1 已采取线性策略 $b_1(V_1) = a_1 + c_1 \cdot V_1$，对任意一个给定的 V_2 的值，投标人 2 的最优反应为下列最优化问题的解：

$$\max_{b_2} Eu_2 = (V_2 - b_2) \cdot P(b_2 > a_1 + c_1 \cdot V_1)$$

由于投标人 2 的报价一定位于投标人 1 的最低可能报价和最高可能报价之间，即 $a_1 \leqslant b_2 \leqslant a_1 + c_1$，因此，有

$$\max_{b_2} Eu_2 = (V_2 - b_2) \cdot P(b_2 > a_1 + c_1 \cdot V_1) = (V_2 - b_2) \cdot \frac{b_2 - a_1}{c_1}$$

最优化的必要条件为

$$\frac{\mathrm{d}Eu_2}{\mathrm{d}b_2} = \frac{1}{c_1} \cdot (V_2 - 2b_2 + a_1) = 0$$

解得

$$b_2^*(V_2) = \frac{a_1}{2} + \frac{1}{2} \cdot V_2 \tag{12-7}$$

也就是说，投标人 2 对投标人 1 的线性策略的最佳反应也是线性策略。同样只讨论 $0 \leqslant a_1 \leqslant 1$ 的情况，排除 $a_1 < 0$ 及 $a_1 > 1$ 的情况。对照式(12-2)和式(12-7)，便有

$$a_2 = \frac{a_1}{2} \quad \text{和} \quad c_2 = \frac{1}{2} \tag{12-8}$$

解由式(12-6)和式(12-8)所构成的方程组，有 $a_1 = a_2 = 0$，而 $c_1 = c_2 = \frac{1}{2}$，即有

$$b_1^*(V_1) = \frac{1}{2} \cdot V_1 \quad \text{和} \quad b_2^*(V_2) = \frac{1}{2} \cdot V_2 \tag{12-9}$$

式(12-9)说明,在线性报价策略下,每个投标人的最佳报价都是他自己对所拍卖物品估价的一半。

在均衡情况下,被拍卖物品被估价最高的投标人拍得,这从资源配置的意义上考虑是有效的。但是从卖者的立场看,他只得到买者估价的一半。对比之下,如果信息是完全的,买者之间的竞争将使卖者得到买者估价的全部。好在投标人的报价与其估价之间的差距会随着投标人数的增加而递减。这一结论告诉我们,卖者利益的实现在于吸引更多的人参加投标。

迈克尔·贝叶等(2017)给出了几种常见拍卖机制中的最优竞拍策略:(1)在英式拍卖中,竞拍者的最优竞拍策略就是拍卖过程中保持活跃,直到竞价超出自己对该拍品的估价。(2)在二级价格密封拍卖中,竞拍者的最优策略就是竞价等于他对拍品的估价,这是上策。(3)在一级价格密封拍卖中,竞拍者的最优策略是出价低于自己对拍品的估价。如果有 n 个竞拍者且都知道估价平均地分布在最低的可能估价 L 和最高的可能估价 H 之间,那么,自身估价为 v 的竞拍者的最优竞拍价格 b 为

$$b = v - \frac{v-L}{n}$$

(4)荷兰式拍卖与一级价格密封拍卖的策略等价,也就是说,竞拍者的最优出价在这两种拍卖中是一样的。

定理12.1 收益等价定理(revenue equivalence theory, Klemperer, 2004)。无论选择英式拍卖、荷兰式拍卖、一级价格密封拍卖还是二级价格密封拍卖,其选择都不会影响拍卖中产生的总的预期剩余,因此也就不会影响卖方的预期收益。

12.2 地段博弈。假设企业1、企业2和企业3等三家企业对中央大街的拐角地段感兴趣。该块地使用一级价格密封拍卖。假设企业1对地块的估价是200万元,企业2的估价是185万元,企业3的估价是168万元。如果赢得拍卖,每家竞拍企业的盈余为 $V_i - b$ ($i=1,2,3$),其中 V_i 为企业 i ($i=1,2,3$) 的估价,b 为竞标价格;竞拍失败,盈余为0。估价 V_i ($i=1,2,3$) 为私人价值。试回答:每位竞拍者的最优出价是多少?哪家企业会在拍卖中胜出?支付的价格是多少?

12.3 双方报价拍卖

查特吉和萨缪尔森(Chatterjee K. & M. Samuelson, 1983)[①]建立了一个只有一个卖方和一个买方的双方报价拍卖模型(double auction model)。其交易规则是:卖方提出要价

---

① Chatterjee, K., W. Samuelson. Bargaining under Incomplete Information[J]. Operations Research, 1983(31): 835-851.

(asking price)p_s,同时买方提出买价(bidding price)p_b,如果$p_b \geqslant p_s$,则交易以价格$p = \frac{p_b + p_s}{2}$发生;如果$p_b < p_s$,则交易不会发生。卖方对物品的估价为V_s,买方对物品的估价为V_b,双方的估价都是各自的私人信息,但V_s,V_b都在区间[0,1]上服从均匀分布这一点是共同知识,这是一个不完全信息静态博弈。

如果双方以p的价格成交,则卖方获得$u_{卖方} = p - V_s$,买方取得$u_{买方} = V_b - p$;如果双方没有发生交易,则各自的得益都是0。

在这一不完全信息静态博弈中,卖方的策略是$p_s(V_s)$,它确定了卖方在每一可能的类型下的要价;买方的策略是$p_b(V_b)$,它确定了买方在每一可能的类型下的出价。如果策略组合$[p_s^*(V_s), p_b^*(V_b)]$是贝叶斯纳什均衡,则对任意的$V_s \in [0,1]$,$p_s^*(V_s)$必须满足

$$\max_{p_s} Eu_{卖方} = \left\{ \frac{p_s + E[p_b(V_b) \mid p_b(V_b) \geqslant p_s]}{2} - V_s \right\} \cdot P[p_b(V_b) \geqslant p_s] \quad (12\text{-}10)$$

其中$E[p_b(V_b) \mid p_b(V_b) \geqslant p_s]$是在买方出价大于卖方要价条件下卖方对买方出价的期望值;$P(\cdot)$是概率。同理,对任意的$V_b \in [0,1]$,$p_b^*(V_b)$必须满足

$$\max_{p_b} Eu_{买方} = \left\{ V_b - \frac{p_b + E[p_s(V_s) \mid p_b \geqslant p_s(V_s)]}{2} \right\} \cdot P[p_b(V_b) \geqslant p_s] \quad (12\text{-}11)$$

其中$E[p_s(V_s) \mid p_b \geqslant p_s(V_s)]$是在卖方要价低于买方出价条件下买方对卖方要价的期望值;$P(\cdot)$是概率。

此博弈有非常多的纳什均衡,我们只讨论两种常见策略下的贝叶斯纳什均衡。

一价策略均衡

给定一个任意值$x \in [0,1]$,考虑这样一种策略组合:卖方的策略为,如果$V_s \leqslant x$,则提出要价为x,否则,要价为1;买方的策略为,如果$V_b \geqslant x$,则出价x,否则,出价为0。则有

$$p_s = \begin{cases} x, & V_s \leqslant x \\ 1, & V_s > x \end{cases} \quad \text{和} \quad p_b = \begin{cases} 0, & V_b < x \\ x, & V_b \geqslant x \end{cases} \quad (12\text{-}12)$$

这里的x是一个决策的临界值。

给定卖方的策略(如果$V_s \leqslant x$,则提出要价为x,否则,要价为1),买方只能在以要价x成交或不能成交之间进行选择:如果买方的估价$V_b \geqslant x$,他以x成交弱占优于不能成交,$V_b - x \geqslant 0$,买方接受要价x;如果买方的估价$V_b < x$,不能成交占优于以要价x成交,$V_b - x < 0$。

给定买方的策略(如果$V_b \geqslant x$,则出价x,否则,出价为0),卖方只能在以出价x成交或不能成交之间进行选择:如果卖方的估价$V_s \leqslant x$,他以x成交弱占优于不能成交,$x - V_s \geqslant 0$,买方接受出价x;如果卖方的估价$V_s > x$,不能成交占优于以出价x成交,$x - V_s < 0$。

因此,策略组合——卖方的策略为,如果$V_s \leqslant x$,则提出要价为x,否则,要价为1;买方的策略为,如果$V_b \geqslant x$,则出价x,否则,出价为0——互为买卖双方的最优反应,构成一个贝叶斯纳什均衡。在这一均衡下,交易在不等式$V_s \leqslant x \leqslant V_b$成立时发生,在其他情况下,交易都不发生,这一均衡被称为"一价策略均衡",如图12-2所示。

图 12-1 中注明"交易区域"的长方形区域内双方的估价类型组合 (V_s, V_b) 满足不等式 $V_s \leqslant x \leqslant V_b$，这时对双方都有利，得益为 $(x - V_s, V_b - x)$。位于两块阴影部分的估价类型组合 (V_s, V_b) 都满足 $V_b \geqslant V_s$，但如果以非 x 的其他适当价格成交，双方都会实现帕累托改进，也就是说，一价策略均衡不是最有效率的策略组合。

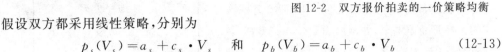

图 12-2 双方报价拍卖的一价策略均衡

线性策略均衡

假设双方都采用线性策略，分别为

$$p_s(V_s) = a_s + c_s \cdot V_s \quad \text{和} \quad p_b(V_b) = a_b + c_b \cdot V_b \tag{12-13}$$

其中 $0 \leqslant a_s, a_b \leqslant 1, c_s, c_b \geqslant 0$。因为 V_s, V_b 都在区间 $[0,1]$ 上服从均匀分布，因此 $p_s(V_s)$，$p_b(V_b)$ 在区间 $[a_s, a_s + c_s]$ 和 $[a_b, a_b + c_b]$ 上也服从均匀分布。如果策略组合 $[p_s^*(V_s), p_b^*(V_b)]$ 是贝叶斯纳什均衡，根据式 (12-10)，$p_s^*(V_s)$ 必须满足

$$\max_{p_s} Eu_{\text{卖方}} = \left[\frac{1}{2} \cdot \left(p_s + \frac{p_s + a_b + c_b}{2}\right) - V_s\right] \cdot \frac{a_b + c_b - p_s}{c_b}$$

最优化的必要条件为

$$\frac{1}{2c_b} \cdot (a_b + c_b + 2V_s - 3p_s) = 0$$

解得

$$p_s^* = \frac{2}{3} \cdot V_s + \frac{1}{3} \cdot (a_b + c_b) \tag{12-14}$$

这说明，如果买方的策略是线性的，卖方的最优反应也是线性策略。对照式 (12-13)，有

$$a_s = \frac{1}{3} \cdot (a_b + c_b) \quad \text{和} \quad c_s = \frac{2}{3} \tag{12-15}$$

同理，根据式 (12-11)，$p_b^*(V_b)$ 必须满足

$$\max_{p_b} Eu_{\text{买方}} = \left[V_b - \frac{1}{2}\left(p_b + \frac{a_s + p_b}{2}\right)\right] \cdot \frac{p_b - a_s}{c_s}$$

最优化的必要条件为

$$\frac{1}{2c_s} \cdot (a_s + 2V_b - 3p_b) = 0$$

解得

$$p_b^* = \frac{2}{3} \cdot V_b + \frac{1}{3} \cdot a_s \tag{12-16}$$

这说明，如果卖方的策略是线性的，买方的最优反应也是线性策略。对照式 (12-13)，有

$$a_b = \frac{1}{3} \cdot a_s \quad \text{和} \quad c_b = \frac{2}{3} \tag{12-17}$$

解由式 (12-15) 和式 (12-17) 构成的方程组，有 $a_s = \frac{1}{4}, c_s = \frac{2}{3}, a_b = \frac{1}{12}$ 和 $c_b = \frac{2}{3}$，代入式 (12-14)

和式(12-16),有

$$p_s^* = \frac{2}{3} \cdot V_s + \frac{1}{4} \quad \text{和} \quad p_b^* = \frac{2}{3} \cdot V_b + \frac{1}{12}$$

在双方报价拍卖中,只有当 $p_b \geq p_s$ 时,交易才会发生,因此下式应成立

$$\frac{2}{3}V_b + \frac{1}{12} \geq \frac{2}{3}V_s + \frac{1}{4}$$

即当且仅当 $V_b \geq V_s + \frac{1}{4}$ 时,交易才发生(见图 12-3)。

按线性策略均衡,在图 12-3 中标明"交易区域"的三角形面积内的类型组合 (V_s, V_b) 下交易才会发生,因为只有在这块面积上的 (V_s, V_b) 满足 $V_b \geq V_s + \frac{1}{4}$,其他面积上的类型组合下交易都不会发生。图中阴影面积上的类型组合 (V_s, V_b) 都有 $V_b \geq V_s$ 成立,这时如果能以适当的价

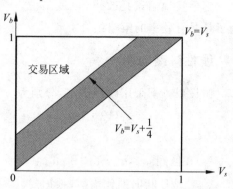

图 12-3 双方报价拍卖的线性策略均衡

格成交对双方都是有效率的,但在线性策略均衡下这种有效率的交易机会丧失了。

比较图 12-3 和图 12-2 所表示的交易发生要求的类型组合:首先,在这两种情况下,效率最高的交易(即 $V_s=0, V_b=1$)都会发生;其次,一价策略均衡错过了一些有效率的交易(如 $V_s=0, V_b=x+\varepsilon$,其中 ε 是足够小的正数),但在线性策略均衡下,这样的交易是能够发生的;最后,一价策略均衡下发生了一些几乎没有多大效率的交易(如 $V_s=x, V_b=x-\varepsilon$,其中 ε 是足够小的正数),这样低效率的交易在线性策略均衡中是不会发生的。这表明,从参与人可获得的期望得益的角度看,线性策略均衡优于一价策略均衡,并且,线性策略均衡下发生交易的机会比一价均衡下发生交易的机会要多。迈尔森和赛特思韦特(Myerson R. B. & M. A. Satterthwaite,1983)证明,在均匀分布估价假设下,双方报价拍卖博弈中线性策略均衡比其他任何贝叶斯纳什均衡的效率都高。[①] 这意味着在双方报价拍卖博弈中,不存在这样的贝叶斯纳什均衡:交易当且仅当有效率时发生(即当且仅当 $V_b \geq V_s$ 时交易发生)。不过,因为这种不完全信息静态博弈可能存在多种贝叶斯纳什均衡,因此还有可能存在比线性策略均衡更优的均衡。

胜利者的诅咒

所有竞标人面临同样的问题:他们必须在不知道其他人估价的情况下,估计拍卖品的价值。假设每个竞标人都进行了估价,然后取平均值,这个平均值就近似等于准确值。如果参与人知道其他人的出价,一个真实值的无偏估计就将是平均值。但是,竞标者不知道自己的估计是极端的。因此,他们很可能中标但是支付远高于物品真实值的价格。这种现

---

① Myerson, R. B. and M. A. Satterthwaite. Efficient Mechanisms for Bilateral Trading[J]. Journal of Economic Theory,1983(29):265-281.

象称为"胜利者的诅咒"(winner's curse),意思是拍卖获胜者的出价超过了具有共同价值的拍品的价值。在一个有名的实验中,贝泽曼和萨缪尔森(M. H. Bazerman and W. F. Samuelson,1983)[①]在罐子里装了硬币,然后采用一级价格密封拍卖方式把它拍卖给波士顿大学的MBA学生,每个罐子里都装有8美元的硬币,但投标者不知道这个具体数目。重复多次后他们得出:所有拍卖的平均投标是5.13美元;但赢者的平均投标是10.01美元(埃尔玛·沃夫斯岱特,2003,第227页)。

胜利者的诅咒是一个决策偏差,因为参与人并不确定拍卖品的真实价值,所以他们必须用规范的竞价策略来估计。那些做出高估计值的参与人很可能提一个高的出价,所以过高估计真实价值的参与人具有较高的中标概率,但是他们的出价很可能也超出拍卖品的真实价值。他们赢得了拍卖,但支出也许远远超出拍卖品的真实价值。

胜利者的诅咒是一种很普遍的现象。一旦商品的真实价值具有不确定性的时候,过高出价就会发生。参与人在考虑其出价时,还是要思考如下问题:①与其他人相比,你有哪些关于拍卖品价值的信息?与他人相比,你掌握的信息越少,就越要降低出价。②你对评估物品的真实价值有多少自信?你越不自信,就越要降低出价。③竞标者数目的多少?拍卖中竞标者人数越多,就越需要降低出价。为了避免胜利者的诅咒,竞拍者应该根据实际情况下调其个人估价。

思考题

12.3 个人拍卖博弈。小 s 和小 b 两个人就一幅油画进行讨价还价拍卖。已知卖者小 s 对油画的估价平均分布在 1 万~10 万元之间;买者小 b 对油画的估价平均分布在 2 万~15 万元之间。试确定以下拍卖机制中小 s 和小 b 的最优策略:(1)一价策略中确定价格为 $x=3$ 万元;(2)线性策略 $p_s(V_s)=a_s+c_s \cdot V_s$ 和 $p_b(V_b)=a_b+c_b \cdot V_b$ 时, a_s, c_s, a_b, c_b 是多少?

12.4 显示原理

存在众多的拍卖方式,如果卖者的目的是实现一个最高的卖价,那么,他应该选择哪一种拍卖方式?这就是一个机制设计的问题。

机制设计的含义

定义 12.1 机制设计(mechanism design)。在确定了某些合意的博弈结果之后,努力确立可以获得这一作为纳什均衡的结果的规则,就是机制设计。

根据马斯金(Eric Maskin,1950—)的阐述,可以将机制设计看作"经济学的逆向工程部分"。它的初衷就是追求某个成果,譬如干净的环境、更加平等的收入分配或者更多的技术创新。"这种投入的目的就在于设计出一种能使个人动因与公共目标相互一致的制度"

---

① Max H. Bazerman and William F. Samuelson. I Won the Auction but Don't Want the Prize[J]. Journal of Conflict Resolutions,1983,27(4):618-634.

(罗杰·A.麦凯恩,2022,第298页)。

我们以司机行人博弈为例进行说明。两位参与人都有两种可选策略,即"保持谨慎"以免事故发生,或"不够谨慎"。保持谨慎需要付出努力,假设成本为10。如果发生事故,则由行人承担成本,为100,司机的得益为0。如果都不够谨慎,那就必定会发生事故;即使双方都保持谨慎,仍然存在10%的事故概率。如果没有对事故责任做出界定,得益矩阵如图12-4所示。

对图12-4采用划线法,可知这个博弈的纳什均衡为(不够谨慎,不够谨慎)。这一均衡难以让我们满意。如果双方保持谨慎,运行效率将极大提高。因此,我们希望获得的是双方都选择"保持谨慎"的均衡。为此,我们需要进行机制设计,如把部分甚至全部责任都判给司机,因为他受伤的风险程度相对较低。例如,处在具有"纯粹严格责任"(pure strict liability)规则的法律制度下,司机必须承担事故的全部责任,得益矩阵如图12-5所示。

		司机	
		不够谨慎	保持谨慎
行人	不够谨慎	−100, 0	−100, −10
	保持谨慎	−110, 0	−20, −10

图12-4 "司机免责"博弈

		司机	
		不够谨慎	保持谨慎
行人	不够谨慎	0, −100	0, −110
	保持谨慎	−10, 0	−10, −20

图12-5 "纯粹严格责任"博弈

对图12-5采用划线法,这个博弈的纳什均衡为(不够谨慎,不够谨慎),也就是说,"严格纯粹责任"规则并没有解决问题。我们需要某种能够激励两位参与人都选择"保持谨慎"的法规。例如,采用"互有过失"(contributory negligence)的原则:只有在司机存在过失而行人没有过失的情况下,由司机承担事故成本;如果行人未能保持谨慎,则可认为正是他的过失带来了事故风险,得益矩阵如图12-6所示。

		司机	
		不够谨慎	保持谨慎
行人	不够谨慎	−100, 0	−100, −10
	保持谨慎	−10, −100	−20, −10

图12-6 "互有过失"博弈

对图12-6采用划线法,可知这个博弈的纳什均衡为(保持谨慎,保持谨慎),而且"保持谨慎"是行人的上策,"互有过失"原则实现了效率的改进。

12.4 河堤博弈。小王和小李是一条河边的两位农民,他们的耕地有时会遭遇洪涝灾害。他们可以选择是否构筑河堤。如果他们都构筑的话,则两片耕地都能够防洪;如果其中一位不构筑,则两位都会遭受5的损失。得益如下所示。

		小李	
		构筑	不构筑
小王	构筑	−1,−1	−6,−5
	不构筑	−5,−6	−5,−5

试回答：①这个博弈的纯策略纳什均衡是什么？②如果我们设计一个社会机制，以确保做到有效防洪。现在，假设政府提出了一个可以赔偿所有洪灾损失的保险项目：如果他们都构筑河堤，则缴纳的保险费用为1；如果只有1位构筑河堤，则另一位需要缴纳的保险费用为2；如果无人构筑河堤，则两位都要缴纳的保险费用为3。如果小王和小李都投保，新的得益矩阵是什么？这个博弈是否有效率？保险项目能否弥补成本？

拍卖的直接机制

迈尔森(Roger Myerson,1951—　)提出"显示原理"，指，为了获得最大得益，拍卖方只需考虑"直接机制"(direct mechanism)，这里，"直接"指的是将投标人的策略空间等同于类型空间。

卖方设计如下博弈规则(直接机制)：①投标人(买方)同时声明(可能并不诚实)自己对拍卖物品的估价，即他们各自的类型。投标人 i 可以自称其类型空间 T_i 中的任一类型 t'_i，而不管他的真实类型 t_i 是什么。②给定投标人的声明 $(t'_1, \cdots, t'_n)$，投标人 i 以概率 $P_i(t'_1, \cdots, t'_n)$、价格 $x_i(t'_1, \cdots, t'_n)$ 拍得物品。各种所声明的类型组合 $(t'_1, \cdots, t'_n)$ 需满足 $P_1(t'_1, t'_2, \cdots, t'_n) + \cdots + P_n(t'_1, t'_2, \cdots, t'_n) \leqslant 1$。

上述博弈规则要求代理人直接声明自己的类型 t'_i，而不是策略 $s_i(t'_i)$，所以是一个直接机制。与一般的拍卖规则相比，直接机制的特点是：①投标人要决定的不是标价 b_i 而是估价类型 t'_i。②声明最高估价的投标人未必就能得到拍卖物品，只是获得拍卖物品的概率会大一些(P_i 是 t'_i 的增函数)。③获得拍卖物品的投标人所要支付的价格也未必是最高的价格，而是取决于函数 $x_i(t'_1, t'_2, \cdots, t'_n)$ 的价格。

根据显示原理，卖方要设计的直接机制——价格函数 $x_i(t'_1, t'_2, \cdots, t'_n)$ 和概率函数 $P_i(t'_1, t'_2, \cdots, t'_n)$，要能使得投标人所声明的 t'_i 就是真实的类型 t_i，使得实话实说成为投标人的贝叶斯纳什均衡。

假定有两个投标人，投标人1和投标人2，他们的估价 V_1, V_2 服从 $[0,1]$ 区间的均匀分布。拍卖人提出如下拍卖规则：投标人1和投标人2同时声明各自的类型 V'_1, V'_2(可见这是一个直接机制)；投标人 $i(i=1,2)$ 的获得拍卖物品的概率为 $P_i = \dfrac{V'_i}{2}$，支付的价格为 $x_i = \dfrac{V'_i}{\theta}$。由于真实类型 $V_i \in [0,1]$，必有声明类型 $V'_i \in [0,1]$，因此 $P_1 + P_2 \leqslant 1$，满足直接机制的要求。投标人 $i(i=1,2)$ 的声明类型 V'_i 是其真实类型 V_i 的函数，假定 $V'_i(V_i) = a_i \cdot V_i$，即投标人声明的估价是其真实估价的一定倍数(系数 a_i)。那么，投标人 i 声明自己类型为 V'_i 时的期望得益为

$$Eu_i = (V_i - x_i) \cdot P_i + 0 \cdot (1 - P_i) = \left(V_i - \dfrac{V'_i}{\theta}\right) \cdot \dfrac{V'_i}{2} = \left(V_i - \dfrac{a_i \cdot V_i}{\theta}\right) \cdot \dfrac{a_i \cdot V_i}{2}$$

投标人 i 的决策是选择适当的 a_i 以最大化期望得益

$$\max_{a_i} Eu_i = \left(V_i - \frac{a_i \cdot V_i}{\theta}\right) \cdot \frac{a_i \cdot V_i}{2}$$

根据最优化的必要条件有

$$\frac{\mathrm{d} Eu_i}{\mathrm{d} a_i} = \left(\frac{1}{2} - \frac{1}{\theta} \cdot a_i\right) \cdot V_i^2 = 0 \quad \text{或} \quad a_i^* = \frac{\theta}{2}$$

所谓投标人 i，实话实说就是 $V_i' = V_i$，即 $a_i^* = 1$，因此 $\theta = 2$。就是说，当 $\theta = 2$ 时，上述的拍卖规则下，投标人 i 的最优选择是声明自己的真实估价，这一直接机制的贝叶斯纳什均衡是 (V_1, V_2)，投标人 i 获得拍卖物品的概率是 $P_i = \frac{V_i}{2}$，支付的价格是 $x_i = \frac{V_i}{2}$。这就说明了在 $\theta = 2$ 的情况下，卖方设计的拍卖规则是激励相容的，并且均衡结果与前面讨论的一级价格密封拍卖完全一致。

在拍卖机制设计的其他问题上，显示原理同样可以被应用。正式地，我们给出如下定理。

定理 12.2　显示定理（the revelation principle）。任何贝叶斯博弈的任何贝叶斯纳什均衡，都可以重新表示为一个激励相容的直接机制。

显示原理在贝叶斯条件下最早由迈尔森（1979）提出。显示原理肯定了拍卖方在激励相容的直接机制下的期望效用是最大的，因为激励相容的直接机制已把其他所有可能机制下的均衡都考虑在内了。

习　题

12.1　个人估价拍卖博弈。在个人独立估计的拍卖中，你作为一个竞拍者对拍品的估价为 4 000 元。每个竞拍者都知道估价均匀地分布在 1 500～9 000 元之间。在第一价格密封拍卖中，根据以下竞拍者数量，确定你的最优竞价策略。竞拍者的总数（包括你）为：①2 人；②10 人；③100 人。

12.2　多人竞价拍卖博弈。在个人独立估价的拍卖中，你是参与拍卖的五个竞拍者之一。每个竞拍者都观察到其他所有竞拍者的估计均匀地分布在 10 000～30 000 元之间。在下列拍卖中，如果你的估价是 22 000 元，确定你的最优竞拍策略：①一级价格密封拍卖；②荷兰式拍卖；③二级价格密封拍卖；④英式拍卖。

12.3　政府项目招标。某市对公路建设项目进行招标。修一条 N 车道的公路带来的社会价值为 $V = 15N - \frac{N^2}{2}$。单条车道的建设成本 F 可能有两种：3 单位/车道或 5 单位/车道。政府选择最大化目标 $G = V - F$。政府并不知道单条车道的建造成本。政府认为有 $\frac{2}{3}$ 的概率车道建造成本为 3 单位/车道；有 $\frac{1}{3}$ 的概率车道建造成本为 5 单位/车道。为了鼓励承包商说真话，政府设立一个契约机制：当承包商报出低成本时，修建 N_L 条车道，工程

款为 R_L；当承包商报出高成本时，修建 N_H 条车道，工程款为 R_H。试回答：政府的直接机制是什么，才能使承包商说真话？

在线自测

第13章 不完全信息动态博弈

不完全信息动态博弈（dynamic game of incomplete information），是至少有一个参与人对其他某些参与人的得益不清楚的博弈类型，也称为动态贝叶斯博弈（dynamic Bayesian game）。

13.1 动态贝叶斯均衡

不完全信息动态博弈的基本特征是参与人的行动有先有后，私人信息表现在得益函数上。不完全信息动态博弈的典型例子是古玩市场。古玩市场给人们最深的感受是，每成交一笔买卖，买方可能会想"付的钱是不是太高了，是否还有杀价余地？"卖方也会想"是否卖便宜了，坚持一下也许还能多赚一点？"古玩交易容易造成疑惑，原因之一是古玩鉴定估值的困难；原因之二是难以了解对方的估值。其实，一般的交易活动都在一定程度上有不完全信息博弈的特征，许多情况下交易双方并不熟悉，对对方的估值很难完全清楚。

与不完全信息静态博弈一样，不完全信息动态博弈中也会利用海萨尼转换，将不完全信息转化为不完美信息。海萨尼转换，是将参与人的不同得益情况理解为参与人的不同类型，并引进一个为参与人选择类型的虚拟参与人——自然 N，从而把不完全信息博弈转化为完全但不完美信息动态博弈。

13.1　投资博弈。一个投资者决定向有法律保护的 A 省或无法律保护的 B 省投资。对某省投资以后，该省可能对投资者进行盘剥（如要求他修一条路），如果不能满足要求，前期的投资就损失了。得益矩阵如下所示。

	A省 盘剥	A省 不盘剥			B省 盘剥	B省 不盘剥
投资者 投资	1,−1	2,1		投资者 投资	1,2	2,1
投资者 不投	0,0	0,0		投资者 不投	0,0	0,0

问题：这是一个不完全信息动态博弈，请画出这个博弈的扩展形。

对于动态博弈，可信性是一个中心问题，理想的均衡必须能够排除不可信的威胁和许诺。在不完美信息动态博弈中，发展了新的均衡概念。

要求1　判断。在各个信息集，决策的参与人必须具有一个关于博弈达到该信息集中每个节点的概率分布。

我们构造一个不完全信息的市场进入博弈。厂商 E 正在考虑是否进入一个市场，市场上目前只有一个在位者——厂商 I。如果厂商 E 进入市场，那么厂商 I 可以做出两种反应：

它可以容纳进入，放弃一部分销售；或者，它可以与进入者斗争。厂商 E 可以运用两种策略进入市场，"进入 1"和"进入 2"，并且如果进入发生，在位者无法区分厂商 E 究竟运用了哪种策略。得益如图 13-1 所示。

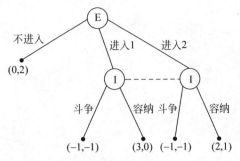

图 13-1　不完全信息的市场进入博弈

在图 13-1 中，如果厂商 E 运用混合策略，它选择"不进入"的概率为 $\frac{1}{4}$，选择"进入 1"的概率为 $\frac{1}{2}$，选择"进入 2"的概率为 $\frac{1}{4}$。因而，给定这个策略，博弈给厂商 I 选择的概率是 $\frac{1}{2}+\frac{1}{4}=\frac{3}{4}$。应用贝叶斯法则，在博弈达到厂商 I 信息集的条件下，它位于该信息集左侧决策结的概率为

$$\mu=\frac{\frac{1}{2}}{\frac{1}{2}+\frac{1}{4}}=\frac{2}{3}$$

位于右侧决策结的概率为

$$1-\mu=\frac{\frac{1}{4}}{\frac{1}{2}+\frac{1}{4}}=\frac{1}{3}$$

为使厂商 I 的进入后信念与厂商 E 的策略相容，厂商 I 的判断应该恰好指定这些概率（安德鲁·马斯-克莱尔等，2001，第 397～401 页）。

对于多节点信息集，判断就是博弈到达该信息集中各个节点可能性的概率分布。对于单节点信息集，则可理解为"判断达到该节点的概率为 1"。要求 1 是解决不完全信息动态博弈的基本前提。

一个"好"的均衡，不但要参与人说明在何处该做什么决定，而且参与人的心中也时时要有一个自己在各个节点的概率猜测。克瑞普斯和威尔逊（Kreps, D. and R. Wilson, 1982）[①]说明了参与人应当如何"制造"对这些概率的猜测——由博弈原先的设定和参与人所用的策略计算出来，即使有些节点完全不可能走到，参与人也要想办法去设定猜测。

---

① Kreps, D., and R. Wilson. Sequential Equilibria[J]. Econometrica, 1982(50): 683-894.

13.2 市场进入博弈。对于由两家企业构成的市场,一直到达各决策节的概率如以下扩展形所示。

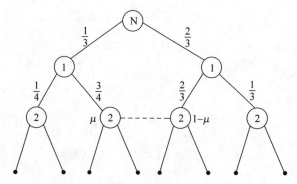

试回答:用贝叶斯法则判断 μ 和 $1-\mu$ 的取值。

要求2 序贯理性(sequential rationality)。给定参与人的判断,他们的决策必须是最优反应。

在各个信息集,给定轮到选择参与人的判断和其他参与人的后续策略(subsequent strategy),该参与人的行动及以后阶段的后续策略,必须使自己的得益或期望得益最大。序贯理性要求各参与人遵守最大利益原则而排除不可信的威胁或许诺。

以图 13-1 中的博弈为例,我们可以得到其矩阵形式(见图 13-2)。通过划线法,可知这个博弈有两个纯策略纳什均衡,分别为(不进入,斗争)和(进入1,容纳)。

现在,假定参与人 I 对参与人 E 采用进入 1 策略的判断为 μ,采用进入 2 策略的判断为 $1-\mu$(见图 13-3)。那么,参与人 I 采用斗争策略的期望得益为

$$Eu_I^{斗争} = (-1) \times \mu + (-1) \times (1-\mu) = -1$$

参与人 I 采用容纳策略的期望得益为

$$Eu_I^{容纳} = 0 \times \mu + 1 \times (1-\mu) = 1-\mu$$

显然,$1-\mu > -1$,遵循序贯理性原则,参与人 I 在信息集上应该选择容纳,而不是斗争,这样,运用判断和序贯理性就排除了不合理的均衡(不进入,斗争)。所以这个博弈存在唯一的完美贝叶斯纳什均衡为(进入 1,容纳)。

		厂商1	
		斗争	容纳
厂商E	不进入	0, 2	0, 2
	进入1	−1, −1	3, 0
	进入2	−1, −1	2, 1

图 13-2 市场进入博弈的得益矩阵

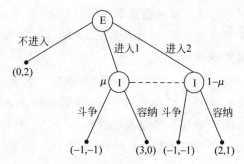

图 13-3 包含判断的不完全信息市场进入博弈

思考题

13.3 虚拟博弈。对于下图所示的扩展形。试回答：①写出其得益矩阵形式。②纯策略纳什均衡有哪些？③运用判断和序贯理性排除不合理的均衡。

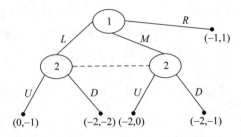

要求1和要求2只保证了参与人持有判断，并对给定的判断选择最优行动，并没有明确这些判断是否是理性的。为进一步约束参与人的判断，我们需要区分处于均衡路径上的信息集和不处于均衡路径上的信息集。

要求3　贝叶斯法则Ⅰ。在处于均衡路径上的信息集处，判断由贝叶斯法则和各参与人的均衡策略决定。

所谓"处于均衡路径上"（on the equilibrium path）的信息集，是指博弈按照均衡策略进行时，将会以正的概率到达的信息集。要求3实质上表述了这样的要求：参与人的判断必须是使用贝叶斯方法从最优策略和观测到的行动得到的。

要求4　贝叶斯法则Ⅱ。在处于均衡路径外的信息集处，判断由贝叶斯法则和各博弈方在此处可能有的均衡策略决定。

所谓"处于均衡路径外"（off the equilibrium path）的信息集，是指博弈按照均衡策略进行时，肯定不会达到的信息集。在不完美信息动态博弈中，由于至少对一个参与人的一个阶段来说，博弈实际达到何处是无法看到的，因此即使按均衡策略进行博弈，某些信息集是否一定到达也不确定。

定义13.1　完美贝叶斯纳什均衡（perfect Bayesian equilibrium）。满足要求1~4的策略和判断组合，构成了该博弈的一个完美贝叶斯纳什均衡。

完美贝叶斯纳什均衡就是策略均衡和判断均衡的结合。正式地讲，在不完全信息动态博弈中，一个均衡不再只是各参与人的一个策略组合，同时要包含参与人在轮到他行动时的信息集的一个判断，而且要特别强调参与人判断的合理性。我们以一个数值的例子来理解完美贝叶斯纳什均衡（谢政等，2018，第122~124页）。

对于图13-4所示的三人博弈，假设参与

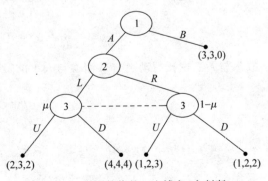

图13-4　虚拟数值的三人博弈（含判断）

人 3 对到达信息集左侧节点的判断为 μ，右侧节点的判断为 $1-\mu$。判断的合理性要求由均衡策略及贝叶斯公式计算得到的判断与均衡策略所需要的判断互相协调而不矛盾。下面我们按照序贯理性原则确定参与人的最优反应策略。

在第三阶段，对于参与人 3，有
$$Eu_3^U = 2\mu + 3(1-\mu) \quad \text{和} \quad Eu_3^D = 4\mu + 2(1-\mu)$$

按照序贯理性原则，参与人 3 选择策略 U 和 D 以求解最大化问题
$$\max_{U,D} Eu_3 = \{2\mu + 3(1-\mu), 4\mu + 2(1-\mu)\} = \{3-\mu, 2+2\mu\}$$

当 $\mu < \dfrac{1}{3}$ 时，参与人 3 最优反应策略为 U；当 $\mu \geqslant \dfrac{1}{3}$ 时，参与人 3 的最优反应策略为 D。即参与人 3 的最优反应策略为

$$s_3^* = \begin{cases} U, & 0 \leqslant \mu < \dfrac{1}{3} \\ D, & \dfrac{1}{3} \leqslant \mu \leqslant 1 \end{cases} \tag{13-1}$$

在第二阶段，当 $\mu < \dfrac{1}{3}$ 时，参与人 2 的决策为

$$\max_{L,R} u_2 = \left\{3, 2 \mid \mu < \dfrac{1}{3}\right\}$$

故参与人 2 选择行动 L。当 $\mu \geqslant \dfrac{1}{3}$ 时，参与人 2 的决策为

$$\max_{L,R} u_2 = \left\{4, 2 \mid \mu \geqslant \dfrac{1}{3}\right\}$$

故参与人 2 选择行动 L。从而参与人 2 的最优反应策略为

$$s_2^* = L \tag{13-2}$$

在第一阶段，当 $\mu < \dfrac{1}{3}$ 时，参与人 1 的决策为

$$\max_{A,B} u_1 = \left\{2, 3 \mid \mu < \dfrac{1}{3}\right\}$$

故参与人 1 选择行动 B。当 $\mu \geqslant \dfrac{1}{3}$ 时，参与人 1 的决策为

$$\max_{A,B} u_1 = \left\{4, 3 \mid \mu \geqslant \dfrac{1}{3}\right\}$$

故参与人 1 选择行动 A。从而参与人 1 的最优反应策略为

$$s_1^* = \begin{cases} B, & 0 \leqslant \mu < \dfrac{1}{3} \\ A, & \dfrac{1}{3} \leqslant \mu \leqslant 1 \end{cases} \tag{13-3}$$

综合式(13-1)～式(13-3)，得到全部参与人的最优反应策略为 $\left[(B, L, U); \mu < \dfrac{1}{3}\right]$ 和

$[(A,L,D); \mu \geq \frac{1}{3}]$。接下来,计算判断 μ 并检验合理性。

当 $\mu < \frac{1}{3}$ 时,由 $s_1^* = B$,信息集不在均衡路径上,此时的判断由参与人 2 的策略确定,而 $s_2^* = L$ 故 $\mu = 1$,此与判断 $\mu < \frac{1}{3}$ 矛盾,因此,$[(B,L,U); \mu < \frac{1}{3}]$ 不是完美贝叶斯纳什均衡。

当 $\mu \geq \frac{1}{3}$ 时,由 $s_1^* = A$,信息集在均衡路径上,此时的判断由参与人 2 的策略确定,而 $s_2^* = L$ 故 $\mu = 1$,此与判断 $\mu \geq \frac{1}{3}$ 一致,因此,$[(A,L,D); \mu = \frac{1}{3}]$ 是完美贝叶斯纳什均衡。

求解完美贝叶斯纳什均衡时,大致步骤如下:①找出各个参与人的所有信息集并给出多点信息集上的判断。②采用逆推归纳法的思想按序贯理性原则求出所有参与人在其信息集上的最优反应策略,这些策略可能会与判断有关,也可能与判断无关。③依据求出的参与人的最优反应策略和贝叶斯公式计算判断的值,并检验判断的合理性,给出博弈的所有完美贝叶斯纳什均衡。

思考题

13.4 虚拟的不完全信息动态博弈。我们有一个由三个参与人各行动一次构成的三阶段不完美信息动态博弈,扩展形如下所示:

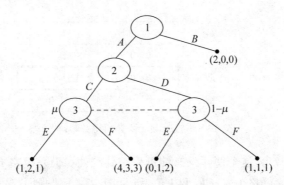

问题:这个博弈的完美贝叶斯纳什均衡是什么?

客厅游戏博弈(parlor game)

两名参与人正在玩纸牌游戏。参与人 1 收到 1 张牌,牌面是 H 或 L,两者出现的概率相等。参与人 2 看不到这张牌。参与人 1 可以选择 F(fold),此时他必须向参与人 2 支付 1 元;参与人 1 也可以选择 R(raise),此时参与人 2 可以选择 P(pass) 或 M(meet) 且看到参与人 1 的牌。如果参与人 2 选择 P,他必须向参与人 1 支付 1 元;如果参与人 2 选择 M 且看到参与人 1 的牌,那么,如果参与人 1 的牌是 H,参与人 2 向参与人 1 支付 4 元,如果参与人 1 的牌面是 L,参与人 1 向参与人 2 支付 4 元。扩展形如图 13-5 所示。

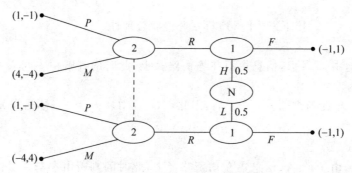

图 13-5 客厅游戏博弈的扩展形

说明一下,图 13-5 利用了海萨尼转换,自然 N 给了参与人 1 两种类型:$T_1=\{H,L\}$;自然 N 将类型告诉参与人 1,但参与人 2 并不了解;参与人 1 根据类型选择策略,策略空间为

$$S_1=\begin{Bmatrix} 如果为H,选择F;如果为L,选择F \\ 如果为H,选择F;如果为L,选择R \\ 如果为H,选择R;如果为L,选择F \\ 如果为H,选择R;如果为L,选择R \end{Bmatrix}$$

或者,可以将参与人 1 的策略空间简单记为 $S_1=\{FF,FR,RF,RR\}$。然后,我们就可以得到下面的得益矩阵(见图 13-6)。

	参与人2	
	P	M
FF	-1, 1	-1, 1
FR	0, 0	-2.5, 2.5
RF	0, 0	1.5, -1.5
RR	1, -1	0, 0

图 13-6 客厅游戏博弈的得益矩阵

运用划线法可以看出,这个博弈没有纯策略纳什均衡。但是策略 FR 和 FF 与策略 RR 比较,是严格下策,消除严格下策 FR 和 FF 后(见图 13-7),得到了混合策略:参与人 1 以 0.4 的概率选择 RF,以 0.6 的概率选择 RR;参与人 2 以 0.6 的概率选择 P,以 0.4 的概率选择 M。

	参与人2	
	P	M
RF	0, 0	1.5, -1.5
RR	1, -1	0, 0

图 13-7 消去严格下策后的客厅游戏博弈

从动态博弈角度来说,如果牌面是 H,参与人 1 选择 R;如果牌面是 L,参与人 1 以 0.4 的概率选择 F,以 0.6 的概率选择 R。参与人 2 以 0.6 的概率选择 P,以 0.4 的概率选

择 M。由于唯一的纳什均衡一定是序贯均衡,因此这个博弈存在着序贯均衡。由于以正概率达到信息结,这个均衡满足一致性。参与人 2 采用贝叶斯公式可得

$$P(H \mid R) = \frac{\frac{1}{2}}{\frac{1}{2} + \frac{1}{2} \times \frac{3}{5}} = \frac{5}{8}$$

也就是说,当参与人 2 看到参与人 1 选择 R 时,判断牌面是 H 的概率为 $\frac{5}{8}$。客厅游戏博弈存在一个混同的完美贝叶斯纳什均衡。

13.5 虚拟博弈。考虑如下不完全信息动态博弈。

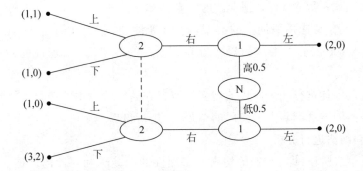

试回答:①写出参与人 1 的策略空间。②写出这个博弈的得益矩阵。③这个博弈是否存在一个分离的完美贝叶斯纳什均衡?如果有,把它完整地表现出来。④这个博弈是否存在一个混同的完美贝叶斯纳什均衡?如果有,把它完整地表现出来。

13.2 KMRW 声誉模型

在第 9 章对有限次重复博弈的分析中,我们看到如果阶段博弈有唯一的纳什均衡,那它的有限次重复博弈有唯一的子博弈完美纳什均衡,即不论此前博弈过程的结果如何,此阶段以后的每一阶段都重复阶段博弈的纳什均衡。以囚徒困境博弈为例,在每一个阶段博弈中,囚徒都选择"坦白",作为合作结果的"抗拒"始终不可能出现。但这一理论上的结论似乎与人们的实际感受并不一致,就有限次重复进行的囚徒困境博弈而言,合作的结果在实际中还是存在的。克瑞普斯、米尔格罗姆、罗伯茨和威尔逊(David M Kreps,Paul Milgrom,John Roberts,Robert Wilson,1982)的声誉模型(reputation model)[①],通过引入不完全信息为此现象提供了合理的解释。我们把这一模型称为 KMRW 声誉模型,该模型证明,参与人对其他参与人得益函数或策略空间的不完全信息对均衡有重要影响,只要博弈重复的次数

---

① David M Kreps, Paul Milgrom, John Roberts, Robert Wilson. Rational Cooperation in the Finitely Repeated Prisoner's Dilemma[J]. Journal of Economic Theory,1982,27(2):245-252.

足够多,即使阶段博弈只有唯一的非合作性的纳什均衡,合作行为在有限次重复博弈中也会出现,这道理就如同坏人在很长时期内会表现得像好人一样。

我们以囚徒困境博弈(见图 2-1)为例来说明 KMRW 模型。这里,假定囚徒 2 是理性的,可以选择任意的策略;囚徒 1 拥有关于他自己可选策略的私人信息。囚徒 1 有两种类型,理性的(rational)和非理性的(irrational):理性的囚徒 1 可以选择任意的策略;非理性的囚徒 1 只能选择针锋相对(tit-for-fat)策略——开始选择"抗拒",然后在 t 阶段选择囚徒 2 在第 $t-1$ 阶段的选择,即一旦囚徒 1 偏离了"抗拒"策略,则"囚徒 1 是非理性的"就成为共同知识。

两阶段不完全信息囚徒困境

我们从两阶段博弈的情况开始分析。两囚徒的得益是阶段博弈得益的现值之和(为简便起见,我们设贴现系数 $\delta=1$)。博弈的时间顺序如下:

第一阶段,自然 N 选择囚徒 1 的类型,$T=\{$理性的,非理性的$\}$。囚徒 1 知道自己的类型;囚徒 2 只知道囚徒 1 类型的概率分布:理性的概率为 $P($理性的$)=\mu$,$P($非理性的$)=1-\mu$。

第二阶段,两囚徒进行一个阶段的博弈。双方在这一阶段中的选择结果是共同知识。

第三阶段,两囚徒观测到上一阶段的结果后,进行最后一个阶段的博弈。

采用逆推归纳法进行分析。

首先,分析第二阶段(即 $t=2$)的均衡。①理性的囚徒 1 和理性的囚徒 2,此时,"坦白"是上策,理性的囚徒 1 和理性的囚徒 2 都会选择"坦白"。②非理性的囚徒 1 和理性的囚徒 2,囚徒 1 的选择依赖于囚徒 2 在第一阶段的选择。囚徒 2 肯定选择"坦白",非理性的囚徒 1 采用针锋相对策略,最后一个阶段的策略取决于囚徒 2 上一阶段的行动是"坦白"还是"抗拒"。

然后,分析第一阶段(即 $t=1$)的均衡。①理性的囚徒 1 和理性的囚徒 2,此时,"坦白"是上策,理性的囚徒 1 和理性的囚徒 2 都会选择"坦白"。②非理性的囚徒 1 和理性的囚徒 2,非理性的囚徒 1 采用针锋相对策略,从合作开始,因此,选择"抗拒";囚徒 2 知道自己的策略会影响囚徒 1 下一阶段的策略选择,如果囚徒 2 选择"坦白",可以预测下一阶段囚徒 1 "坦白",如果囚徒 2 选择"抗拒",可以预测下一阶段囚徒 1 "抗拒",将囚徒 2 在这一阶段的策略选择表示为 $X=\{$坦白,抗拒$\}$。

表 13-1 表示了两阶段博弈中囚徒 1 和囚徒 2 的策略选择。当囚徒 2 在阶段 $t=1$ 选择"坦白"时,囚徒 2 的策略组合为(坦白,坦白),理性的囚徒 1 的策略组合为(坦白,坦白),非理性的囚徒 1 的策略组合为(抗拒,坦白),已知囚徒 1 类型的概率分布:理性的概率为 $P($理性的$)=\mu$,$P($非理性的$)=1-\mu$。因此,囚徒 2 在阶段 $t=1$ 选择"坦白"时的期望得益

$$Eu_2^{坦白}=[(-5)\cdot\mu+0\cdot(1-\mu)]+(-5)=-5-5\mu$$

当囚徒 2 在阶段 $t=1$ 选择"抗拒"时,囚徒 2 的策略组合为(抗拒,坦白),理性的囚徒 1 的策略组合为(坦白,坦白),非理性的囚徒 1 的策略组合为(抗拒,抗拒)。因此,囚徒 2 在阶段 $t=1$ 选择"抗拒"时的期望得益为

$$Eu_2^{抗拒} = [(-8) \cdot \mu + (-1) \cdot (1-\mu)] + [(-5) \cdot \mu + 0 \cdot (1-\mu)] = -1 - 12\mu$$

对囚徒 2 来说,在第一阶段 $t=1$,"抗拒"的期望得益不低于"坦白"的期望得益

$$-1 - 12\mu \geqslant -5 - 5\mu \quad \text{或} \quad \mu \leqslant \frac{4}{7}$$

时,囚徒 2 在第一阶段 $t=1$ 选择"抗拒"。就是说,如果囚徒 1 属于非理性的概率不低于 $1-\mu \geqslant 1-\frac{4}{7}=\frac{3}{7}$ 时,囚徒 2 将在第一阶段 $t=1$ 选择"抗拒",从而使这个两阶段囚徒困境博弈在阶段 $t=1$ 实现合作。因此,本博弈的完美贝叶斯纳什均衡为:①理性的囚徒 1"坦白",非理性的囚徒 1 和理性的囚徒 2 均"抗拒"。②理性囚徒 1"坦白",非理性囚徒 1"抗拒",囚徒 2"坦白"。③囚徒 2 判断囚徒 1 理性的概率为 $\mu \leqslant \frac{4}{7}$。

表 13-1 两阶段囚徒困境的策略组合

	$t=1$	$t=2$
理性的囚徒 1	坦白	坦白
非理性的囚徒 1	抗拒	X
囚徒 2	X	坦白

三阶段不完全信息囚徒困境

扩展到三阶段,$t=1,2,3$,此时的分析有多种情况,我们设定一种情境作为分析起点,从囚徒 2 判断囚徒 1 理性的概率为 $\mu \leqslant \frac{4}{7}$ 开始。

假设理性囚徒 1 在阶段 $t=1$ 选择"抗拒",即理性囚徒 1"伪装成"非理性的囚徒 1,囚徒 2 在阶段 $t=1$ 选择"抗拒",后续阶段的策略组合见表 13-2。表 13-2 所示策略路径上,理性的囚徒 1 的得益为 $u_1^{抗拒} = (-1) + 0 + (-5) = -6$,囚徒 2 的得益为 $u_2^{抗拒} = (-1) + (-8) + (-5) = -14$。

表 13-2 三阶段囚徒困境的策略组合 $\left(\mu \leqslant \frac{4}{7}\right)$

	$t=1$	$t=2$	$t=3$
理性的囚徒 1	抗拒	坦白	坦白
非理性的囚徒 1	抗拒	抗拒	抗拒
囚徒 2	抗拒	抗拒	坦白

首先,理性的囚徒 1 是否愿意在阶段 $t=1$ 偏离表 13-2 中的策略,选择"坦白"? 如果理性的囚徒 1 在阶段 $t=1$ 选择"坦白",则囚徒 1 是理性的就成为共同知识,于是接下来的最优策略必然是所有参与人选择"坦白"(见表 13-3)。在偏离"抗拒"时,理性的囚徒 1 得益为 $u_1^{坦白} = 0 + (-5) + (-5) = -10$,小于理性囚徒 1"抗拒"的得益 -6。所以,理性的囚徒 1 在阶段 $t=1$ 选择"抗拒",不会偏离表 13-3 中的策略。

表 13-3　理性的囚徒 1 在阶段 $t=1$ "坦白"后的策略组合 $\left(\mu \leqslant \dfrac{4}{7}\right)$

	$t=1$	$t=2$	$t=3$
理性的囚徒 1	坦白	坦白	坦白
非理性的囚徒 1	抗拒	抗拒	抗拒
囚徒 2	抗拒	坦白	坦白

其次,囚徒 2 是否愿意在阶段 $t=1$ 偏离表 13-2 中的策略,选择"坦白"? 囚徒 2 有三个策略组合:(抗拒,抗拒,坦白),(坦白,抗拒,坦白)和(坦白,坦白,坦白)。给定理性的囚徒 1 在阶段 $t=1$ 选择"抗拒",在表 13-2 中的策略组合中,囚徒 2 在阶段 $t=1$ 选择"抗拒"的期望得益为

$$Eu_2^{抗拒}=(-1)+[(-8)\cdot\mu+(-1)\cdot(1-\mu)]+[(-5)\cdot\mu+0\cdot(1-\mu)]=-2-12\mu$$

若囚徒 2 在阶段 $t=1$ 选择"坦白",则会有新的策略组合出现(见表 13-4),此时,囚徒 2 的期望得益为

$$u_2^{坦白}=0+(-5)+(-5)=-10$$

因此,如果囚徒 2 在阶段 $t=1$ "抗拒"的得益不低于"坦白"的得益,即

$$-2-12\mu \geqslant -10 \quad 或 \quad \mu \leqslant \dfrac{2}{3}$$

则囚徒 2 在阶段 $t=1$ "抗拒"优于"坦白"。又由于 $\mu\leqslant\dfrac{4}{7}<\dfrac{2}{3}$,因此,囚徒 2 在阶段 $t=1$ "抗拒",选择合作。

表 13-4　囚徒 2 在阶段 $t=1$ "坦白"后的策略组合 $\left(\mu\leqslant\dfrac{4}{7}\right)$

	$t=1$	$t=2$	$t=3$
理性的囚徒 1	抗拒	坦白	坦白
非理性的囚徒 1	抗拒	坦白	坦白
囚徒 2	坦白	坦白	坦白

上述分析表明,只要囚徒 2 判断囚徒 1 是非理性的概率 $1-\mu\geqslant\dfrac{3}{7}$,囚徒 2 也没有动机偏离表 13-2 中的策略组合,从而使这个三阶段囚徒困境博弈在阶段 $t=1$ 达成合作。

因此,短期博弈中合作均衡的条件是,参与人非理性的概率 $1-\mu$ 要足够大。短期博弈的条件可以扩展到长期。可以证明,在条件 $1-\mu\geqslant\dfrac{3}{7}$ 满足的前提下,对任意有限的 $T(T>3)$ 次不完全信息重复博弈,存在一个完美贝叶斯纳什均衡——理性的囚徒 1 在 $t=1$ 至 $t=T-2$ 阶段一直选择"抗拒"(合作),然后在 $t=T-1$ 至 $t=T$ 阶段选择"坦白"(不合作);囚徒 2 在 $t=1$ 至 $t=T-1$ 阶段选择"抗拒"(合作),然后在 $t=T$ 阶段选择"坦白"(不合作)。即在 $t=1$ 至 $t=T-2$ 阶段所有类型的参与人都进行合作;而在 $t=T-1$ 至 $t=T$ 阶段的博弈则如表 13-1 所示。

思考题

13.6 虚构的囚徒困境。 已知两囚徒博弈的得益矩阵如下所示：

		囚徒2 坦白	囚徒2 抗拒
囚徒1	坦白	0,0	2,−1
	抗拒	−1,2	1,1

如果囚徒2按标准的囚徒困境思考，但囚徒1是以下两个类型之一：一是囚徒困境策略型的，永远采用上策；二是冷酷触发型（grimtrigger type），在第一阶段总是选择抗拒，在之后的时期，只要参与人2选择抗拒，他就继续选择抗拒，如果参与人2坦白了，触发型参与人1就会一直坦白。令 $\mu > 0$ 为自然 N 选择参与人1为触发型的概率。试回答：①如果该博弈只进行1期，结果是什么？②如果该博弈进行2期，完美贝叶斯纳什均衡是什么？③如果该博弈进行3期，完美贝叶斯纳什均衡是什么？

习　题

13.1 不完全信息的斯塔克伯格模型。 两寡头斯塔克伯格产量竞争模型中厂商的利润函数为 $u_i = q_i \cdot (t_i - q_i - q_j)$，其中 $i, j = 1, 2$ 且 $i \neq j$。若 $t_1 = 1$ 是两个厂商的共同知识，而 t_2 是厂商2的私人信息，厂商1只知道 $t_2 = \frac{3}{4}$ 或 $t_2 = \frac{5}{4}$，且 t_2 取这两个值的概率相等。若厂商2先选择产量，然后厂商1再选择产量，请找出该博弈的完美贝叶斯纳什均衡。

13.2 市场进入博弈。 企业1选择是否进入，企业2选择打击还是容忍。假定企业2的成本有高低两种可能，真实成本是企业2的私人信息。企业1只知道前者的概率是 μ，后者的概率是 $1-\mu$。假设对应企业2的两种成本，得益如下：

		企业2(高成本) 容忍	企业2(高成本) 打击
企业1	进入	40,60	−20,0
	观望	0,200	0,200

		企业2(低成本) 容忍	企业2(低成本) 打击
企业1	进入	30,90	−20,130
	观望	0,300	0,300

问：①用海萨尼转换写出这个博弈的得益矩阵。②请找出企业1的最优策略。

13.3 针锋相对声誉（史蒂文·泰迪里斯，2015，第346页）。已知两囚徒的得益矩阵如下所示：

		囚徒 2	
		坦白	抗拒
囚徒 1	坦白	0,0	2,−1
	抗拒	−1,2	1,1

如果囚徒 2 按标准的囚徒困境思考。但囚徒 1 是以下两个类型之一：一是策略型的；二是针锋相对型(tit-for-tat type)，在第一时期总是选择抗拒，此后在任一期总是选择囚徒 2 在上一期所采用的策略。令 $\mu = \frac{1}{4}$ 为自然 N 选择参与人 1 为针锋相对型的概率。试回答：①如果该博弈只进行 1 期，结果是什么？②如果该博弈进行 2 期，完美贝叶斯纳什均衡是什么？③如果该博弈进行 3 期，完美贝叶斯纳什均衡是什么？

13.4 合资企业博弈。软件公司和硬件公司成立了一家合资公司，利润由两家平分。两家既可以贡献高努力，也可以只贡献低努力，高努力的成本是 20，低努力的成本是 0。硬件公司首先行动，但软件公司无法观察到硬件公司的努力水平。如果元件有缺陷，总利润为 100。在它们行动之前，两家公司都认为元件有缺陷的概率为 0.7，但是硬件公司在行动之前可以通过观察了解元件质量的真实情况，而软件公司做不到这一点。如果两家公司都只贡献低努力，总利润为 100；如果两家公司都贡献高努力，总利润为 200；若只有一家贡献高努力，则总利润为 200 的概率为 0.1，总利润为 100 的概率为 0.9。试回答：①画出博弈的扩展形；②纳什均衡是什么？③在均衡时，软件公司对于硬件公司选择了低努力的概率的信念如何？④如果软件公司发现利润为 100，那么当它自己贡献了高努力且相信硬件公司只选择了低努力时，它认为元件有缺陷的概率多大？

13.5 招生博弈。在申请读博的学生中有 10% 的学生喜欢经济学。某经济学院对于收到的读博申请决定是接受还是拒绝。学生知道自己是否喜欢经济学，但学院不知道。不同策略组合下博弈得益情况如下图所示。

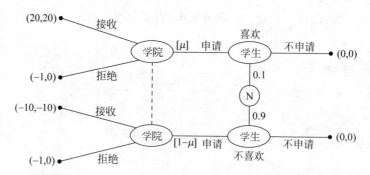

试回答：①这个博弈存在分离均衡吗？②这个博弈存在混同均衡吗？

13.6 啤酒-蛋糕博弈。自然 N 选择两种类型(软弱型和强硬型)的参与人 1，相应概率分别为 0.1 和 0.9。得益情况如下图所示。

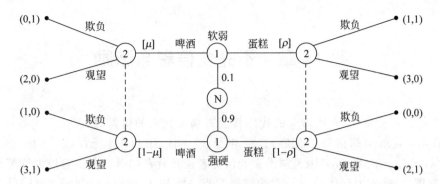

试回答：①这个博弈存在分离均衡吗？②这个博弈存在混同均衡吗？

第 14 章　不完全信息与激励

代理人受雇于委托人，代理人的代理行为影响委托人的得益时，就会产生委托-代理问题（principles-agents，简称 A-P 问题）。20 世纪 30 年代，伯利和米恩斯（Jr. Adolf Augustus Berle & Gardiner C. Means）因为洞悉企业所有者兼经营者的做法存在着极大的弊端，提出委托-代理理论，这成为现代公司治理的逻辑起点。委托-代理问题是由于信息原因而导致的监督问题：在非对称信息情况下，委托人不能观测到代理人的行为，只能观测到相关变量，这些变量由代理人的行动和其他外生的随机因素共同决定，委托人只能通过报酬等间接影响代理人的行为，因此委托-代理问题也称为激励机制①设计或机制设计问题。

14.1　完全信息的 A-P 模型

两名参与人，委托人 P 和代理人 A。委托人 P 选择"委托"或"不委托"；代理人 A 首先选择"接受"或"不接受"，在选择"接受"后，代理人 A 选择工作态度 T，有 $T=\{努力,懒惰\}=\{e,s\}$。这是一个两人三阶段博弈。委托人 P 的产出为 R；支付给代理人 A 的工资为 w。

委托人 P 的得益是产出 R 与付给代理人 A 工资 w 之间的差额，即
$$u_P = R - w$$
代理人 A 的得益是工资 w 与工作态度之间的差额，即
$$u_A = w - T$$
其中，产出 R 和工资 w 取决于代理人 A 的工作态度，有
$$R = R(T) \quad 和 \quad w = w(T)$$
在完全信息的条件下，A-P 问题的扩展形如图 14-1 所示。

这是完全且完美信息动态博弈，采用逆推归纳法进行分析。第三阶段，代理人 A 决定"努力"或"懒惰"，子博弈为图 14-2。

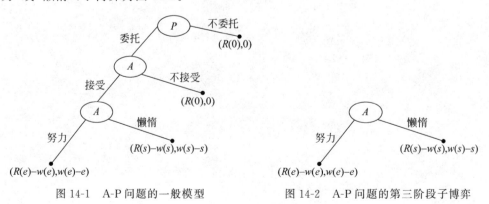

图 14-1　A-P 问题的一般模型　　　图 14-2　A-P 问题的第三阶段子博弈

---

①　激励方案是基于行动的可观察的结果进行奖惩，来影响参与者的不可观察的行动的一种策略。

此时，对委托人 P 来说，代理人 A 选择"努力"是好的，这就要求代理人 A 的得益满足激励相容约束(incentive-compatibility constraint, IC)，即

$$w(e)-e \geqslant w(s)-s \tag{14-1}$$

也就是，对代理人 A 来说，只有"努力"的回报不低于"懒惰"回报时，代理人 A 才会选择"努力"。

第二阶段，代理人 A 决定"接受"或"不接受"委托。当代理人 A 在第三阶段"努力"时，子博弈为图 14-3。当代理人 A"接受"委托的得益满足参与约束(participation constraint)或个人理性约束(individual rationality constraint, IR)，即

$$w(e)-e \geqslant 0 \tag{14-2}$$

时，代理人 A 会选择"接受"委托。同理，当代理人 A 在第三阶段"懒惰"时，子博弈为图 14-4。

图 14-3　代理人"努力"时的第二阶段子博弈　　图 14-4　代理人"懒惰"时的第二阶段子博弈

当代理人 A"接受"委托的得益满足参与约束，即

$$w(s)-s \geqslant 0 \tag{14-3}$$

时，代理人 A 会选择"接受"委托。

第一阶段，委托人 P 选择"委托"或"不委托"，决定是否将工作委托给代理人 A。当代理人 A"接受"委托并"努力"时，子博弈为图 14-5。委托人 P"委托"的条件为

$$R(e)-w(e) \geqslant R(0) \tag{14-4}$$

当代理人 A"接受"委托并"懒惰"时，子博弈为图 14-6。

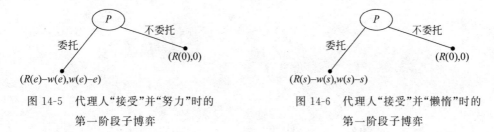

图 14-5　代理人"接受"并"努力"时的　　图 14-6　代理人"接受"并"懒惰"时的
　　　　　第一阶段子博弈　　　　　　　　　　　　第一阶段子博弈

委托人 P"委托"的条件为

$$R(s)-w(s) \geqslant R(0) \tag{14-5}$$

委托-代理问题的核心是，委托人如何促使代理人的行为符合委托人的利益。委托人的主要手段是委托合同的设计，即委托人通过设计得益方式，实现激励相容约束(14-1)、参与约束(14-2)(14-3)和委托人利益(14-4)(14-5)的统一。如果机制设计不完善，未能真正激励代理人努力工作，我们就说出现了道德风险(moral hazard)。

14.1 完全信息的 A-P 模型。 如果是完全信息的，委托人 P 的收益 R 是代理人 A 努力程度 e 的确定性函数，假设 $R(e)=10e-e^2$，当代理人 A"努力"时 $e=2$，当代理人 A"懒惰"时 $e=1$。委托人 P 根据代理人 A 的努力程度 e 支付工资，当代理人"努力"时 $w=4$，当代理人"懒惰"时 $w=2$。试回答：①本博弈的扩展形是什么？②本博弈满足激励相容约束吗？③本博弈满足参与约束吗？④本博弈符合委托人利益吗？⑤本博弈的子博弈完美纳什均衡是什么？

14.2 有不确定性但可监督的 A-P 模型

代理人的努力成果有不确定性，这主要来源于随机因素，与代理人的行为无关。若委托人对代理人的努力程度可以监督，此时，委托人根据代理人的努力程度（而不是工作成果）支付报酬。

为了分析产出不确定性，引入虚拟参与人——自然 N，自然 N 选择"高产出"或"低产出"，我们得到了三人四阶段博弈。假设代理人 P 的产出 R 取决于风险高低，表现为高产出 $R_H=20$ 或低产出 $R_L=10$。代理人 A"努力"时"高产出"$R_H=20$ 的概率为 0.9，"低产出"$R_L=10$ 的概率为 0.1；代理人 A"懒惰"时"高产出"$R_H=20$ 的概率为 0.1，"低产出"$R_L=10$ 的概率为 0.9。代理人 A"努力"时，$T=e=2$，当代理人 A"懒惰"时，$T=s=1$。委托人 P 根据代理人 A 的工作态度 T 支付工资，当代理人 A"努力"时 $w=4$，当代理人 A"懒惰"时 $w=2$。得益如图 14-7 所示。

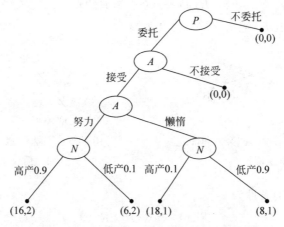

图 14-7 有不确定性但可监督的 A-P 模型

使用逆推归纳法进行分析。第四阶段不用考虑，所以从第三阶段开始分析，对代理人 A 来说，"努力"的得益为 2，"懒惰"的得益为 1，"努力"严格占优于"懒惰"，符合激励相容约束。第二阶段，对代理人 A 来说，"接受"的得益为 2，"不接受"的得益为 0，"接受"是上策，符合参与约束。第一阶段，对委托人 P 来说，"委托"的期望得益为 15，"不委托"的得益为

0,"委托"是上策,符合委托人 P 利益。因此,博弈存在着唯一的子博弈完美纳什均衡(委托,接受,努力),期望得益为

$$Eu_P = 16 \times 0.9 + 6 \times 0.1 = 15 \quad \text{和} \quad Eu_A = 2 \times 0.9 + 2 \times 0.1 = 2$$

有不确定性但可监督的 A-P 模型,实现了激励相容约束、参与约束和委托人利益的统一。

从结果可以看出,虽然产出具有不确定性,但不论最终实际的产出水平如何,委托人都将提供 $w=4$ 的工资。这相当于是由委托人向代理人提供了一种保险,委托人完全承担了产出不确定所带来的风险。

思考题

14.2 监督博弈。假设代理人 A 的得益函数为 $u_A = \sqrt{w} - e$,其中 e 为可观察的努力程度,可取值 0 或 7,代理人 A 不接受委托的得益(保留得益)为 4。风险中性的委托人 P 不同得益概率分布如下表所示。

收益水平	努力程度	
	$e=7$	$e=0$
高收益(1 000)	0.8	0.1
低收益(0)	0.2	0.9

如果委托人能够监督代理人的努力程度,并根据代理人的努力程度支付工资 w。试回答:①使代理人付出高努力的激励相容约束、参与约束和零利润条件是什么?②委托人 P 支付给代理人的工资 w 是多少?

14.3 有不确定性且不可监督的 A-P 模型

真正的委托-代理问题有两个条件:一是代理人和委托人的目标不同;二是代理人的决策和行为隐蔽,不易察觉或监督(戴维·贝赞可等,2015,第 76 页)。

代理人的努力成果有不确定性,而且委托人对代理人不能进行监督,只能知道代理人工作结果 R,此时委托人只能根据工作成果 R 给以报酬。企业的产出水平并不完全依赖于代理人的努力,两者的关系如表 14-1 所示,其中,$0 < P_L < P_H < 1, R_H > R_L$。

表 14-1 不同产出水平的概率分布

产出水平	努力程度	
	e	s
高产出(R_H)	P_H	P_L
低产出(R_L)	$1-P_H$	$1-P_L$

表 14-1 假设,虽然努力并不能完全避免低产出,不努力也可能带来高产出,但是,从概率意义上而言,努力则高产出的可能性增加。假设委托人 P 的高产出 $R_H = 20$ 和低产出 $R_L = 10$。代理人 A "努力"时高产出 $R_H = 20$ 的概率为 0.9,低产出 $R_L = 10$ 的概率为 0.1;

代理人 A"懒惰"时高产出 $R_H=20$ 的概率为 0.1,低产出 $R_L=10$ 的概率为 0.9。代理人 A"努力"时,$T=e=2$,当代理人 A"懒惰"时,$T=s=1$(见表 14-2)。

表 14-2 不同产出水平的概率分布

产 出 水 平	努 力 程 度	
	$e=2$	$s=1$
高产出($R_H=20$)	0.9	0.1
低产出($R_L=10$)	0.1	0.9

委托人 P 根据产出支付代理人 A 工资,有

$$w(R_H=20)=4 \quad 和 \quad w(R_L=10)=2$$

为了分析产出不确定性,引入虚拟参与人——自然 N,自然 N 选择"高产出"或"低产出",这仍是三人四阶段博弈。参与人得益如图 14-8 所示。

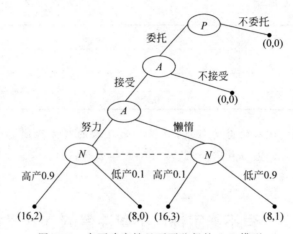

图 14-8 有不确定性且不可监督的 A-P 模型

第四阶段不用考虑,所以从第三阶段开始分析。第三阶段,不确定性时的激励相容约束(14-1)转变为

$$E[w(e)-e] > E[w(s)-s] \tag{14-6}$$

此时代理人 A 会努力工作。由于

$$Eu_A^{努力}=2\times 0.9+0\times 0.1 > Eu_A^{懒惰}=3\times 0.1+1\times 0.9 \text{ 或 } 1.8 > 1.2$$

满足激励相容约束,所以代理人 A 会"努力"工作。

第二阶段,不确定时的参与约束(14-2)和(14-3)转变为

$$E[w(e)-e] > 0 \quad 且 \quad E[w(s)-s] > 0 \tag{14-7}$$

此时代理人 A 会选择"接受"委托。由于 1.8>0 且 1.2>0,满足参与约束,所以代理人会"接受"委托。

第一阶段,不确定条件下委托人的"委托"条件(14-4)和(14-5)转变为

$$E[R(e)-w] > 0 \tag{14-8}$$

委托人 P 会选择"委托"。由于

$$Eu_P^{委托} = 16 \times 0.9 + 8 \times 0.1 = 15.2 > 0$$

"委托"的期望得益要大于"不委托"的得益,满足委托人利益,所以委托人会选择"委托"。博弈存在着唯一的子博弈完美纳什均衡(委托,接受,努力),期望得益分别为(15.2,1.8)。与第 14.2 节比较,在存在不确定性且不可监督时,委托人和代理人共同分担了信息成本。当委托人给代理人的薪酬建立在绩效或盈利基础上,或至少部分是这样时,委托人采用了利润分享(profit-sharing)计划。在不完全信息下,委托人的得益降低。同样是让代理人付出努力,在不完全信息下委托人需要花费更高的成本,因此与完全信息情形相比,委托人的境况变差。事实上,代理成本的确是一种无谓的浪费(陈钊,2005,第 98 页)。

14.3 律师博弈。某人正在打一场官司,不请律师肯定会输,请律师后的结果与律师的努力程度有关。假设当律师努力工作($e=100$ 小时)时有 50% 的概率能赢,律师不努力工作($e=10$ 小时)则只有 15% 的概率能赢。如果诉讼获胜可得到 250 万元赔偿,失败则没有赔偿。因为无法监督律师的工作,因此双方约定根据结果付费,赢官司律师可获赔偿金额的 10%,失败则律师一分钱也得不到。律师的得益函数为 $u_{律师} = m - 0.05e$,其中 m 为报酬,e 是努力小时数,且律师的机会成本为 5 万元。试回答:①本博弈的扩展形是什么?②本博弈的均衡是什么?

委托-代理问题是道德风险在博弈论中的体现,道德风险是一方参与人采取隐藏行动(hidden action)——该行为是另一方无法察觉的行为,即处于信息优势的一方通过无法观察到的行动(unobserved actions)从处于信息劣势的一方那里获得好处的机会主义行为。代理人的工作态度就是一个隐藏行动。委托-代理关系的例子包括:患者-医生,在这种关系中,后者具有较多的医学知识和信息以影响前者;储户-银行,后者具有较多的有关贷款风险和质量的信息;雇主-雇员,后者在工作上的努力是不被看到的;等等(见表 14-3)(阿伦·德雷泽,2003,第 22 页)。

表 14-3 经济活动中的委托-代理问题

委 托 人	代 理 人	代理人道德风险所在
土地所有者	佃农	耕地保护
股东	经理	管理决策
经理	员工	工作努力
债权人	债务人	项目风险
房东	租户	房屋维护
原告/被告	代理律师	办案态度
保险公司	投保人	风险防范
病人	医生	治疗费用

委托-代理问题的核心是激励机制的设计,就是委托人怎样使代理人在达到自身得益最大化的同时,自愿地或不得不选择与委托人标准或目标相一致的行动。例如,人们为使驴"自觉地"或"有干劲地"不停地拉磨,或者将驴的眼睛蒙起来(信息蒙蔽),或者在驴的头部

前面用竹竿挂一个它喜欢吃的胡萝卜（信息引诱）。一般来说，这两种方式都属于激励，但后一种激励才属于严格意义的博弈论的激励范畴。

14.4 激励机制设计

经济机制设计理论关注于在自由选择、自愿交换、信息不完全及决策分散化的条件下，怎样设计一套规则或制度来达到既定目标。现实生活中关于机制设计的例子很多，比如垄断企业的定价策略、政府的税收制度、保险公司的收费和赔偿政策等都是机制设计问题。

机制设计

A-P问题中，委托人具有不完全信息或者说信息劣势，为此他要设计一个博弈规则来激励代理人。委托人在设计机制时，面临着两个约束：

第一个是参与约束或个人理性约束，如何让代理人接受委托人设计的机制？在该机制下，代理人的期望得益必须不小于他的保留得益（reservation utility）（代理人不接受机制时的最大期望得益）。

第二个是激励相容约束，如何让代理人选择委托人希望他选择的行动？显然，只有当代理人选择委托人希望他选择的行动所得到的期望得益不小于他选择其他行动所得到的期望得益时，代理人才会选择委托人希望他选择的行动。激励相容约束要求所设计的机制能激励代理人说出自己的私人信息、公布自己的真实类型。

满足参与约束（IR）的机制称为可行机制（feasible mechanism），满足激励相容约束（IC）的机制称为可实施机制（implementable mechanism）。如果一个机制同时满足参与约束和激励相容约束，我们就说这个机制是可行且可实施的。委托人的问题就是设计一个可行且可实施的机制以最大化他的期望得益。

典型的机制设计是一个三阶段的不完全信息动态博弈：第一阶段，委托人设计一个博弈规则，根据这个博弈规则，代理人发出信号（message）（比如拍卖中买者的报价）。在第二阶段，代理人对委托人设计的机制同时选择接受或不接受，如果代理人选择不接受那么他得到保留得益。在第三阶段，接受机制的代理人根据机制的规定进行博弈。

当代理人拥有私人信息时，有些机制会让他说真话，有些机制则可能让他说假话。由委托人设计机制来主动识别代理人的私人信息——类型，也称为信息甄别（screening），这也符合第12章的显示原理，任何一个说假话机制都可以由一个说真话机制来取代并得到相同的均衡结果。

薪酬机制设计（岳昌君，2010，第123~126页）

我们以薪酬设计为例解释机制设计原理。假设一个企业雇用了一名员工，老板当然希望员工努力为自己工作，但员工的努力程度老板观察不到，因此存在不完全信息。但是老板可以准确观察到该员工为自己带来的利润。假设员工为老板带来的利润情况如表14-4所示。

表 14-4　不完全信息下企业利润情况　　　　　　　　　　　单位:元

不同情形	利润
如果市场大环境好,员工努力	20 000
如果市场大环境好,员工不努力	10 000
如果市场大环境不好,员工努力	10 000
如果市场大环境不好,员工不努力	5 000

如表 14-4 所示,企业的利润取决于两个因素——市场大环境和员工的努力程度。假设市场大环境的好坏是外生随机变量,市场大环境好和不好的概率各为 0.5。假设员工努力工作,则需要付出价值 2 000 元的成本;如果员工不努力工作,只需要付出价值 1 000 元的成本。对于企业老板来说,设计怎样的工资薪酬制度才能够激励员工努力工作呢?

首先,我们考虑固定工资制,即每月给员工 3 000 元的工资,那么员工会选择努力工作还是不努力工作呢? 如果员工选择努力工作,则员工的净得益为

$$u_{员工}^{努力} = 3\,000 - 2\,000 = 1\,000(元)$$

如果员工不努力工作,则员工的净得益为

$$u_{员工}^{不努力} = 3\,000 - 1\,000 = 2\,000(元)$$

可以看出,员工不努力工作的得益大于努力工作的得益。因此,在固定工资制下,员工不会努力工作,固定工资制不是一个好的薪酬机制。

其次,我们考虑条件工资制。工资方案如下,如果企业利润小于等于 10 000 元,则支付给员工工资 2 500 元;如果企业利润大于 10 000 元,则支付给员工工资 5 000 元。员工会怎样选择呢? 如果员工选择努力工作,则员工的期望得益为

$$Eu_{员工}^{努力} = (5\,000 - 2\,000) \times \frac{1}{2} + (2\,500 - 2\,000) \times \frac{1}{2} = 1\,750(元)$$

如果员工选择不努力工作,则员工的期望得益为

$$Eu_{员工}^{不努力} = (2\,500 - 1\,000) \times \frac{1}{2} + (2\,500 - 1\,000) \times \frac{1}{2} = 1\,500(元)$$

由于努力工作的期望得益高于不努力工作,员工会选择努力,条件工资制达到了机制设计的目的。因此,当机制设计合理时,能有效激发员工的努力热情。

思考题

14.4 劳动力市场信息甄别。劳动力按能力不同有两类:高能力劳动力,给企业创造 2 单位价值;低能力劳动力,仅给企业创造 1 单位的价值。假设两类劳动力在市场上各占一半。两类劳动力接受教育程度 s 的成本分别为:$c_H = 0.5s$ 和 $c_L = s$;两类劳动力的得益取决于工资和受教育成本,分别为:$u_H = w - c_H = w - 0.5s$ 和 $u_L = w - c_L = w - s$。企业给出的劳动力合同是:(s_L, w_L) 和 (s_H, w_H)。试回答:①让两类劳动力说真话的激励相容约束是什么?(提示:考虑有说假话可能的劳动力)②零利润假设下,企业支付给两类劳动力的工资 w_L 和 w_H 是多少?③两类劳动力的受教育程度 s_L 和 s_H 是多少?

底薪＋提成制度

"底薪＋提成"是存在监督难题时经常采用的薪酬机制。两名参与人,店主和店员,店

主产出 R 取决于店员努力水平 e 和随机因素 ε
$$R = R(e) = 4e + \varepsilon$$
店员的努力成本为
$$C = C(e) = e^2$$
店员的机会成本(保留工资)为 $\bar{w} = 1$。

考虑到监督难题,店主根据产出 R 给店员报酬
$$S = S(R) = a + b \cdot R(e) = a + b \cdot (4e + \varepsilon)$$
店主设计薪酬机制 S——底薪 a 和提成 b;店员决定努力水平 e。

在"底薪+提成"薪酬机制下,店主的得益为
$$u_{店主} = R - S = 4(1-b)e + (1-b)\varepsilon - a$$
期望得益为
$$Eu_{店主} = R - S = 4(1-b)e - a \tag{14-9}$$
店员的得益为
$$u_{店员} = S - C = a + b \cdot (4e + \varepsilon) - e^2$$
期望得益为
$$Eu_{店员} = a + 4be - e^2 \tag{14-10}$$

参与约束分析(e 的确定)。根据逆推归纳法,如果店员是风险中性的,店员的参与约束是
$$Eu_{店员} \geqslant \bar{w} \quad 或 \quad a + 4be - e^2 \geqslant 1$$
店员选择努力程度 e 满足
$$\max_{e} Eu_{店员} = a + 4be - e^2$$
$$\text{s.t.} \quad a + 4be - e^2 \geqslant 1$$
根据最优化的必要条件,解得店员的反应函数
$$e^* = BR_{店员}(a, b) = 2b \tag{14-11}$$

店主的激励选择分析(a、b 的确定)。店主提供的薪酬合约必须满足店员的参与约束
$$a + b \cdot (4e + \varepsilon) - e^2 \geqslant 1 \quad 或 \quad a + b \cdot (4e + \varepsilon) \geqslant 1 + e^2$$
此时,店主的得益为
$$u_{店主} = R - S \leqslant R - (1 + e^2) = 4e + \varepsilon - 1 - e^2$$
在店员的反应函数(14-11)时,店主的期望得益(14-9)转变为
$$Eu_{店主} = 4e - 1 - e^2 = 4 \cdot (2b) - 1 - (2b)^2$$
因此,店主的选择为
$$\max_{a,b} Eu_{店主} = 8b - 1 - 4b^2$$
$$\text{s.t.} \quad a + 4be = 1 + e^2$$

根据最优化的必要条件,解得 $b = 1, e = 2$,且根据约束条件知 $a = -3$,店主不但不发固定工资,而且向店员收取 3 个单位的承包费或租金,店员则产出全得。此时,期望得益分别为 $Eu_{店主} = 3, Eu_{店员} = 5$。店员的薪金与企业的利润挂钩,这实质上是一种特许经营(franchise)

的机制。

14.5 业绩激励。销售员努力工作可以直接增加公司的得益。假定销售员付出努力程度 e 的成本可以以货币形式来表示，努力成本函数为

$$c(e)=\begin{cases}0, & e\leqslant 40\\ \frac{1}{2}(e-40)^2, & e>40\end{cases}$$

假定销售员已经投入了 $e=40$ 个单位的努力，且正在考虑是否要增加 1 个单位的努力，增加的这 1 个单位的努力将会给公司带来 100 元的收入。企业设置"底薪＋提成"的薪酬方案：销售员获得 1 000 元/周的底薪，同时又获得销售产出 10% 的提成。试回答：①"底薪＋提成"下，销售员的得益函数是什么？②销售员的最优努力程度 e 是多少？③销售员的得益是多少？公司的得益是多少？

习　题

14.1 风险中性的委托人 P。已知代理人 A 的得益函数为 $u_A=\sqrt{w}-e$，其中 e 为不可观察的努力程度，有 $e=\{0,7\}$，代理人 A 的保留得益为 4。风险中性的委托人 P 不同产出的概率分布如下表所示。

产出水平	努力程度	
	$e=7$	$e=0$
1 000	0.8	0.1
0	0.2	0.9

试回答：①代理人 A 高努力程度的激励相容约束、参与约束和零利润条件是什么？②当只能实行固定工资时，代理人 A 的得益将是多少？③在完全信息下，代理人 A 的得益是多少？④在不完全信息下，代理人 A 的得益是多少？

14.2 道德风险。传统上，某银行只提供优质贷款——仅向信誉好的人提供抵押贷款。不过，该银行的高级主管小张在考虑提供次级贷款——向投机商和其他信誉较差的借款人提供的抵押贷款。如果他只提供优质贷款，银行将赚得 1.6 亿元。如果同时提供次级贷款，当经济状况好时，违约的人也很少，银行会获得 8 亿元的利润。但是，如果经济不景气，会出现大量违约，银行会损失 3.2 亿元。经济不景气的概率是 75%。如果银行获得正利润，小张可以拿到利润的 1% 分成；如果银行亏本，小张可以一走了之，另找工作，但也没有收入。小张和银行的股东都是风险中性的。试回答：①如果小张关心的只是个人期望产出最大化的话，他会决定让银行提供次级贷款吗？②股东们更希望他如何决策呢？

14.3 产出无风险时设定最优薪酬。一家零售店的周收入取决于管理者的努力程度 e：$TR(e)=3\,500+100e^{0.5}$，努力 e 表现为工作小时数。管理者努力的成本为：$C(e)=$

$853.55+7.07e$。除了支付管理者的工资外,所有者必须支付生产成本 1 000 元。由于管理者的很多工作时间并没有花费在店中,所有者无法直接了解管理者实际工作了多少小时。管理者的报酬为利润分成奖金 $w=\alpha \cdot \pi(e)$,其中 π 为零售店利润。管理者的保留得益为 1 000 元。试回答:①管理者将提供多少努力 e?②产生的周利润 $\pi(e)$ 是多少?③向管理者支付多少报酬?

14.4 为管理者设计薪酬。一位女士继承了家族的农场,她自己对经营农场既不感兴趣,也不具备这样的能力,所以她希望雇用一位管理者。邻居告诉她,一个好管理者目前的薪酬是 50 000 元,不过她担心这一薪酬不能激励管理者充分发掘农场的潜能。她估计被合理激励的管理者能够提高农场的利润,除了管理者的努力外,利润对谷物的价格也很敏感。价格低,利润就低;如果谷物价格上升,利润也会增加。下表中的利润是未支付管理者薪酬时的利润总额。

利润与管理者的努力 单位:元

	利润,低价格(概率 0.5)	利润,高价格(概率 0.5)
低水平努力	50 000	150 000
高水平努力	100 000	200 000

管理者财富 W 的唯一来源是农场薪酬。若他提供低水平努力,其得益函数为

$$u_{管理者}^{低努力}=W^{0.5}$$

如果他提供高水平努力,则其得益函数为

$$u_{管理者}^{高努力}=W^{0.5}-46.3$$

女士为管理者设计了两种薪酬方案:方案一,得益 50 000 元的固定工资;方案二,向管理者支付利润一定百分比 x 的奖金,这个奖金必须能够提供管理者产生净满意度 223.6 单位的薪酬。试回答:①在方案一中,管理者的选择是什么?②在方案二中,利润中的百分比 x 应当是多少?③两个方案中,哪个方案对女士更有利?

14.5 基于风险分担的两种薪酬机制。一家企业的风险性资产 W(注意,这些价值是扣除管理者薪酬之前的价值):

$$风险性资产 W=1\,000 万元(概率为 0.5)或者 2\,000 万元(概率为 0.5)$$

管理者是风险规避者,有 $u_{管理者}=W^{0.5}$,管理者的唯一财富来自工作。股东必须为管理者提供期望得益等于 10 的薪酬组合(即 $W=u_{管理者}^2=10^2=100$ 万元);否则,管理者就会离开并寻找其他工作。与管理者相反,股东是风险中性的,并对支付给管理者薪酬之后的风险性资产的期望值感兴趣。股东有两种薪酬机制:方案一,支付给管理者 100 万元的固定工资;方案二,不支付工资,只支付占资产一定比例 x 的奖金。试回答:①在方案二中,需要占资产的多大比例 x,才能向管理者提供 100 的期望得益呢?②哪种薪酬方案对股东更有利?

14.6 薪酬设计。小张聘请小李来管理她的商店。小李的努力程度在下表的左栏中给出,每个单元格显示了小张的净利润(忽略小李努力工作的成本)。

	低 需 求	高 需 求
不努力	20	40
适当努力	40	80
很努力	80	100

无论市场需求是高还是低,小李不努力工作的私人成本是 0,适当努力的成本为 10,很努力的成本是 30。两人都是风险中性的。他们目前所要考虑的薪酬合约有三种:方案一是固定费用,小李得到一笔大小为 10 的固定工资;方案二是利润分成,小李获得企业净产出的 50%,但没有工资;方案三是底薪+分成合约,小李获得 10 的基本工资,加上净产出的 80%作为奖金。试回答:①如果他们使用固定费用合约,结果会怎样?②如果他们采用利润分成合约,结果会怎样?③如果他们使用底薪+提成合约,结果会怎样?④小张和小李更偏好哪一种合约?

14.7 薪酬激励博弈。小李拥有一家复印店,雇用 2 个人提供基本服务。每名雇员处于失业中并享受清闲所需要的花费为每月 1 000 元。雇员只能选择努力工作($e=1$)或偷懒($e=0$)。如果雇员努力工作($e=1$),会产生额外成本 1 000 元,且个人创造的收入取决于他的努力程度和运气。当雇员偷懒($e=0$)时,如果运气不好(概率为 1/2),这名雇员的工作每月会产生 1 000 元的收入;如果运气好(发生的概率为 1/2),这名雇员的工作每月会产生 4 000 元的收入。如果雇员努力工作($e=1$)情况又会如何呢?在这个案例中,如果他运气不好,每月会产生 4 000 元收入;如果运气好,他会产生每月 9 000 元的收入。

		照相馆收入	
		运气好($p=1/2$)	运气不好($p=1/2$)
雇员努力	低($e=0$)	1 000	4 000
	高($e=1$)	4 000	9 000

小李无法知道他们是否努力工作或运气如何。然而,他和他的雇员们都知道如果一个雇员运气好(或不好),其他人也一样。小李采用了如下的薪酬策略(底薪+提成变型):不管生意如何,他都会支付给每个雇员基本工资每月 1 000 元;每个月底他还会支付给产生收入最高的雇员额外 3 000 元;如果两人持平,小李就扔硬币决定谁得到 3 000 元。考虑一下这个薪酬策略,试回答:①雇员会有意愿努力工作吗?②如果是,在风险中性的情况下,他们会付出多大的努力?③小李的预期利润为多少?

14.8 安全与挑战。公司向工人提供包含工资 w 及职责 z 的工作合同:$z=0$ 表示"安全性"工作,$z=1$ 表示"危险性"工作。在观察到公司的合同提议(w,z)后,工人选择接受或者拒绝。

如果工人拒绝接受该合同,他的得益为 100。如果工人接受了这份工作,工人的得益与两件事情有关:工资 w 和境况 x。工人的境况取决于他的同事对他的评价,x 可能是:1(差),2(好),或者 3(非常好)。如果工人获得的是安全性工作,那么一定有 $x=2$。如果工人获得的是危险性工作,则有 p 的概率是 $x=3$,有 $1-p$ 的概率是 $x=1$。

当工人被公司雇用时,工人的得益是 $w+v(x)$,其中 $v(x)$ 是境况 x 的价值。有

$v(1)=0, v(3)=100$,同时使 $v(2)=y$。

当工人受雇于安全性工作时,公司能获得 $180-w$ 的回报;当工人受雇于危险性工作时,公司得到的回报是 $200-2$。如果工人拒绝了公司的合同,那么公司只能得到 0。

试回答:①工资要多高,才能使工人接受安全性工作?在这种情况下公司的最高得益是多少?②工资要多高,才能使工人接受危险性工作?在这种情况下公司的最高得益是多少?③如果 $p=\dfrac{1}{2}$,公司的最优合同是怎样的?

第15章 不完全信息与信号博弈

信息对市场行为有着微妙的影响。对于不完全信息,有两种解决机制:信号发送(signaling)和信号甄别(screening)。信号发送是拥有信息优势的参与人通过采取某种可被观察的行动(即发送信号)来向其他参与人显示自己的真实信息;信号甄别是处于信息劣势的参与人设计机制让处于信息优势的一方显示其真实信息。

15.1 信号博弈的博弈规则

信号博弈是一类广泛应用的动态贝叶斯博弈。在信号博弈中,有两名参与人,信号发送者(sender,S)和信号接收者(receiver,R)。双方都只行动一次,信号接收者具有不完全信息,但他能够从发送者的信号中获得部分信息。信号博弈的行动顺序如下:

第一阶段,自然 N 根据特定的概率分布 $P(t_i)$,从发送者 S 的可行类型空间 $T=\{t_1,\cdots,t_n\}$中赋予发送者 S 某种类型 $t_i(i=1,\cdots,n)$,这里,先验概率 $P(t_i)>0$,并且 $P(t_1)+\cdots+P(t_n)=1$。

第二阶段,发送者 S 观测到自己的类型 t_i 后,从可行的信号空间 $M=\{m_1,\cdots,m_l\}$中选择并发送出一个信号 $m_j(j=1,\cdots,l)$。

第三阶段,接收者 R 观测到信号 m_j(但不能观测到类型 t_i),然后从可行的行动空间 $A=\{a_1,\cdots,a_h\}$中选择一个行动 $a_k(\theta=1,\cdots,h)$。

最后,发送者 S 和接收者 R 的得益函数分别是 $u_S(t_i,m_j,a_k)$ 和 $u_R(t_i,m_j,a_k)$。

我们构建了一个两种类型 $T=\{t_1,t_2\}$、两种信号 $M=\{m_1,m_2\}$ 和两种行动 $A=\{a_1,a_2\}$ 的 $2\times2\times2$ 信号博弈,扩展形如图 15-1 所示。正中央圈着 N 的小圆圈代表第一阶段自然以概率分布$(\mu,1-\mu)$选择$\{t_1,t_2\}$,其下的两个圈 S 的小圆圈代表第二阶段发送者 S 在信号空间 $M=\{m_1,m_2\}$ 中进行选择,这里 $m_j(j=1,2)$ 依赖于类型 $t_i(i=1,2)$ 的函数,即 $m_j=m(t_i)$;其下的四个圈着 R 的小圆圈代表第三阶段信号接收者 R 开始选择自己的行动 $a_k(k=1,2)$,这里 a_k 直接依赖于接收者 R 所观测到的信号 m_j,即 $a_k=a(m_j)=a[m(t_i)]$。

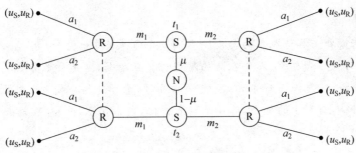

图 15-1 $2\times2\times2$ 信号博弈

信号博弈的策略

发送者 S 的策略有四种：①策略 s_1，如果自然 N 赋予的类型是 t_1，选择信号 m_1；如果自然 N 赋予的类型是 t_2，选择信号 m_1。即，不管自然 N 赋予什么类型，都发出信号 m_1，记为 $s_1=m_1m_1$。②策略 s_2，如果自然 N 赋予的类型是 t_1，选择信号 m_1；如果自然 N 赋予的类型是 t_2，选择信号 m_2，记为 $s_2=m_1m_2$。③策略 s_3，如果自然 N 赋予的类型是 t_1，选择信号 m_2；如果自然 N 赋予的类型是 t_2，选择信号 m_1，记为 $s_3=m_2m_1$。④策略 s_4，如果自然 N 赋予的类型是 t_1，选择信号 m_2；如果自然 N 赋予的类型是 t_2，选择信号 m_2。即，不管自然 N 赋予什么类型，都发出信号 m_2，记为 $s_4=m_2m_2$。

发送者 S 的策略，与发送者的类型相依，可以划分为两类：①混同策略（pooling strategies），发送者 S 在不同类型下发出相同的信号，如 s_1 和 s_4。在发送者 S 采用混同策略时，接收者 R 无法从观测到的信号中得到新的信息，也就无法对先验概率进行修正。②分离策略（separating strategies），发送者 S 针对不同的类型选择不同的信号，如 s_2 和 s_3。在发送者 S 采用分离策略中，信号准确地表现其类型，接收者 R 可以通过所观测到的信号准确地判断出发送者 S 的类型。此外，一些信号博弈中，发送者 S 还可以采用半分离策略（semi-separating strategies），发送者 S 对某些类型选择特定的信号，而对另一些类型则随机地选择信号，这时，虽然接收者 R 不能完全判断出发送者 S 的类型，但是能够据以修正自己的先验概率。

接收者 R 的策略，与接收者看到的信号相依，共有四种：①策略 r_1。如果观测到发送者 S 发出的信号是 m_1，选择行动 a_1；如果观测到发送者 S 发出的信号是 m_2，选择行动 a_1。即，不管发送者 S 发出什么信号，都选择行动 a_1，记为 $r_1=a_1a_1$。②策略 r_2。如果观测到发送者 S 发出的信号是 m_1，选择行动 a_1；如果观测到发送者 S 发出的信号是 m_2，选择行动 a_2，记为 $r_2=a_1a_2$。③策略 r_3。如果观测到发送者 S 发出的信号是 m_1，选择行动 a_2；如果观测到发送者 S 发出的信号是 m_2，选择行动 a_1，记为 $r_3=a_2a_1$。④策略 r_4。如果观测到发送者 S 发出的信号是 m_1，选择行动 a_2；如果观测到发送者 S 发出的信号是 m_2，选择行动 a_2。即，不管发送者 S 发出什么信号，都选择行动 a_2，记为 $r_4=a_2a_2$。原则上来说，接收者 R 的策略中，r_1 和 r_4 是混同策略，r_2 和 r_3 是分离策略；但是，信号博弈的重点是信号发送者的类型信息不完全，重点也是如何分辨发送者的类型，因此，我们说混同策略或分离策略，主要指信号发送者的策略类型。

15.1 强者博弈。参与人 1 的类型为强者（用 Q 表示）和弱者（用 W 表示）是私人信息，其概率分别为 0.9 和 0.1；参与人 2 的类型为恃强凌弱，这是公共知识。参与人 1 选择早餐时是否吃辣椒，吃辣椒用 C 表示，不吃辣椒用 BC 表示；参与人 2 观察到参与人 1 的早餐内容，然后判断参与人 1 的类型，选择是否袭击他，袭击用 X 表示，不袭击用 BX 表示，双方的得益矩阵如下所示：

参与人1是强者   参与人1是弱者

		参与人2	
		X	BX
参与人1	C	1,-1	3,0
	BC	0,-1	2,0

		参与人2	
		X	BX
参与人1	C	0,1	2,0
	BC	0,1	3,0

这是不完全信息动态博弈,试回答:①画出这个博弈的扩展形。②写出两个参与人的策略空间。③说明哪些是混同策略,哪些是分离策略。

信号博弈的均衡

信号博弈的完美贝叶斯纳什均衡 $[m^*(t_i), a^*(m_j), P(t_i|m_j)]$ 必须满足下列三个要求:

要求1 判断。接收者 R 在观测到信号 $m_j (m_j \in M)$ 之后,必须对发送者 S 在哪些类型下可能会发出 m_j 持有一个判断,用条件概率 $P(t_i|m_j)$ 表示,并且对任意的 $t_i \in T, 0 \leq P(t_i|m_j) \leq 1$ 且 $P(t_1|m_j) + \cdots + P(t_n|m_j) = 1$。

要求2 序贯理性。对接收者 R 而言,对任意的 $m_j \in M$,给定判断 $P(t_i|m_j)$,接收者 R 所选择的行动 $a^*(m_j)$ 是下列最优化问题的解:

$$\max_{a_k} Eu_R = \sum_{t_i} u_R[t_i, m_j, a(m_j)] \cdot P(t_i|m_j)$$

对发送者 S 而言,对任意的 $t_i \in T$ 及接收者 R 的最优行动 $a^*(m_j)$,发送者 S 所选择的信号 $m^*(t_i)$ 是下列最优化问题的解:

$$\max_{m_j} u_S = u_S[t_i, m_j, a^*(m_j)]$$

要求3 贝叶斯法则。对任意的 $m_j \in M$,如果 T 中存在 t_i 使得 $m^*(t_i) = m_j$(这意味着对应于信号 m_j 的信息集处于均衡路径之上),则接收者 R 在对应于 m_j 的信息集中所持有的判断 $P(t_i|m_j)$ 必须符合贝叶斯法则和发送者 S 的均衡策略。如果 T 中不存在 t_i 使得 $m^*(t_i) = m_j$,接收者 R 在 m_j 所对应的信息集中所持有的判断也必须符合贝叶斯法则和发送者 S 的均衡策略。

信号博弈中,如果发送者 S 的策略是混同的,不同类型的发送者所选择的可被观察到的信号的最优水平是相同的,因而接收者不能通过该信号来区别不同类型的发送者,所形成的完美贝叶斯纳什均衡称为混同均衡(pooling equilibrium);如果发送者 S 的策略是分离的,不同类型的发送者所选择的可被观察到的信号的最优水平是不同的,因而接收者可以通过该信号来区分不同类型的发送者,所形成的完美贝叶斯纳什均衡被称为分离均衡(separating equilibrium);如果发送者 S 的策略是半分离的,则所形成的完美贝叶斯纳什均衡称为半分离均衡(semi-separating equilibrium)。

虚拟的信号博弈

我们有一个如图 15-2 所示的信号博弈,那么,这个博弈的完美贝叶斯纳什均衡是什么呢?

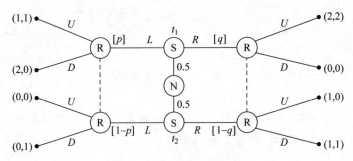

图 15-2 虚拟的信号博弈

按照逆推归纳法和序贯理性原则求两个参与人的均衡策略。

在第二阶段,参与人 R 观察到参与人 S 的行动后,选择行动来最大化自己的期望得益。在观察到信号 L 时,参与人 R 求解最大化问题

$$\max_{U,D}\{1\times p+0\times(1-p),0\times p+1\times(1-p)\}=\max_{U,D}\{p,1-p\}$$

当 $p\geqslant\frac{1}{2}$ 时,$a_R^*(L)=U$;$p<\frac{1}{2}$ 时,$a_R^*(L)=D$。

在观察到信号 R 时,参与人 R 求解最大化问题

$$\max_{U,D}\{2\times q+0\times(1-q),0\times q+1\times(1-q)\}=\max_{U,D}\{2q,1-q\}$$

当 $q\geqslant\frac{1}{3}$ 时,$a_R^*(R)=U$;$q<\frac{1}{3}$ 时,$a_R^*(R)=D$。

在第一阶段,分析参与人 S 的策略。当参与人 S 的类型为 t_1 时,参与人 S 对参与人 R 的策略的最优反应。当 $p\geqslant\frac{1}{2}$ 且 $q\geqslant\frac{1}{3}$ 时,参与人 S 求解最大化问题

$$\max_{L,R}\{u_S(L,U;t_1),u_S(R,U;t_1)\}=\max_{L,R}\{1,2\}$$

则有 $m_S^*(t_1)=R$。

当 $p<\frac{1}{2}$ 且 $q\geqslant\frac{1}{3}$ 时,参与人 S 求解最大化问题

$$\max_{L,R}\{u_S(L,D;t_1),u_S(R,U;t_1)\}=\max_{L,R}\{2,2\}$$

则有 $m_S^*(t_1)=R$ 或 $m_S^*(t_1)=L$。

当 $p\geqslant\frac{1}{2}$ 且 $q<\frac{1}{3}$ 时,参与人 S 求解最大化问题

$$\max_{L,R}\{u_S(L,U;t_1),u_S(R,D;t_1)\}=\max_{L,R}\{1,0\}$$

则有 $m_S^*(t_1)=L$。

当 $p<\frac{1}{2}$ 且 $q<\frac{1}{3}$ 时,参与人 S 求解最大化问题

$$\max_{L,R}\{u_S(L,D;t_1),u_S(R,D;t_1)\}=\max_{L,R}\{2,0\}$$

则有 $m_S^*(t_1)=L$。

同理,当参与人 S 的类型为 t_2 时,参与人 S 对参与人 R 的策略的最优反应,有

当 $p \geqslant \dfrac{1}{2}$ 且 $q \geqslant \dfrac{1}{3}$ 时,求解 $\max\limits_{L,R}\{u_S(L,U;t_2),u_S(R,U;t_2)\}$,有 $m_S^*(t_2)=R$;

当 $p < \dfrac{1}{2}$ 且 $q \geqslant \dfrac{1}{3}$ 时,求解 $\max\limits_{L,R}\{u_S(L,D;t_2),u_S(R,U;t_2)\}$,有 $m_S^*(t_2)=R$;

当 $p \geqslant \dfrac{1}{2}$ 且 $q < \dfrac{1}{3}$ 时,求解 $\max\limits_{L,R}\{u_S(L,U;t_2),u_S(R,D;t_2)\}$,有 $m_S^*(t_2)=R$;

当 $p < \dfrac{1}{2}$ 且 $q < \dfrac{1}{3}$ 时,求解 $\max\limits_{L,R}\{u_S(L,D;t_2),u_S(R,D;t_2)\}$,有 $m_S^*(t_2)=R$。

由上述分析,我们得到以下四种情况:

(1) 当 $p \geqslant \dfrac{1}{2}$ 且 $q \geqslant \dfrac{1}{3}$ 时,$S_S^*=(R,R)$,$S_R^*=(U,U)$;

(2) 当 $p < \dfrac{1}{2}$ 且 $q \geqslant \dfrac{1}{3}$ 时,$S_S^*=(R,R)$,$S_R^*=(D,U)$;或 $S_S^*=(L,R)$,$S_R^*=(D,U)$;

(3) 当 $p \geqslant \dfrac{1}{2}$ 且 $q < \dfrac{1}{3}$ 时,$S_S^*=(L,R)$,$S_R^*=(U,D)$;

(4) 当 $p < \dfrac{1}{2}$ 且 $q < \dfrac{1}{3}$ 时,$S_S^*=(L,R)$,$S_R^*=(D,D)$。

接下来,分项计算判断并检验其合理性。

(1) 对于策略组合 $S_S^*=(R,R)$,$S_R^*=(U,U)$,可知,此时 $P(R|t_1)=P(R|t_2)=1$,故有

$$q=P(t_1|R)=\frac{P(t_1)\times P(R|t_1)}{P(t_1)\times P(R|t_1)+P(t_2)\times P(R|t_2)}=\frac{0.5\times 1}{0.5\times 1+0.5\times 1}=\frac{1}{2}>\frac{1}{3}$$

从而有完美贝叶斯纳什均衡为 $\left\{(R,R),(U,U);p\geqslant\dfrac{1}{2},q=\dfrac{1}{2}\right\}$。

(2) 对于策略组合 $S_S^*=(L,R)$,$S_R^*=(D,U)$,可知,此时 $P(L|t_1)=1,P(L|t_2)=0$,故有

$$p=P(t_1|L)=\frac{P(t_1)\times P(L|t_1)}{P(t_1)\times P(L|t_1)+P(t_2)\times P(L|t_2)}=\frac{0.5\times 1}{0.5\times 1+0.5\times 0}=1>\frac{1}{2}$$

这与 $p<\dfrac{1}{2}$ 的要求矛盾,说明判断 $p=1$ 不合理,策略组合 $S_S^*=(L,R)$,$S_R^*=(D,U)$ 不是完美贝叶斯纳什均衡。对于策略组合 $S_S^*=(R,R)$,$S_R^*=(D,U)$,此时 $P(R|t_1)=P(R|t_2)=1$,故有

$$q=P(t_1|R)=\frac{P(t_1)\times P(R|t_1)}{P(t_1)\times P(R|t_1)+P(t_2)\times P(R|t_2)}=\frac{0.5\times 1}{0.5\times 1+0.5\times 1}=\frac{1}{2}>\frac{1}{3}$$

从而有完美贝叶斯纳什均衡为 $\left\{(R,R),(D,U);p<\dfrac{1}{2},q=\dfrac{1}{2}\right\}$。

(3) 对于策略组合 $S_S^*=(L,R)$,$S_R^*=(U,D)$,可知,此时 $P(L|t_1)=1,P(L|t_2)=0$,故有

$$p=P(t_1|L)=\frac{P(t_1)\times P(L|t_1)}{P(t_1)\times P(L|t_1)+P(t_2)\times P(L|t_2)}=\frac{0.5\times 1}{0.5\times 1+0.5\times 0}=1>\frac{1}{2}$$

从而有完美贝叶斯纳什均衡为 $\{(L,R),(U,D);p=1,q=0\}$。

(4) 对于策略组合 $S_S^*=(L,R), S_R^*=(D,D)$，可知，此时 $P(L|t_1)=1, P(L|t_2)=0$，故有

$$p=P(t_1|L)=\frac{P(t_1)\times P(L|t_1)}{P(t_1)\times P(L|t_1)+P(t_2)\times P(L|t_2)}=\frac{0.5\times 1}{0.5\times 1+0.5\times 0}=1>\frac{1}{2}$$

这与 $p<\dfrac{1}{2}$ 的要求矛盾，说明判断 $p=1$ 不合理，策略组合 $S_S^*=(L,R), S_R^*=(D,D)$ 不是完美贝叶斯纳什均衡。

综合上面的分析，这个博弈有三个完美贝叶斯纳什均衡：①$\{(R,R),(U,U);p\geqslant\dfrac{1}{2}, q=\dfrac{1}{2}\}$。②$\{(R,R),(D,U);p<\dfrac{1}{2},q=\dfrac{1}{2}\}$。③$\{(L,R),(U,D);p=1,q=0\}$。其中①和②为混同均衡，③为分离均衡。

15.2 虚拟的信号博弈。 我们有一个两博弈方的信号博弈，扩展形如下所示。

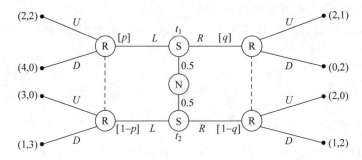

求解这个信号博弈的完美贝叶斯纳什均衡。

15.2 斯宾塞模型

斯宾塞（A. M. Spence,1943— ）构建不完全信息时的劳动力市场模型，也称为斯宾塞模型。[①] 发送者 S 是求职的工人，接收者 R 是潜在的雇主，类型为求职工人的生产能力，信号是工人对教育的选择[②]，行动是市场支付的工资。

斯宾塞模型的博弈规则

劳动力市场信号博弈的时间顺序如下：

第一阶段，自然 N 决定工人的类型——能力 η，η 可能高也可能低，分别记为 H 和 L，

---

① A. M. Spence. Job Market Signaling[J]. Quarterly Journal of Economics,1973(87)：355-374.
② 这个信号可能包含了你的学习能力、为人处世的能力、自律的能力，甚至是你的智商等。你凭借自己的文凭，把这些信号传递给你的潜在雇主（张军,2020,第 68 页）。

并且概率 $P(\eta=H)$ 和 $P(\eta=L)$ 是共同知识。

第二阶段,工人认识到自己的能力是高还是低,然后他为自己选择一个接受教育的水平 $e \geqslant 0$。我们经常以上学的年数衡量工人受教育水平 e。

第三阶段,两厂商观测到工人的受教育水平 e,然后同时向工人提出自己愿意支付的工资率 w_1 和 $w_2(w_1,w_2 \geqslant 0)$。工人接受两个工资率中较高的工资率,如果两个工资率相同就通过抛硬币随机选择一个。就业市场信号博弈与标准信号博弈相比存在一个差异:就业市场信号博弈中信号接收者有两个。这是为了解释厂商的行为特征——两个厂商之间为雇用工人而展开竞争。

厂商无法直接了解到工人的能力,只能把工人的受教育水平解释为一个关于能力的信号 $e=e(\eta)$,从而愿意给受过更高教育的工人支付更高的工资率 $w=w(e)$,有 $w'(e)>0$,工资率会因上学年数的增加而提高,这已是一个广为接受的事实。

记工人接受的工资率为 w,工人的得益函数为

$$u_{工人}=w-C(\eta,e)$$

其中 $C(\eta,e)$ 是能力为 η 的工人接受教育 e 所花费的成本。我们在工人受教育的成本函数 $C(\eta,e)$ 中撇开学费等货币性支出而体现精神方面的成本:能力较低的学生要接受较多的教育、获得更高的学位、学习更多的课程、争取更好的成绩和荣誉等都会比能力强的学生更困难;而能力较强的学生则倾向于通过接受较多的教育、获得更高的学位、争取好成绩等来显示自己的能力。斯宾塞模型中最关键的假定就是低能力工人 $\eta=L$ 要发送出和高能力工人 $\eta=H$ 相同的信号,其成本代价会更大,即对任意的受教育程度 e,有 $C_e(L,e)>C_e(H,e)$,其中 $C_e(\eta,e)$ 表示工人接受教育的边际成本。

雇到工人的厂商的得益函数为

$$u_{厂商}=y(\eta,e)-w$$

其中 $y(\eta,e)$ 为能力为 η 并且受教育水平为 e 的工人的产出。没有雇到工人的厂商的得益为 0。假定两厂商在观测到工人的受教育程度 e 后,对工人的能力持有相同的判断 $P(H|e)$ 和 $P(L|e)=1-P(H|e)$。这样两个厂商愿意提供的工资率就等于受教育水平为 e 的工人的期望产出

$$w(e)=P(H|e) \cdot y(H,e)+[1-P(H|e)] \cdot y(L,e) \tag{15-1}$$

不完全信息给低能力工人 $\eta=L$ 提供了一个冒充为高能力工人 $\eta=H$ 的机会。低能力工人 $\eta=L$ 冒充的办法是接受较多的教育,即发出信号 $e=e^*(H)$,但他这样做时成本 $C[L,e^*(H)]$ 很高。因此,低能力工人 $\eta=L$ 是否要冒充成高能力的工人,取决于他工资率与成本的对比。若

$$w^*(L)-C[L,e^*(L)]<w^*(H)-C[L,e^*(H)]$$

低能力工人 $\eta=L$ 会选择接受较高程度的教育 $e^*(H)$,冒充高能力工人。若

$$w^*(L)-C[L,e^*(L)]>w^*(H)-C[L,e^*(H)]$$

低能力工人 $\eta=L$ 冒充成高能力工人是不合算的,他会老实地承认自己是低能力,发出信号 $e=e^*(L)$ 而得到较低的工资率 $w^*(L)$。

斯宾塞模型的混同均衡

假设工人采用混同策略,即不管类型是高能力 $\eta=H$ 还是低能力 $\eta=L$,工人都选择同样的教育程度,记为 e_p,此时,工人的受教育程度 e 完全不能反映他的能力状况。

首先,分析厂商的判断和工资策略。厂商在观测到工人的教育程度 e_p 后,判断 $P(H|e_p)=P(\eta=H)$,即厂商的判断必定等于其先验概率。根据这一判断,由式(15-1)可知,厂商愿意提供的最优工资率为

$$w_P^* = P(\eta=H) \cdot y(H,e) + [1-P(\eta=H)] \cdot y(L,e) \quad (15\text{-}2)$$

再假设厂商在观测到 $e \neq e_p$ 时判断工人必定为低能力,即

$$P(H \mid e) = \begin{cases} 0, & e \neq e_p \\ P(\eta=H), & e = e_p \end{cases} \quad (15\text{-}3)$$

那么,厂商的策略为

$$w(e) = \begin{cases} y(L,e), & e \neq e_p \\ w_P^*, & e = e_p \end{cases} \quad (15\text{-}4)$$

其中 w_P^* 为式(15-2)所示。

其次,分析工人的受教育策略。能力为 η 的工人选择的受教育程度 e 满足

$$\max_e u_{工人} = w(e) - C(\eta, e)$$

由于厂商的工资策略由式(15-4)给出,工人知道,当 $e = e_p$ 时,$w(e) = w_P^*$;当 $e \neq e_p$ 时,$w(e) = y(L,e)$,并且 $w_P^* > y(L,e)$。只有满足

$$w_P^* - C(\eta, e) \geq y(L,e) - C(\eta, e)$$

工人才会选择 $e(H) = e(L) = e_p$。此时,混同策略 $e(H) = e(L) = e_p$、式(15-3)的厂商判断和式(15-4)的厂商工资率策略构成了斯宾塞模型的混同均衡。

思考题

15.3 作为信号的教育。已知在所有的劳动力中,高能力工人所占比重为 θ,低能力工人占 $1-\theta$。高能力者为企业带来的产出价值是 $y_H = 40\,000$ 元,低能力者为企业带来的产出价值是 $y_L = 25\,000$ 元。如果雇主无法直接确定工人的技能水平,雇主向所有雇员支付平均工资:$\bar{w} = \theta \cdot y_H + (1-\theta) \cdot y_L$。如果高能力者获得学位的成本为 $C_H = 150\,000$ 元;低能力者获得学位的成本为 $C_L = 25\,000$ 元。试回答:当 θ 的值为多少时,混同均衡在一般情况下会成立?

斯宾塞模型的分离均衡

假设工人采用分离策略,不同类型的工人选择完全不同的受教育程度,即高能力工人选择 $e^*(H)$ 而低能力工人选择 $e^*(L)$,且有 $e^*(H) > e^*(L)$,工人的受教育水平完全反映了工人的类型。

首先，分析厂商的判断和工资策略。厂商在观测到工人的受教育程度 e 后判断 $P(H|e^*(H))=1,P(L|e^*(L))=1$。可以设想，如果工人的受教育程度 $e \geqslant e^*(H)$，则厂商观测到 e 后判断工人是高能力的，否则就是低能力的，即

$$P(H|e) = \begin{cases} 0, & e < e^*(H) \\ 1, & e \geqslant e^*(H) \end{cases} \quad (15\text{-}5)$$

根据这一判断，厂商愿意提供的最优工资率为

$$w(e) = \begin{cases} y(L,e), & e < e^*(H) \\ y(H,e), & e \geqslant e^*(H) \end{cases} \quad (15\text{-}6)$$

其次，分析工人的受教育策略。给定厂商的工资率函数式(15-6)，高能力工人的最优反应是 $e = e^*(H)$，则对于低能力工人，其最优反应 $e = e^*(L)$ 需要满足

$$w^*(L) - C[L, e^*(L)] \geqslant w^*(H) - C[L, e^*(H)] \quad (15\text{-}7)$$

低能力工人才会说真话，对低能力工人来说，说真话 $e(L) = e^*(L)$ 是他对工资函数 $w(e) = y(L,e)$ 的最优反应。此时，分离策略 $e(H) = e^*(H)$ 和 $e(L) = e^*(L)$、式(15-5)的厂商判断和式(15-6)的厂商工资率策略构成斯宾塞模型的分离均衡。

思考题

15.4　作为信号的教育。 已知在所有的劳动力中，高能力工人和低能力工人所占比重分别为 $\frac{1}{2}$。高能力者为企业带来的产出价值是 $y_H = 40\,000$ 元，低能力者为企业带来的产出价值是 $y_L = 20\,000$ 元。如果雇主无法直接确定工人的技能水平，雇主向所有雇员支付平均工资：$\bar{w} = \frac{1}{2} \cdot y_H + \frac{1}{2} \cdot y_L$。如果低能力者获得学位的成本为 $C_L = 25\,000$ 元。试回答：在高能力者获得学位的成本 C_H 取值满足什么条件下，分离均衡会成立？

15.3　公司融资和资本结构

某企业投资一个新项目，为此需要对外融资。[①] 该企业原来的盈利能力是企业的私人信息，如果新项目上马，其产生的利润无法从企业的总利润中区别开来，潜在投资者只能观察到企业的总利润水平。现在企业向潜在投资者承诺以一定的股权份额换取所需要的资金额。那么，在什么条件下企业的融资提议会被潜在投资者接受而企业承诺的股权份额多大才是合适的呢？在这个博弈中，发送者 S 为要为一个新项目融资的企业，接收者 R 为投资者，类型为现存资产的盈利能力，信号为企业 S 为所融资金承诺的权益份额，行动则是投资者 R 就是否投资做出的决定。

[①] S. Myers, N. Majluf. Corporate Financing and Investment Decisions When Firms Have Information that Investors Do Not Have[J]. Journal of Financial Economics, 1984(13): 187-221.

融资模型的博弈规则

假设企业原来的盈利能力有高 H、低 L 两种类型：$\pi=H$ 或 $\pi=L$，这里 $H>L>0$。新项目所需融资额 I 可使企业利润增加 B，投资者若把资金额 I 进行其他投资，能得到 r 的回报率。资本市场信号博弈的时间顺序如下：

第一阶段，自然 N 决定企业原来的利润 π 是高 H 还是低 L，相应的先验概率是 $P(\pi=H)=p$，$P(\pi=L)=1-p$，其中 $p\in[0,1]$。

第二阶段，企业了解自己的原来利润 π，然后向投资者承诺一定的股权份额 $m\in[0,1]$ 以筹得资金 I。

第三阶段，投资者观测到 m 后，决定是接受还是拒绝企业的融资提议。如果投资者拒绝，则投资者的得益为 $u_{投资者}^{拒绝}=I\cdot(1+r)$，企业的得益为 $u_{企业}(m,拒绝,\pi)=\pi$；如果投资者接受，则投资者的得益为 $u_{投资者}^{接受}=m\cdot(\pi+B)$，企业的得益为 $u_{企业}(m,接受,\pi)=(1-m)\cdot(\pi+B)$。

信号接收者 R(投资者)的行动空间为 $A_{投资者}=\{接受,拒绝\}$；信号发送者 S(企业)的类型空间为 $T=\{H,L\}$；信号发送者 S(企业)可选择的信号为 $m\in[0,1]$。假设投资者在接收到企业的提议 m 后，判断 $\pi=H$ 的概率为 q，$P(H|m)=q$，投资者"接受"的期望得益为

$$Eu_{投资者}^{接受}=q\cdot m\cdot(H+B)+(1-q)\cdot m\cdot(L+B)$$

则，当且仅当

$$q\cdot m\cdot(H+B)+(1-q)\cdot m\cdot(L+B)\geqslant I\cdot(1+r)$$

或

$$m\geqslant\frac{I\cdot(1+r)}{q\cdot H+(1-q)\cdot L+B} \tag{15-8}$$

投资者会"接受"提议 m。对企业来讲，当且仅当

$$(1-m)\cdot(\pi+B)\geqslant\pi \quad 或 \quad m\leqslant\frac{B}{\pi+B} \tag{15-9}$$

企业才愿意承诺 m。

概率 $P(H|m)=q$ 是投资者依据股权份额做出对企业原来为高盈利类型的判断。当投资者相信企业为高盈利 $\pi=H$，即 $P(H|m)=q=1$ 时，有 $m\geqslant\frac{I\cdot(1+r)}{H+B}$，投资者会要求较低的股权份额；但投资者相信企业为低盈利 $\pi=L$，即 $P(H|m)=q=0$ 时，有 $m\geqslant\frac{I\cdot(1+r)}{L+B}$，他要求很高的股权份额；当 $0<P(H|m)=q<1$ 时，潜在投资者要求的股权份额 $m\geqslant\frac{I\cdot(1+r)}{q\cdot H+(1-q)\cdot L+B}$，介于较低的要求和很高的要求之间。

融资模型的混同均衡

假设企业采用混同策略，即不管企业类型是高盈利 $\pi=H$ 还是低盈利 $\pi=L$，企业都选

择同样的股权份额，记为 m_p，有 $m(H)=m(L)=m_p$。此时，企业的股权份额 m 完全不能反映他的盈利状况。

首先，分析投资者的判断。投资者在观测到企业的股权份额 m_p 后，判断
$$P(H \mid m_p)=P(\pi=H)=p$$
即投资者的判断必定等于其先验概率。潜在投资者在观测到 $m \neq m_p$ 时判断企业必定为低盈利，即

$$P(H \mid m) = \begin{cases} 0, & m \neq m_p \\ p, & m = m_p \end{cases} \tag{15-10}$$

那么，投资者"接受"的期望得益为
$$Eu_{\text{投资者}}^{\text{接受}} = p \cdot m_p \cdot (H+B) + (1-p) \cdot m_p \cdot (L+B)$$

其次，分析企业的股权份额策略。对企业来讲，承诺的 m 必须使式(15-9)成立，但由于 $\dfrac{B}{H+B} < \dfrac{B}{L+B}$，所以只要 m_p 满足

$$m_p \leq \frac{B}{H+B} \tag{15-11}$$

企业就会发送股权份额信号 m_p。

最后，分析投资者的投资策略。只有在式(15-8)成立时才会"接受"股权份额 m_p。因此，若

$$m_p \geq \frac{I \cdot (1+r)}{p \cdot H + (1-p) \cdot L + B} \tag{15-12}$$

则投资者会"接受"股权份额。此时，企业的混同策略 $m(H)=m(L)=m_p$，式(15-11)企业提出的股权份额，式(15-12)的投资者判断和投资者"接受"股权份额构成了融资模型的混同均衡。

在混同均衡中，由于 $m_p \geq \dfrac{I \cdot (1+r)}{p \cdot H + (1-p) \cdot L + B} > \dfrac{I \cdot (1+r)}{H+B}$，高盈利企业将为无法使投资者相信其高盈利能力而付出昂贵的代价，不得不为此承诺更大的股权份额。

融资模型的分离均衡

假设企业采用分离策略，不同类型的企业选择完全不同的股权份额：高盈利企业选择 $m^*(H)$ 而低盈利企业选择 $m^*(L)$。根据式(15-9)，有 $m^*(H) \leq \dfrac{B}{H+B}$，$m^*(L) \leq \dfrac{B}{L+B}$，由于 $H>L$，有 $m^*(H)<m^*(L)$，企业的股权份额策略完全反映了企业的类型。

首先，分析投资者的判断和投资策略。投资者在观测到企业的股权份额 m 后判断

$$P\left(H \mid m > \frac{B}{H+B}\right) = 0 \tag{15-13}$$

可以设想，如果企业的股权份额 $m > \dfrac{B}{H+B}$，则投资者在观测到 m 后判断企业一定不是高

盈利的。但如果 $m \leqslant \dfrac{B}{H+B}$，则很难判断企业的类型。

其次，分析企业的股权份额策略。给定投资者的判断式(15-13)，如果股权份额 $m = \dfrac{B}{H+B}$，投资者判断 $P(H|m) = p$，由于低盈利企业有可能通过低股权份额来"伪装"成高盈利企业，因此投资者对股权份额 $m = \dfrac{B}{H+B}$ 下企业类型的判断只能是先验概率，此时投资者的期望得益

$$Eu_{\text{投资者}}^{\text{接受}} = B \cdot \left[p + (1-p) \cdot \dfrac{L+B}{H+B} \right] \leqslant B$$

投资者会"拒绝"股权份额 $m = \dfrac{B}{H+B}$。由于股权份额 $m = \dfrac{B}{H+B}$ 是高盈利企业愿意提供的最高股权份额，而投资者会"拒绝"，因此，高盈利企业不能从投资者处顺利融资。

如果股权份额 $m = \dfrac{B}{L+B}$，投资者判断 $P(L|m) = 1$，投资者的期望得益

$$Eu_{\text{投资者}}^{\text{接受}} = 1 \cdot \dfrac{B}{L+B} \cdot (L+B) = B$$

该项目对投资者具有吸引力的前提是 $B \geqslant I \cdot (1+r)$，投资者会"接受"该股权份额，低盈利企业会提出股权份额 $m^*(L) = \dfrac{B}{L+B}$。此时，低盈利企业一定可以以股权份额 $m^*(L) = \dfrac{B}{L+B}$ 从投资者处顺利融资。

在分离均衡中，投资效率降低了：新项目肯定能带来利润，高盈利企业无法顺利融资，只能放弃新项目，相反，低盈利企业却能够筹到资金而上马这一新项目。对投资者来说，这一均衡也是不理想的。这一均衡也说明了企业的可行信号空间无效率的情况：高盈利企业没有办法把自己突出出来，它的融资条件不如低盈利企业有吸引力，这就是信息不完全带来的效率损失。

在金融市场理论中，有一个非常著名的定理，即莫迪利安尼-米勒（Modigliani-Miller）定理，简称 MM 定理。该定理说的是，如果企业的资本结构中是债务多一些还是权益融资多一些并不影响企业的总收益，那么企业的价值就不会受其资本结构的影响。现实中，人们普遍观察到企业的资本结构是影响企业价值的：如果企业增加权益融资的比例，那么总的股价就会下跌，相反，如果企业增加债务融资的比例，其股价就会有所上涨。现实和理论的冲突，一个解释就是和信号发送有关：企业增发新股会被解读成企业盈利前景变差的信号；较高的企业债务融资比例会增加企业资不抵债从而破产的可能性，只有当企业具备良好盈利前景时，企业才可以保持较高的债务融资比例（陈钊，2005，第77～78页）。

15.5 两项目融资。假设有高风险和低风险两类不同的投资项目，都需要总额为1万元的贷款，其可能的投资总收益以及相应的实现概率如下表所示。

两类项目投资回报的概率

投资总收益	高风险项目	低风险项目
0	0.75	0.5
2.2	0	0.5
3.8	0.25	0

银行只能要求借款人提供相当于贷款总额75％的担保额，银行虽然了解上表所提供的信息，但无法分辨两类不同的项目。问：①当贷款利率超过多少时低风险项目将会退出市场？②贷款需求曲线应是怎样的？

15.4 声明博弈和信息传递

声明博弈主要研究在信息不对称的情况下，人们通过口头或书面的声明传递信息的问题（史蒂文·泰迪里斯，2015，第348～352页）。声明博弈的主要特点是，发送者S的声明只是口头表态——既不需要成本，亦没有约束作用，也无法查证构成任何义务。也就是说，人们仅仅是声明自己的类型，因此，也称为空口声明博弈或廉价磋商（cheap talk）。声明本身不会对事物的发展方向、相关各方的利益产生直接影响，但声明往往能够影响接收者R的行为，通过接收者R的行为对各方利益产生间接影响。但声明能否产生影响、能够产生多大的影响、怎样的影响，则取决于接收者R如何理解这些声明，是否相信这些声明，以及采取怎样的反应等。这是信息传递博弈（information-transmission games），声明方S具有私人信息，而得益表现出共同价值，因此两个参与人的得益都取决于声明方S的私人信息。然而，和信号博弈不同的是，声明方S的行动是一个对得益没有直接影响的讯息。问题的关键是，拥有信息的一方能够可置信地将多少信息传递给不拥有信息的一方？声明博弈重点研究声明能够被相信，能够有效传递信息的条件。

声明博弈的博弈规则

假设有两名参与人，发布声明的声明方S和接受声明的行动方R。声明博弈的时间顺序如下：

第一阶段，自然N从可行的类型空间 $T=\{t_1,\cdots,t_n\}$ 中按照概率分布 $P(\cdot)$ 为声明方S抽取某一类型 $t_i(i=1,\cdots,n)$，有 $P(t_i)>0$ 且 $P(t_1)+\cdots+P(t_n)=1$。

第二阶段，声明者S知道自己的类型 t_i，然后从可行的类型空间 $T=\{t_1,\cdots,t_n\}$ 中选择一个类型 $t_j(j=1,\cdots,n)$ 并发送出去。

第三阶段，行动方R观测到 t_j（不能观测到 t_i），然后从可行的行动空间 $A=\{a_1,\cdots,a_h\}$ 中选择一个行动 a_k 实施。双方的得益函数分别是 $u_S(t_i,a_k)$ 和 $u_R(t_i,a_k)$。

有效传递信息的声明

很显然，声明方S声明的类型 t_j 未必是他的真实类型 t_i，那么这种类型声明还能起作用吗？类型声明能有效传递信息，需满足以下条件：

(1) 不同类型的声明方必须偏好行动方的不同行为。如爱吃甜的或辣的顾客分别偏好厨师放糖或放辣的行为,只有这样,顾客的声明才能完全反映出他的口味类型,才有最强的信息传递作用。如果所有类型的声明方偏好行动方同样的行动,所有类型的声明方都会做相同的声明,声明当然不能传递信息。

(2) 对应声明方的不同类型,行动方必须偏好不同的行动。否则行动方会忽视声明方的声明,声明也不会传递信息,声明者的类型声明起不到信息传递作用。

(3) 行动方的偏好必须与声明方的偏好具有一致性。因为这一点不成立时,不管声明方做什么声明,行动方都会怀疑其真实性,都只能随机选择自己的行动,声明同样不可能有效传递信息。

声明博弈的纯策略完美贝叶斯纳什均衡是满足上述三个条件的一组策略——声明方类型声明 $m^*(t_i)$、行动方行动 $a^*(t_j)$ 和行动方判断 $P(t_i|t_j)$。

2×2×2 声明博弈

假设声明方 S 有两种可能的类型,t_1 和 t_2;行动方 R 有两种可能的行动,a_1 和 a_2。如果声明博弈中的得益矩阵如图 15-3 所示,图 15-3 并不是一个静态博弈,只是简单地表示在声明者 S 每一种类型和行动者 R 每一种行动组合下双方的得益,其中每一个得益数组的第一个数值是声明方 S 的得益值,第二个数值是行动方 R 的得益值。

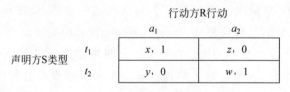

图 15-3 2×2×2 声明博弈

首先,检测声明有效的必要条件(2)。图 15-3 满足必要条件(2)。当声明方类型为 t_1 时,行动方偏好行动 a_1;当声明方类型为 t_2 时,行动方偏好行动 a_2。因此,对应声明方的不同类型,行动方偏好不同的行动。

其次,检测声明有效的必要条件(1)。当 $x>z$ 且 $y>w$ 时,两种类型的声明者都偏好行动者的行动 a_1;当 $x<z$ 且 $y<w$ 时,两种类型的声明者都偏好行动者的行动 a_2。也就是说,所有类型的声明方偏好行动方同样的行动,于是行动方无法相信声明方的类型声明。

最后,检测声明有效的必要条件(3)。当 $x<z$ 且 $y>w$ 时,类型 t_1 的声明方偏好行动 a_2,类型 t_2 的声明方偏好行动 a_1。此时声明方的偏好和行动方的偏好正好相反,于是行动方无法相信声明方的类型声明。

因此,在图 15-3 的声明博弈中,满足所有必要条件的唯一情况是 $x>z$ 且 $y<w$。此时,声明博弈存在着唯一的分离均衡:类型策略 $m^*(t_1)=t_1,m^*(t_2)=t_2$;行动策略 $a^*(t_1)=a_1,a^*(t_2)=a_2$;行动方判断 $P(t_1|t_1)=1,P(t_2|t_2)=1$。

15.6 虚构的声明博弈 I。我们有一个声明博弈的得益矩阵,如下图所示。

		行动方R行动	
		a_1	a_2
声明方S类型	t_1	2,1	0,0
	t_2	0,0	2,1

图中每一单元格中的数组的第一个数值是声明方的得益,第二个数值是行动方的得益。自然N赋予每一种类型的概率相等。解出该博弈的纯策略完美贝叶斯纳什均衡。

15.7 虚构的声明博弈 II。我们有一个声明博弈的得益矩阵,如下图所示。

		行动方R行动	
		a_1	a_2
声明方S类型	t_1	2,1	1,0
	t_2	1,0	1,1

图中每一单元格中的数组的第一个数值是声明方的得益,第二个数值是行动方的得益。自然N赋予每一种类型的概率相等。解出该博弈的纯策略完美贝叶斯纳什均衡。

一个数值的例子

声明方S具有有限类型空间,有 $T=\{1,3,5\}$。声明方S知道类型 t 的真实值,但是接收方R只知道 t 的先验分布。声明方S选择通过讯息(他的行动)m 将他的类型 t 传递给接收方R。接收方R然后选择行动 a。

接收方R的偏好由得益函数给出

$$u_R(t,a)=5-(t-a)^2$$

这里,接收方R有一个明显的最优反应:给定任意信息 m,他愿意选择一个等同于这一信息水平的行动。也就是说,他的最优反应是 $a^*(m)=m$。声明方S对接收方R选择离5更近有所偏爱,声明方S的偏好由得益函数给出:

$$u_S(t,a)=5-(t+b-a)^2$$

这里,$b>1$ 是参与人1的偏好倾向。

这是一个不完全信息动态博弈:声明方S的类型 t 只有声明方S知道,接收方R只知道 t 的分布。假定声明方S受到限制,只能发送对应于类型 t 的三种讯息之一:$m \in \{1,3,5\}$。为了简化,假设 $b=1.1$,这三种状态分别以 $\frac{1}{3}$ 的先验概率出现。则参与人之间的博弈可以通过得益矩阵简单表示(见图15-4)。

在一个完美贝叶斯纳什均衡中,声明方S发送讯息 m 给接收方R,接收方R相应地形成对世界状态的后验信念 $P(t|m)$。给定接收方R关于声明方S行动的信念 $P(t|m)$,然后接收方R选择自己的行动 a。

		\multicolumn{5}{c}{R的行动}
		1	2	3	4	5
S的类型	1	3.79, 5	4.99, 4	4.19, 1	1.39, −4	−3.41, −11
	3	−4.61, 1	0.59, 4	3.79, 5	4.99, 4	4.19, 1
	5	−20.01, −11	−11.81, −4	−4.61, 1	0.59, 4	3.79, 5

图 15-4 不完全信息声明博弈的得益矩阵

断言 1 不存在接收方报告其真实状态的完美贝叶斯纳什均衡。

反证法。假设声明方 S 真实地报告了类型 $m=t$ 是一个完美贝叶斯纳什均衡。因此，必然有当声明方 S 发送讯息 $m\in\{1,3,5\}$ 时，接收方 R 选择 $a=m$。我们看到当 $t=3$ 时，声明方 S 发送真实信息 $m=t=3$，此时，接收方 R 的得益为

$$\max u_R(3,3)=5$$

即，当 $a=m=3$ 时，接收方 R 的得益最大。但是，当 $a=3$ 时，对于声明方 S 有

$$u_S(1,3)=4.19>u_S(3,3)=3.79$$

也就是说，当声明方 S 的类型为 $t=1$ 时，声明方 S 通过发送虚假信息 $m=3$，使得接收方 R 选择行动 $a=3$。或者说，当声明方 S 的类型为 $t=3$ 时，声明方 S 的得益为

$$u_S(3,4)=4.99>u_S(3,3)=3.79$$

也就是说，声明方 S 更喜欢接收方 R 选择行动 $a=4$，而不是 $a=3$。这样，接收方 R 的行动与声明方 S 希望接收方 R 选择的行动之间就出现了分歧。因此，真实报告类型 $m=t$ 不是一个完美贝叶斯纳什均衡。

断言 1 的含义是，如果接收方 R 相信声明方 S 选择说真话传递真实类型，那么声明方 S 就有激励说谎。这是因为发送者和接收者之间在接收者的最优选择方面存在不同意见。

断言 2 存在一个含混均衡（babbling equilibrium），声明方 S 的讯息什么类型也没有揭示，而接收方 R 根据先验概率选择一个最大化其期望得益的行动。

构造一个含混均衡，声明方 S 的策略为以相等的概率 $\frac{1}{3}$ 发送讯息 $m\in\{1,3,5\}$，而不管类型 t 如何。这意味着该讯息完全没有传递声明方 S 的类型；接收方 R 知道不管讯息 m 如何，对于所有 $t\in\{1,3,5\}$，都有 $P(t)=\frac{1}{3}$。接收方 R 的目标是

$$\max_a Eu_R(t,a)=\sum_{t=1}^{5}\frac{1}{3}\cdot[5-(t-a)^2]$$

或

$$\max_a Eu_R(t,a)=5+\frac{1}{3}\cdot[-(1-a)^2]+\frac{1}{3}\cdot[-(3-a)^2]+\frac{1}{3}\cdot[-(5-a)^2]$$

当 $a_2=3$ 时取得最大值 $\max Eu_R(t,3)=\frac{7}{3}$。由于接收方 R 的每个信息集都以正概率达到，所以接收方 R 的信念可以根据贝叶斯法则得到定义，而声明方 S 无法通过改变策略改

变接收方 R 的信念。因此,声明方 S 在这三个讯息上是无差异的,因此采用混合策略 $m=\left(\frac{1}{3},\frac{1}{3},\frac{1}{3}\right)$ 也是一个最优反应。

断言 3 声明方 S 部分地报告真实的类型是一个完美贝叶斯纳什均衡。特别地,声明方 S 真实地揭示类型 $t=1$,但是当类型 $t=3$ 和 $t=5$ 时信息出现混同。

构造一个完美贝叶斯纳什均衡,声明方 S 的策略如下:当声明方 S 的类型为 $t=1$ 时,声明方 S 的行动 $m=1$;当声明方 S 的类型为 $t=3$ 和 $t=5$ 时,声明方 S 以概率 $\frac{1}{2}$ 发送 $m\in\{3,5\}$。

接收方 R 知道声明方 S 的策略,此时,接收方 R 的后验概率为

$$P(t=1\mid m=1)=1,\quad P(t=3\mid m\neq 1)=\frac{1}{2},\quad P(t=5\mid m\neq 1)=\frac{1}{2}$$

当声明方 S 的讯息 $m=1$ 时,接收方 R 的最优策略是 $a=1$,得益为 $u_2(1,1)=5$。因此接收方 R 的目标是

$$\max_a Eu_R(t,a)=5+\frac{1}{2}\cdot[-(3-a)^2]+\frac{1}{2}\cdot[-(5-a)^2]$$

当 $a=4$ 时取得最大值 $\max Eu_R(t,4)=7$。也就是说,接收方 R 的策略为:当声明方 S 的讯息 $m=1$ 时,接收方 R 的行动 $a=1$;当声明方 S 的讯息 $m\neq 1$ 时,接收方 R 的行动 $a=4$。

这是一个完美贝叶斯纳什均衡。如果 $t=1$,声明方 S 偏好接收方 R 的行动 $a=1$ 超过 $a=4$,因此,声明方 S 会说真话 $a=1$;如果 $t\in\{3,5\}$,声明方 S 偏好接收方 R 的行动 $a=4$ 超过 $a=1$,因为 $\frac{1}{2}\cdot(4.99+0.59)>\frac{1}{2}\cdot(-4.61-21.01)$,因此,声明方 S 会说 $a\neq 1$。这一完美贝叶斯纳什均衡支持部分真实的信息传递。

声明博弈是一种甄别(screening),通过自我选择机制(self-selection device)实现——掌握自身特征的人做出一系列选择,这些选择向没有信息的一方显露了他们的特征(迈克尔·贝叶等,2017,第 337 页)。

思考题

15.8 股票经纪人博弈。一个股票经纪人就某只股票可以给他的客户三种建议:买进 B,持有 H,卖出 S。这一股票可能是以下三种中的一种:赢 W,中等 M,输 L。股票经纪人知道股票的类型,但是他的客户只知道每一类型是等可能的。该博弈如下进行:首先,股票经纪人给客户提出建议 $m\in\{W,M,L\}$,之后客户选择行动 $a\in\{B,H,S\}$,得益由此确定,如下图所示。

		客户行动		
		B	H	S
	W	2,2	−1,−1	−2,−2
股票经纪人类型	M	0,1	1,0	0,−1
	L	−2,0	−1,1	2,0

试回答：①找出该博弈的完美贝叶斯含混均衡。②是否有一个说真话（分离）完美贝叶斯纳什均衡，其中股票经纪人给出的建议最大化了其客户的得益？③该博弈的最富信息性的完美贝叶斯纳什均衡是什么？

习 题

15.1 学校选择。一名学生正在考虑去"985"还是"211"大学。这两所大学是可选范围内最好的。差别在于，"211"的生活更加舒适，而"985"需要更加努力地学习，因此去"985"学习的学生将来在工作中更加高效。学习成本和生产效率取决于学生的类型，学生可能是优秀的或是非常好的。学生知道自己的类型，但其他人只知道优秀类型的概率为 p。每一种选择的学习成本和生产效率由下表所示。

类　型	所选大学	学习成本	生产效率
优秀的	"985"	2	12
优秀的	"211"	0	4
非常好的	"985"	8	10
非常好的	"211"	2	2

当学生完成学业，他将会被一家公司雇用。公司能够为学生提供两种岗位：经理或技术员。技术员的薪酬为 2，经理的薪酬为 6。学生的得益等于薪酬减去教育成本。公司的利润取决于岗位和学生类型。如果学生被安排为经理，则公司的净利润等于学生的生产效率减去其薪酬。如果学生被安排为技术员，则公司的净利润等于学生生产效率的一半减去其薪酬。试回答：①画出该博弈的扩展形。②假设 $p=\dfrac{1}{2}$，写出该贝叶斯博弈的得益矩阵。③请找出所有的纯策略贝叶斯均衡。④请找出所有的纯策略完美贝叶斯纳什均衡。

15.2 生产性教育。市场上有一名工人和两名雇主。工人能力 t 有两种类型：低能力 $t_L=2$ 和高能力 $t_H=5$，两种的概率均为 0.5。工人决定是否接受教育 $s=\{0,1\}$，教育是生产性的：得到合同的雇主的得益为 $u_{雇主}=t+2s-w$，其中 w 为雇主支付给工人的工资。工人的得益为 $u_{工人}=w-\dfrac{8}{t}\cdot s$。试回答：①如果信息是对称的，每种类型工人在受教育与不受教育下的工资水平各为多少？谁会接受教育？②如果信息是不对称的，工人知道自己的能力，雇主不知道工人的能力，均衡是什么？

15.3 价格和质量。消费者对吴记公司生产低质量与高质量产品的先验概率分别为 0.4 与 0.6。这两种情况下产品的单位成本均为 1。高质量产品对消费者的价值为 10，低质量产品对消费者的价值为 0。消费者决定在两期中的购买行为：如果第一期买到一单位高质量产品，第二期继续购买一单位；如果第一期购买到一单位低质量产品，第二期则不会再购买；但消费者只有在第一期购买后才了解产品质量。不存在贴现。试回答：①如果吴记公司对两期产品必须选择相同的价格 P^*，则它的价格和利润各是多少？②如果吴记公司可以对两期产品选择两个价格（P_1 和 P_2），但不能事先保证 P_2，则它的价格和利润各为多少？③如果低质量产品的概率由0.4变为0.95,(1)和(2)的结果会如何变化？

15.4 广告。广告是应对信息不对称中的常用信号。[①] 王记公司将一种高质量的洗发水投放市场，洗发水的单位生产成本为6。但消费者仅以0.5的概率认为它是高质量的。消费者愿意为高质量支付10,为低质量支付0。企业可以决定在电视上投放广告,潜在市场有100名消费者,但他们不会被广告的心理技巧所迷惑。市场可分为两期,但在购买之前,消费者不确定洗发水的质量。试回答：①如果禁止广告的话,王记公司会破产吗？②如果一个消费者第一期购买一单位后,会发现是高质量洗发水,第二期仍然会购买1单位,此时王记公司会投放广告吗？③如果王记公司选择投放广告,那它的广告费用会是多少？

15.5 虚构的声明博弈。我们有一个声明博弈的得益矩阵,如下图所示。

		行动方行动		
		a_1	a_2	a_3
声明方类型	t_1	0,1	0,0	0,0
	t_2	1,2	1,2	1,0
	t_3	0,0	0,0	2,1

自然赋予每一种类型的概率相等。图中每一单元格中的数组的第一个数值是声明方的得益,第二个数值是行动方的得益。解出该声明博弈的纯策略完美贝叶斯纳什均衡。

在线自测

[①] Phillip Nelson. Information and Consumer Behavior[J]. Journal of Political Economy,1970,78(2): 311-329.

第16章 合作博弈

在个体理性的基础上,如果参与人之间能达成一个具有约束力的协议(covenants),即能公然串通、合谋,就称为合作博弈(cooperative games)。合作博弈重点研究合作中如何分配利益的问题,目的是使得协议框架内所有参与人都满意。

16.1 联　　盟

合作博弈研究利益分配问题,强调公平和效率兼得,合作剩余的分配既是妥协的结果,又是达成合作的条件。合作如能达成,需要参与人结成联盟。

定义 16.1　联盟(coalition)。在 n 人博弈中,参与人集合用 $N=\{1,2,\cdots,n\}$ 表示,N 的任意子集 S 称为一个联盟,也称为共谋。

联盟就是一群在协调彼此策略的参与人,是参与人集合的子集,空集 $\varnothing$ 称为空联盟(null coalition),N 称为大联盟(grand coalition)。例如,在 2 人博弈中,$N=\{1,2\}$,则可以形成 4 种联盟,$\varnothing$,$S_1=\{1\}$,$S_2=\{2\}$ 和 $S_3=\{1,2\}$,其中 S_1 和 S_2 就是参与人独自决策,但也可作为联盟来看。再如,在 3 人博弈中,$N=\{1,2,3\}$,则可以形成 8 种联盟,$\varnothing$,$S_1=\{1\}$,$S_2=\{2\}$,$S_3=\{3\}$,$S_4=\{1,2\}$,$S_5=\{1,3\}$,$S_6=\{2,3\}$ 和 $S_7=\{1,2,3\}$。

16.1　联盟数量的确定。在 4 人博弈 $N=\{1,2,3,4\}$ 中,会有多少种联盟?请写出每种联盟的构成。

合作博弈中有两个问题很重要:第一,是否能够达成稳定的协议,从而不会有参与人退出联盟或更改策略;第二,如何分配合作带来的利益。因此,合作博弈是关于合作是否达成以及如何分配利益的博弈,使得参与各方之间的利益达到一种均衡,合作博弈的最常用处就是将谈判模型化(艾里克·拉斯缪森,2003,第 13~14 页)。合作博弈广泛应用在瓦尔拉斯均衡解的确定、公共产品提供和外部性的科斯产权分割谈判中。

联盟存在需要满足两个条件:①对联盟来说,整体得益大于其每个成员单独行动时的得益之和。②对联盟内部而言,应存在具有帕累托改进性质的分配规则,即每个联盟成员都能获得比不加入联盟时多一些的得益。

特征函数

为了刻画联盟的总得益,下面引入特征函数的概念。

定义 16.2　特征函数(characteristic function)。设 v 是定义在参与人集合 $N=\{1,2,\cdots,n\}$

子集族 2^N 上的实值函数,且满足条件:(1)$v(\varnothing)=0$;(2)$\forall S,T\subseteq N,S\cap T=\varnothing$,有
$$v(S)+v(T)\leqslant v(S\cup T)$$
则称实值函数 v 为特征函数。

特征函数 v 表示联盟的全体成员所能获得的最大得益。条件(1)的含义是空联盟获得的得益为零;条件(2)称为超加性(super-additivity),两个联盟的和能够获得的最大得益不小于两个联盟各自能够获得的最大得益之和,超加性是合作的基础。

我们构造一个投票博弈来理解特征函数(谢政等,2018,第9~10页)。现有一个由董事长、副董事长和两名董事组成的4人董事会。董事会进行议题表决时,董事长有3票,副董事长有2票,两名董事各有1票。董事会共有7张票,议题通过需要超过半数的赞成票。

这是一个合作博弈,参与人可以通过谈判形成协议结成联盟,我们依次把董事长、副董事长和两名董事记为参与人1、2、3、4,并且,议题投票通过的价值记为实数1,未通过的价值记为实数0,那么
$$v(\varnothing)=v(\{1\})=v(\{2\})=v(\{3\})=v(\{4\})=0$$
$$v(\{2,3\})=v(\{2,4\})=v(\{3,4\})=0$$
$$v(\{1,2\})=v(\{1,3\})=v(\{1,4\})=1$$
$$v(\{1,2,3\})=v(\{1,2,4\})=v(\{1,3,4\})=v(\{2,3,4\})=v(\{1,2,3,4\})=1$$
可以看出,这个议题通过规则满足超加性,因此是特征函数。

16.2 特征函数的超加性。对于一个3人博弈,有一个关于联盟合作得益的特征函数,如下表所示。

$\varnothing$	$\{1\}$	$\{2\}$	$\{3\}$	$\{1,2\}$	$\{1,3\}$	$\{2,3\}$	$\{1,2,3\}$
0	0	10	20	50	40	50	400

问题:这个特征函数满足超加性吗?

16.2 核

合作博弈理论是公理性的,常常诉诸帕累托最优、公平与公正等。为了形成有效率的合作,关键是能够给出一个合理的得益分配方案。核是吉利斯(Donald B. Gillies,1953)给出的合作博弈的一种解。

定义 16.2 核(Core)。合作博弈 (N,v) 中不被任何分配优超的那些分配的全体称为核,记为 $C(v)$。

核中每个分配都能够被联盟所接受,没有一个联盟能够找出一个对自己更有利的分配。构造核主要采取下面的办法。

定理 16.1 设 (N,v) 为 n 人合作博弈,$x\in R^n$,则 $x\in C(v)$ 当且仅当下面两式成立

$$x(S) \geqslant v(S), \quad \forall S \subseteq N \quad \text{和} \quad x(N) = v(N)$$

以三人买马博弈为例(谢政等,2018,第150页)。有三个人在市场上做一匹马的交易,卖主(参与人1)有一匹马想要卖出去,如果不卖出去的话,马对他没有用处,价值为0。两名买主(参与人2和参与人3)分别愿意出价不超过90元和100元买这匹马。那么,这笔交易如何进行,才能使三个人都比较满意?

这是一个合作博弈。如果交易没有完成,则每个人的得益为0,即
$$v(\{1\}) = v(\{2\}) = v(\{3\}) = 0$$
如果参与人1把马以 p 元卖给参与人2,则参与人1获利 p 元,而参与人2获得 $90-p$,故联盟$\{1,2\}$的总获利为90元,即
$$v(\{1,2\}) = 90(\text{元})$$
同理,有 $v(\{1,3\}) = 100$ 元,$v(\{2,3\}) = 0$。如果三个参与人联盟的话,马必然卖给参与人3,只有这样才能使联盟获利最大,所以 $v(\{1,2,3\}) = 100$ 元。

由定理16.1,核 $C(v)$ 是由满足下列不等式的向量 $(x_1 \quad x_2 \quad x_3)$ 组成:
$$\begin{cases} x_1 + x_2 & \geqslant 90 \\ x_1 + x_3 & \geqslant 100 \\ x_2 + x_3 & \geqslant 0 \\ x_1 + x_2 + x_3 & = 100 \\ x_1, x_2, x_3 & \geqslant 0 \end{cases}$$

解这组不等式,得到
$$C(v) = \{(p, 0, 100-p) \mid 90 \leqslant p \leqslant 100\}$$

结果表明:参与人3可以买到这匹马,但他至少要花90元,至多花100元。这是三人都能接受的方案,也与实际情况相符。

核由联盟中所有未被占优的(undominated)分配方案构成,意味着参与人不可能通过退出联盟并与其他参与人合谋而改善自己的处境。核是广泛应用于合作博弈的一种概念。然而,作为解,核有一个公认的缺点:对某些博弈,核包含了过多的分配方案,如三人买马博弈;对于其他一些博弈,可能根本就没有分配方案,特别是当不满足超加性时,核为"零"或者是空的。

思考题

16.3 虚拟合作。有如下的联盟合作得益分布表。

∅	{1}	{2}	{3}	{1,2}	{1,3}	{2,3}	{1,2,3}
0	1	2	3	3	10	6	12

试回答:这个博弈的核是什么?

16.3 沙普利值

诺贝尔经济学奖获得者沙普利(Lloyd S. Shapley, 1923—)归纳了三条合理的分配原则,并证明满足这些性质的合作博弈解是唯一存在的,同时给出了沙普利值的计算公式,提出了合作剩余的分配方案。

参与人进入联盟的顺序是任意的,对于 n 人博弈来说,有 $n!$ 种不同顺序,沙普利值对每种顺序给予相同的权重。

公式 16.1 沙普利值(Shapley value)。参与人 i 的分配额或沙普利值为

$$\varphi_i(n,v) = \frac{\sum R[v_i(S) - v_{i-1}(S)]}{n!}, \quad i=1,2,\cdots,n$$

其中,R 是参与人的排列,有 $n!$ 个;S 为 R 中的一个排列;$v_i(S)$ 为参与人 i 进入联盟 S 后的特征值,$v_{i-1}(S)$ 为参与人 i 进入联盟 S 前的特征值,$v_i(S) - v_{i-1}(S)$ 为参与人 i 按照 S 的排列对联盟的边际贡献;$\sum R[v_i(S) - v_{i-1}(S)]$ 是以不同顺序进入联盟的总边际贡献之和。

沙普利值的计算基于如下观念:参与人一个接一个进入合作联盟;进入的每个参与人要求得到他对联盟的边际贡献。考虑下面的三人博弈,特征函数如表 16-1 所示。联盟得益如何在 3 人之间进行分配呢?

表 16-1 三人合作博弈的特征函数

∅	{1}	{2}	{3}	{1,2}	{1,3}	{2,3}	{1,2,3}
0	20	10	20	60	40	80	120

三人博弈,进入联盟的顺序共有 $3!=6$ 种(见表 16-2 的第一列),我们先写出第一个进入者的边际贡献,也就是三名参与人独自决策时的得益,写入相应的列(见表 16-2)。由表 16-1 中的 2 至 4 列可知,三名参与人独自决策的得益,分别为 20,10 和 20,将这三个数分别填入表 16-2 的对应位置中。

表 16-2 三人合作博弈中第一个进入者的边际贡献

进入顺序	1 的边际贡献	2 的边际贡献	3 的边际贡献
1,2,3	20		
1,3,2	20		
2,1,3		10	
2,3,1		10	
3,1,2			20
3,2,1			20

然后写出三人博弈中第二个进入者的边际贡献,这个贡献是结成联盟后的总特征值与独自决策得益的差额(见表 16-3)。以表 16-3 中的进入顺序(1,2,3)为例,有 $v(\{1\})=20$,$v(\{1,2\})=60$,则第二个进入者——参与人 2——的边际贡献为

$$v(\{1,2\})-v(\{1\})=60-20=40$$

将 40 填入表 16-3 中的第 2 行第 3 列中。再以表 16-3 中进入顺序 (2,3,1) 为例,有 $v(\{2\})=10, v(\{2,3\})=80$,则第二个进入者——参与人 3——的边际贡献为

$$v(\{2,3\})-v(\{2\})=80-10=70$$

将 70 填入表 16-3 中的第 5 行第 4 列中。以此类推,就得到了表 16-3 中第二组数据。

表 16-3　三人合作博弈中第二个进入者的边际贡献

进入顺序	1 的边际贡献	2 的边际贡献	3 的边际贡献
1,2,3		40	
1,3,2	20		20
2,1,3	50	10	
2,3,1		10	70
3,1,2	20		20
3,2,1		60	20

同理写出 3 人博弈中第三个进入者的边际贡献,这个贡献是 3 人联盟的总特征值 120 与两人联盟特征值的差额(见表 16-4)。以表 16-4 中的进入顺序 (1,2,3) 为例,有 $v(\{1,2\})=60$, $v(\{1,2,3\})=120$,则第三个进入者——参与人 3——的边际贡献为

$$v(\{1,2,3\})-v(\{1,2\})=120-60=60$$

将 60 填入表 16-4 中的第 2 行第 4 列中。再以表 16-4 中进入顺序 (2,3,1) 为例,有 $v(\{2,3\})=80, v(\{2,3,1\})=120$,则第三个进入者——参与人 1——的边际贡献为

$$v(\{2,3,1\})-v(\{2,3\})=120-80=40$$

将 40 填入表 16-4 中的第 5 行第 2 列中。以此类推,就得到了表 16-4 中第三组数据。

表 16-4　三人合作博弈中第三个进入者的边际贡献

进入顺序	1 的边际贡献	2 的边际贡献	3 的边际贡献
1,2,3	20	40	60
1,3,2	20	80	20
2,1,3	50	10	60
2,3,1	40	10	70
3,1,2	20	80	20
3,2,1	40	60	20
边际贡献总和	190	280	250
沙普利值	$\frac{190}{6}=\frac{95}{3}$	$\frac{280}{6}=\frac{140}{3}$	$\frac{250}{6}=\frac{125}{3}$

将每个参与人的边际贡献求和,得到 190,280 和 250。这个三人博弈共有 3!=6 种排列,用每个参与人的边际贡献综合除以排列数,得到沙普利值为 $\frac{95}{3}$,$\frac{140}{3}$ 和 $\frac{125}{3}$,也就是说,三人博弈的联盟得益中,参与人 1、2、3 各自分得 $\frac{95}{3}$、$\frac{140}{3}$、$\frac{125}{3}$ 的比重(见表 16-4 最后一行)。

沙普利值是以边际贡献概念为基础的,它的解具有唯一性(uniqueness),不需要考虑核

中的"稳定"问题。

思考题

16.4 费用分摊博弈。有三个渔村准备在附近的海湾修建一座灯塔。三个村庄对灯塔的评价如下表所示。

∅	{1}	{2}	{3}	{1,2}	{1,3}	{2,3}	{1,2,3}
0	9	10	11	17	18	11	18

试回答：修建灯塔的费用应如何在三个渔村中分摊？

16.4 议价博弈

为了共同的利益，人们会结成联盟，那么，应如何分享联盟带来的盈余呢？大量经验表明，他们可通过"议价"来求解。议价博弈（bargaining game）中，各方有不同的利益和目标，他们就一些交易条件自愿协商。比如房主和潜在买家就房屋的价格等方面进行协商（杰弗里·佩洛夫等，2019，第352～354页）。纳什（J. F. Nash,1950[1],1951[2]）提出了一个两人议价博弈的合作解，被称为纳什议价解。

定义 16.3　净剩余（clean surplus）。参与人接受协议时获得的得益与处于非协议点获得的得益之差，记为 CS。

以囚徒困境博弈为例（见图2-1）。在第2章的分析中，我们已经知道，这个博弈非合作的结果：如果没有达成协议，每名囚徒都选择坦白，$u_1 = u_2 = -5$。可以借助于图形来表示（见图16-1）。图16-1中，横轴表示囚徒1的得益，纵轴表示囚徒2的得益。对于处在横轴上的囚徒1，他只可能接受高于-5的得益，即虚线的左侧，对于处于纵轴上的囚徒2，他只可能接受高于-5的得益，即虚线的上方。两条虚线的交点(-5,-5)就是非协议点。

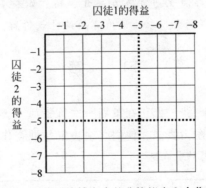

图 16-1　囚徒困境博弈中的非协议点和合作边界

---

[1] J. F. Nash. The Bargaining Problem[J]. Econometrica,1950,(18)：155-162.
[2] J. F. Nash. Two-person Cooperative Games[J]. Economitrica,1951,(21)：128-140.

那么,囚徒能结成联盟吗?从图 16-1 来说,非协议点左上侧的部分都有合作的可能。但是,基于理性假设,参与人还追求最优化。合作博弈中,纳什议价解就是最大化纳什积的策略组合。

定义 16.4　纳什积(Nash product)。每个参与人的净剩余的乘积,这个乘积被称为纳什积,记为 NP。

在囚徒困境博弈中,策略组合(坦白,坦白)是纳什议价解吗?我们可以对博弈的四种可能结果的纳什积进行评价。在(坦白,坦白)时,纳什积为

$$NP(坦白,坦白) = [-5-(-5)] \times [-5-(-5)] = 0$$

(坦白,坦白)代表着非协议点。在(坦白,抗拒)时,纳什积为

$$NP(坦白,抗拒) = [0-(-5)] \times [-8-(-5)] = -15$$

同理,在(抗拒,坦白)时,纳什积为

$$NP(抗拒,坦白) = [-8-(-5)] \times [0-(-5)] = -15$$

在(坦白,抗拒)和(抗拒,坦白)时,都有一名囚徒的净剩余为负,状况不及非协议点(坦白,坦白),所以,纳什积也是负的。在(抗拒,抗拒)时,纳什积为

$$NP(抗拒,抗拒) = [-1-(-5)] \times [-1-(-5)] = 16$$

此时,纳什积为正。因此,(抗拒,抗拒)使纳什积最大化,是该博弈的纳什议价解。

合作博弈的纳什议价解是说,没有其他结果能让双方同时更好,或者在不让另一方变差的情况下使一方严格地好,从这个意义上来说,纳什议价解是有效解。

如果允许参与人签订有约束力的合约,就可以将某些非合作博弈转化为合作议价博弈来研究。

思考题

16.5　二手车议价博弈。小王有意从二手车经销商小李那里买一辆车。小王的最高支付意愿是 3 万元。经销商小李能接受的最低价格是 2.2 万元,因此,交易会有 0.8 万元的潜在剩余。小王和经销商小李就交易价格 p 展开谈判。如果不能就价格达成一致,交易就不会发生,没有任何一方获得剩余。求出该博弈的纳什议价解。

习　题

16.1　狩猎博弈。王、李、张三人正在策划一次狩猎活动。他们各有不同的技能,王非常强壮,李行动敏捷,而张的耐力极强。他们必须决定与谁合作,以及如何在合作者之间分配猎物,有如下的联盟合作得益分布表。

∅	{王}	{李}	{张}	{王,李}	{王,张}	{李,张}	{王,李,张}
0	1	1	2	3	4	4	6

试回答:①这个博弈符合超加性吗?②这个博弈的核是什么?③这个博弈的沙普利值

是什么?

16.2 出租车费用分摊。A、B、C三人从工作单位下班回家。三人顺路,其中A最先下车,B其次,C最后下车,因此准备共同乘坐一辆出租车回家。有关车费情况为:到达A的住所车费为12元,到达B的住所车费为18元,到达C的住所车费为30元。显然,三人合乘比单独乘车划算。试回答:①写出这个博弈的特征函数。②按照沙普利值,这30元车费如何在三人之间进行分摊?

16.3 任务奖金分割博弈。一个工作小组由一名经理、一名工程师和一名工人组成。已知只有经理,但没有工程师和工人则没法完成任务;如果经理和工程师合作,没有工人,两人大材小用充当工人可部分完成任务,获得3万元奖金;如果经理和工程师中加入一名工人可部分完成任务,获得6万元奖金;只有经理和工人,没有工程师,也没办法开工。试回答:①写出这个合作博弈的特征函数表。②按照沙普利值的计算方法,这9万元的奖金应如何分配?

16.4 网络服务费博弈。办公大楼里有三家公司,每月需要支付网络服务费。有三种网络服务可以选择:最高级,每月1 000元;普通级,每月700元;入门级,每月500元。A公司平时只需要传输少量文件,选用入门级网络就够了;B公司需要普通级的网络设施;C公司平时经常需要传输大量文件,需要最高级的网络设施。试回答:①如果三家公司共同支付网络服务费用,写出该合作博弈的特征函数。②计算该博弈的沙普利值。

16.5 专利博弈。第一制药公司已经为一种新型抗生素申请了专利,该抗生素能有效应对一种新出现的超级病毒,而传统抗生素对此病毒毫无作用。不幸的是,药物具有很强的副作用,除非病人特别要求,否则就不会使用。在当前形势下,这种药物的市场价值为1 000万元。第二制药公司对另一种药物拥有专利,该药物对新病毒没有任何疗效,进而也不会带来收益。不过,当两种药物以某种特殊的方式组合在一起时,第一制药公司新药的副作用会大大降低,一起使用的价值估计为5 000万元。第二制药公司正在同第一制药公司就出售其药物专利权进行谈判,试回答:①纳什积有哪些?②纳什议价解的价格是多少?

在线自测

参 考 文 献

[1] 常金华,陈梅.博弈论通识十八讲[M].北京:北京大学出版社,2017.
[2] 陈钊.信息与激励经济学[M].上海:上海三联书店,上海人民出版社,2005.
[3] 崔殿超.高级宏观经济学动态分析基础[M].北京:中国财政经济出版社,2008.
[4] 董志强.身边的博弈论[M].3版.北京:机械工业出版社,2018.
[5] 范如国,韩民春.博弈论[M].武汉:武汉大学出版社,2006.
[6] 葛泽慧,于艾琳,赵瑞,冯世豪等.博弈论入门[M].北京:清华大学出版社,2018.
[7] 何圣君.博弈心理学[M].北京:人民邮电出版社,2018.
[8] 鸿雁.图解博弈论[M].长春:吉林文史出版社,2017.
[9] 蒋文华.用博弈的思维看世界[M].杭州:浙江大学出版社,2014.
[10] 姜雨.博弈心理学:占据主动的策略思维[M].北京:团结出版社,2019.
[11] 郎艳怀.博弈论及其应用[M].上海:上海财经大学出版社,2015.
[12] 李亚.利益博弈政策试验方法:理论与应用[M].北京:北京大学出版社,2011.
[13] 卢照坤,徐娜.博弈论教程[M].北京:中国人民大学出版社,2019.
[14] 马洪宽.博弈论[M].上海:同济大学出版社,2015.
[15] 戚译,朱秀君.经济博弈论[M].杭州:浙江大学出版社,2000.
[16] 王力哲.博弈论[M].北京:民主与建设出版社,2018.
[17] 王则柯.新编博弈论平话[M].北京:中信出版社,2003.
[18] 王则柯,李杰.博弈论教程[M].第二版.北京:中国人民大学出版社,2010.
[19] 谢识予.经济博弈论[M].上海:复旦大学出版社,1997.
[20] 谢识予.纳什均衡论[M].上海:上海财经大学出版社,1999.
[21] 谢政,戴丽,李建平.博弈论[M].北京:高等教育出版社,2018.
[22] 姚国庆.博弈论[M].天津:南开大学出版社,2003.
[23] 岳昌君主审,沈琪编著.博弈论教程[M].北京:中国人民大学出版社,2010.
[24] 翟凤勇,孙成双,叶蔓等.博弈论:商业竞合之道[M].北京:机械工业出版社,2020.
[25] 翟文明.博弈论[M].北京:中国华侨出版社,2018.
[26] 张波.拿来就能用!轻松读懂博弈论[M].北京:电子工业出版社,2016.
[27] 张军.合作团队的经济学:一个文献综述[M].上海:上海财经大学出版社,1999.
[28] 张守一.现代经济对策论[M].北京:高等教育出版社,1998.
[29] 张维迎.博弈论与信息经济学[M].上海:上海三联书店,上海人民出版社,1996.
[30] 郑长德.博弈论及其在经济管理中的应用[M].北京:中国经济出版社,2018.
[31] [美]阿维纳什·K.迪克西特,巴里·J.奈尔拨付.策略思维——商界、政界及日常生活中的策略竞争[M].王尔山,译.北京:中国人民大学出版社,2002.
[32] [以]阿维亚德·海菲兹.博弈论——经济管理互动策略[M].刘勇,译.上海:上海三联书店,上海人民出版社,格致出版社,2015.
[33] 埃尔玛·沃夫斯岱特.高级微观经济学——产业组织理论、拍卖和激励理论[M].范翠红,译.上海:上海财经大学出版社,2003.
[34] 埃尔文·E.罗斯,马里尔达·A.奥利维拉·索托马约尔.双边匹配:博弈论建模与分析研究[M].姚东旻、王麒植,译,李军林,校.北京:中国人民大学出版社,2019.
[35] [美]艾里克·拉斯缪森.博弈与信息(第二版)博弈论概论[M].北京:北京大学出版社,2003.
[36] [美]安德鲁·马斯-克莱尔,迈克尔·D.温斯顿,杰里·R.格林.微观经济学[M].刘文忻、李绍荣,主译.北京:中国社会科学出版社,2001.

[37] 保罗·基特,菲利普·杨,斯蒂芬·艾弗尔.管理经济学决策者的经济学工具(第7版)[M].王春香,张志强,译.北京:中国人民大学出版社,2015.

[38] 戴维·贝赞可,戴维·德雷诺夫,马克·尚利,斯科特·谢弗.战略经济学(第五版)[M].候锦慎,徐晨,周尧,等,译.北京:中国人民大学出版社,2015.

[39] [美]戴维·麦克亚当斯.博弈思考法[M].杨珮艺,唐源漪,译.北京:中信出版社,2016.

[40] [美]蒂姆·拉夫加登.斯坦福算法博弈论二十讲[M].郝东,李斌,刘凡,译.北京:机械工业出版社,2020.

[41] [美]多米尼克·萨尔瓦多.管理经济学原理和国际应用[M].第八版.陈章武,杨晓丽,译.北京:清华大学出版社,2017.

[42] 赫伯特·金迪斯.演化博弈论——问题导向的策略互动模型[M].第二版.王新荣,译.北京:中国人民大学出版社,2015.

[43] J.卡布尔.产业经济学前沿问题[M].于立、张嫚、王小兰,译.北京:中国税务出版社,2000.

[44] [英]坎贝尔·卢克斯.战略协同[M].任通海,等译.北京:机械工业出版社,1999.

[45] [美]克里斯托弗·R.托马斯,S.查尔斯·莫瑞斯.管理经济学(原书第12版)[M].陈章武、杨晓丽,译.北京:机械工业出版社,2018.

[46] [美]平狄克,鲁宾费尔德.微观经济学[M].张军,罗汉,尹翔硕,谢识予,译.北京:中国人民大学出版社,1998.

[47] 杰弗里·佩洛夫,詹姆斯·布兰德.管理经济学[M].谷宏伟,译.北京:中国人民大学出版社,2019.

[48] 杰弗里·M.佩罗夫.中级微观经济学第六版[M].谷宏伟,译.北京:中国人民大学出版社,2014.

[49] 杰弗瑞·A.杰里,菲利普·J.瑞尼.高级微观经济理论(第二版)[M].王根蓓,译,朱保华,校.上海:上海财经大学出版社,2002.

[50] [加]马丁·J.奥斯本,[美]阿里尔·鲁宾斯坦.博弈论教程[M].魏玉根,译,高峰,校.北京:中国社会科学出版社,2000.

[51] 迈克尔·贝叶,杰弗里·普林斯,管理经济学第8版[M].王琴,译.北京:中国人民大学出版社,2017.

[52] [美]罗素·W.库珀.协调博弈——互补性与宏观经济学[M].张军、李池,译,张军,校.北京:中国人民大学出版社,2001.

[53] [美]莫顿·D.戴维斯.通俗博弈论[M].董志强、李伟成,译.北京:中国人民大学出版社,2017.

[54] [美]乔尔·沃森.策略博弈论导论[M].费方域、赖丹馨,等译.上海:格致出版社,上海三联书店,上海人民出版社,2010.

[55] [美]罗伯特·吉本斯.博弈论基础[M].高峰,译.魏玉根,校.北京:中国社会科学出版社,1999.

[56] [美]罗杰·B.迈尔森.博弈论矛盾冲突分析[M].于寅、费建平,译.北京:中国经济出版社,2001.

[57] 史蒂文·泰迪里斯.博弈论导论[M].李井奎,译.北京:中国人民大学出版社,2015.

[58] [美]托马斯·谢林.冲突的战略[M].赵华,等译.北京:华夏出版社,2006.

[59] [美]托马斯·谢林.承诺的策略[M].王永钦,薛峰,译.上海:上海世纪出版集团,2009.

[60] [美]托马斯·谢林.微观动机与宏观行为[M].谢静、邓子梁、李天有,译,李天有,校.北京:中国人民大学出版社,2005.

[61] 蒂莫西·费希尔,戴维·普伦蒂斯,罗伯特·瓦希克.管理经济学基于战略的视角第二版[M].余慕鸿,等译.北京:中国人民大学出版社,2019.

[62] [美]W·布鲁斯·艾伦,尼尔·A.多尔蒂,基思·韦格尔特,埃德温·曼斯菲尔德.管理经济学:理论、应用与案例[M].北京:中国人民大学出版社,2015.

[63] [美]詹姆斯R.麦圭根,R.查尔斯·莫耶,弗雷德里克 H. B. 哈里斯.管理经济学(原书第14版)[M].陈宇峰,译.北京:机械工业出版社,2018.

[64] [美]朱·弗登博格,[法]让·梯若尔.博弈论[M].北京:中国人民大学出版社,2002.

[65] [日]内藤谊人.博弈心理学:拿来就用的超强操控术[M].北京:北京联合出版公司,2013.

[66] [日]川西谕.博弈：所有问题都是一场赛局[M].杭州：浙江人民出版社,2020.
[67] [美]罗伯特·洛根,路易斯·斯托克司.合作竞争——如何在知识经济环境中催生利润[M].陈小全,译.北京：华夏出版社,2005.
[68] E.雷·坎特伯里.经济学的历程[M].第四版.李酣,译.北京：中国人民大学出版社,2020.
[69] [美]罗伯特·阿克塞尔罗德.合作的进化[M].修订版.吴坚忠,译.上海：上海人民出版社,2007.
[70] [美]罗杰·A.麦凯恩.博弈论：策略分析入门[M].林谦,译.北京：机械工业出版社,2022.

教师服务

感谢您选用清华大学出版社的教材！为了更好地服务教学，我们为授课教师提供本书的教学辅助资源，以及本学科重点教材信息。请您扫码获取。

❱❱ 教辅获取

本书教辅资源，授课教师扫码获取

❱❱ 样书赠送

经济学类重点教材，教师扫码获取样书

 清华大学出版社

E-mail: tupfuwu@163.com
电话: 010-83470332 / 83470142
地址: 北京市海淀区双清路学研大厦 B 座 509

网址: http://www.tup.com.cn/
传真: 8610-83470107
邮编: 100084